LGBT

改訂版

Lesbian Gay Bisexual Transgender

法律相談対応ガイド

東京弁護士会
LGBT法務研究部 編著

第一法規

改訂版発刊によせて

本書は、東京弁護士会の法律研究部の１つである「LGBT法務研究部」において執筆し、2017年２月に刊行させていただいた初版の改訂版となります。

早いもので、初版の刊行から約４年が経ちましたが、この間、日本におけるLGBTを巡る状況は劇的に変化しています。同性婚に関しては、2019年５月に、台湾でアジア初となる同性婚の合法化がなされましたが、日本でも、2019年２月以降、同性婚を認める立法の不作為を理由に全国で国賠訴訟が提起され、審理が続いています。2015年４月に初めて渋谷区で設けられた同性パートナーシップ制度は、2019年に入ってから導入する地方自治体が急増し、2020年６月30日現在では全国51地方自治体が導入するに至りました。また、性自認に関しては、印鑑証明書の性別欄や職員採用選考の申込書から性別記載欄を削除する自治体や、入学願書に性別記載を不要とする公立学校が登場し、急速に増加しています。企業に関しては、同性パートナーに対しても、法律婚と同様に福利厚生の対象とするなど、ダイバーシティを促進する流れが推進されています。このような社会の変化に対応して、必要な情報を刷新すべく、改訂版を刊行させていただきました。

改訂版の特徴は、初版では解説形式で記載していた総論部分を全てＱ＆Ａ方式に変更してより分かりやすくし、問題となる事例として新事例を追加したことです。

本書は、主に法律家を対象として、法律相談の場面での活用を想定して作成しています。多くの皆様にとって、手に取りやすく、わかりやすい参考書籍として活用いただけることを祈っております。

2020年12月

東京弁護士会LGBT法務研究部　執筆者一同

初版　はじめに

「LGBT」とは、レズビアン（lesbian）、ゲイ（gay）、バイセクシュアル（bisexual）及びトランスジェンダー（transgender）のそれぞれの頭文字をとった単語です。性の多様性により、これらの４つに分類される以外にも、性的マイノリティの方が存在しますが、現在、日本国内はもとより、世界的にも、「LGBT」という単語が性的マイノリティの方々を総称して一般的に使用されていることから、本書においては、性的マイノリティの方々を総じて意味する言葉として、「LGBT」という表現を用いております。

博報堂DYグループの株式会社LGBT総合研究所が2016年に発表した調査によれば、日本の人口の約5.9％がLGBT層に該当するという結果となっています。これは、性的マイノリティの方が、私たちの身近に存在することを示しています。私たちは、まず、このことを充分に意識する必要があります。

そして、性的マイノリティであることを理由として、差別されたり、その権利の保障に欠けたりして良いはずがないことは当然です。人格の本質とも密接に関連した性的マイノリティの性的指向や性自認に対し偏見があり、差別的に取り扱われたり、その権利が保障されなかったりすることは、個人の尊厳や幸福追求権（憲法13条）、平等原則（憲法14条）に反することにもなります。特に、基本的人権の擁護と社会正義の実現を使命とする弁護士は、LGBT問題についても、常に関心を持っておく心構えが必要であるといえるでしょう。

本書は、東京弁護士会の法律研究部の１つである、LGBT法務研究部において執筆されたものです。その構成は、前半（第１章から第３章）で性的マイノリティの問題に関する基本的知識や現状等をお伝えして、後半（第４章）でＱ＆Ａ方式による具体的な法的問題についての解説をするという内容になっております。

性的マイノリティに関する法的問題は、これまで、充分な議論がなされておらず、法や裁判例の解釈や導かれる結論も、確立されていません。今後の社会における活発な議論により、裁判例や立法等により、性的マイノリティに関する法的問題に関する解釈や結論は良い内容で確立されてゆくことが期待されます。

しかし、本書は、性的マイノリティの問題について研鑽を積んだ執筆者が、主に実務家を対象として、法的問題をわかりやすく丁寧に記した解説書であり、多くの皆様に本書を活用して頂ければ、望外の幸せです。

2016年12月

東京弁護士会会長　小林元治

凡　例

1）内容現在

本書は、令和２年12月１日内容現在にて執筆・編集をしています。

2）主な用語

LGBT

本書では、性的少数者の総称（レズビアン、ゲイ、バイセクシュアル及びトランスジェンダーに限られない）として用いる。

レズビアン

女性の同性愛者

ゲイ

男性の同性愛者

バイセクシュアル

両性愛者

トランスジェンダー

生まれたときに社会的に割り当てられた性別にとらわれない性別のあり方を有する者

MTF（Male to Female)

身体的には男性であるが性自認が女性の者

FTM（Female to Male)

身体的には女性であるが性自認が男性の者

同性パートナー

同性愛者及び両性愛者における同性（社会的に割り当てられた性別、戸籍上の性別）のパートナー

3）法令名略語

男女雇用機会均等法	雇用の分野における男女の均等な機会及び待遇の確保等に関する法律
労働施策総合推進法（パワハラ防止法）	労働施策の総合的な推進並びに労働者の雇用の安定及び職業生活の充実等に関する法律
セクハラ指針	事業主が職場における性的な言動に起因する問題に関して雇用管理上講ずべき措置についての指針
パワハラ指針	事業主が職場における優越的な関係を背景とした言動に起因する問題に関して雇用管理上講ずべき措置等についての指針

4）裁判例の書誌情報事項の表示

裁判例の末尾に、第一法規株式会社の判例情報データベース「D1-Law.com判例体系」の検索項目となる判例IDを〔　〕で記載しています。

例：最三小判平成31・2・19民集73巻2号187頁〔28270649〕

(1)　裁判所略語

最	最高裁
高	高裁
地	地裁

(2)　判例出典略語

民集	大審院民事判例集、最高裁判所民事判例集
裁判集民	最高裁判所裁判集民事
高裁民集	高等裁判所民事判例集
家裁月報	家庭裁判所月報

凡　例

判タ	判例タイムズ
判時	判例時報
労働民集	労働関係民事裁判例集
労経速報	労働経済判例速報
裁判所HP	裁判所ホームページ

改訂版 LGBT法律相談対応ガイド

CONTENTS

第1章
LGBTの理解

1　性の多様性について

Q1　「性」という概念には「男性」や「女性」の他にも様々な種類があると聞きました。そもそも「性」という概念はどのように考えられていますか。

A1　「性」という概念は、人々が幼少の時から特に意識することなく使用していますが、性を構成する主な要素としては、身体的性別（Sex）、性自認（Gender Identity）、性的指向（Sexual Orientation）の３つがあるといわれています。

解　説

1　身体的性別（からだの性）について

身体的性別とは、性染色体、外性器、内性器、性腺、ホルモンなどの生物学的な観点における男女の別を意味します。日本の戸籍は、原則としてこの身体的性別に基づき作成されており、戸籍上の性別と言い換えることもできます。

もっとも、すべての人間が男・女のいずれかの身体的性別に区分されるわけではなく、男とも女とも判別し難い生物学的特徴を有して生まれてくる人もいます。このように、先天的に身体的性別において非典型性を持つ状態を「性分化疾患」、あるいはそのような非典型性を持つ人を「インターセックス(intersex)」と呼称することもありますが、これらの言葉には決定的な定義や用語法があるわけではありません。

2 性自認（こころの性）について

性自認とは、自分の性別をどのように考えるかという認識を意味します。多くの場合、身体的性別と性自認は一致しますが、「身体は男であるが、心は女である」というように身体的性別と性自認が異なる人もいます。また、身体的性別の場合と同様、性自認も男・女のいずれかに区分されるとは限らず、「男でも女でもない」、「男でも女でもある」という場合もあります。

3 性的指向（好きになる性）について

性的指向とは、性的に魅かれる対象の性別が何かということを意味します。多くの人は異性に性的魅力を感じますが、同性や両性に性的魅力を感じる人もいます。また、いずれに対しても性的魅力を感じない人もいます。

4 性の構成要素

前記のような３つの構成要素のほかにも、性役割（社会生活において性別に付与された役割）や性的反応、生殖など様々な要素が性を構成するとされており、その数は無数にわたるともいわれていますが、LGBTについて考えるうえでは特に前記の３つの構成要素について理解することが重要であると考えられます。

なお、昨今では、前記３つの構成要素に加え、性表現という構成要素も注目されているようです（参考文献１・17頁）。性表現（Gender Expression）とは、ふるまう性のことであり、身体的性別や性自認、性的指向にかかわらず、自身が望む言葉遣いや仕草、服装などを意味します。

参考文献

1．森永貴彦『LGBTを知る』日本経済新聞出版社（2018年）

Q2　「性的指向」と「性自認」との違いを教えてください。また、「性的指向」と「性的嗜好」との違いを教えてください。

A2　「性的指向」とは、性的に魅かれる対象の性別が何かということを意味しているのに対し、「性自認」とは、自分の性別をどのように考えるかという認識を意味しています。

また、「性的嗜好」とは、性別に限らずどのような対象に性的興奮を得るかということを意味しています。

解　説

1　性的指向と性自認

性的指向とは、性的に魅かれる対象の性別が何かということを意味しているのに対し、「性自認」とは、自分の性別をどのように考えるかという認識を意味しています（Ｑ１参照）。

性的指向や性自認を決める要因が何であるかは科学的にはまだ解明されてはいませんが、いずれも医療などによって「治す」ことのできるものではありません（Ｑ７参照）。

2　性的指向と性的嗜好

性的嗜好（Sexual Preference）とは、性別に限らずどのような対象に性的興奮を得るかということを意味しており、性行動の嗜好性を示す言葉です。性的指向は、しばしば性的嗜好や性的志向などと誤記されることもありますが、表記によって意味合いが全く異なります。なお、一般的に、性的嗜好は後天的な要因によることが多いとされているのに対し、性的指向は生まれながらの先天的なものとされています。

以上のように、「性的指向」と「性自認」、「性的指向」と「性的嗜好」は異なる意味を持つ言葉であり、区別されて使われているため、混同しないように注意が必要です。

Q3 「LGBT」とはどのような意味ですか。

A3 LGBTとは、レズビアン（Lesbian）、ゲイ（Gay）、バイセクシュアル（Bisexual）、トランスジェンダー（Transgender）のそれぞれの頭文字をとった単語で、セクシュアル・マイノリティ（Sexual Minority）、すなわち性的マイノリティの総称として使用されている言葉です。

日本では、セクシュアル・マイノリティを略し、「セクマイ」という表現で性的マイノリティが自称することもあります。

解　説

レズビアンは女性の同性愛者、ゲイは男性の同性愛者を意味します（ただし、海外では、男女関係なく同性愛者のことを「ゲイ」と表現することもあります）。男性と女性のそれぞれにおいて、同性に対して恋愛感情や性的魅力を感じる人々のことです。前述した性の構成要素（Ｑ１参照）という観点でみると、性的指向が同性である、ということになります。

バイセクシュアルとは、女性と男性の双方に対して恋愛感情や性的魅力を感じる両性愛者を意味します。レズビアン、ゲイと同様、性的指向という観点からみた呼称です。

これらに対し、トランスジェンダーとは、自己の身体の性に対し違和感を覚える人々を総称する言葉です。例えば、「自分の身体は女だが、心は男である」と認識している人は、トランスジェンダーに該当します。前述した性の構成要素という観点でみると、身体的性別と性自認が一致しない人々ということになります。なお、これに対して、身体の性と性自認が一致している人のことを「シスジェンダー」と呼んでいます。

いわゆる性同一性障害と診断される人々もトランスジェンダーに含まれますが、「トランスジェンダー＝性同一性障害」ではないという点には注意が必要です（Ｑ５参照）。また、トランスジェンダーのうち、身体的性別は男性であり性自認が女性である人（又はその中でもとりわけ女性への性別移行を望む人）を指してMTF（Male to Female）、身体的性別は女性であり性自認が男性である人（又はその中でもとりわけ男性への性別移行を望む人）を指してFTM（Female to Male）という表現が使われることもあります。

このようにLGBTという言葉で並び称されるレズビアン、ゲイ、バイセクシュアル及びトランスジェンダーですが、前三者が性的指向に関連した呼称であるのに対し、トランスジェンダーだけが性自認に関連した呼称ということになります。

そもそも、LGBTという言葉は、性的マイノリティの権利保護運動が盛んな欧米において使われ始めた言葉です。従来使われていた「性的マイノリティ」や「セクシュアル・マイノリティ」は、その少数性が強調されてしまい、表現として好ましくないと考える向きもあるところ、LGBTは価値中立的な表現としてその地位を確立していきました。日本でも2000年代の半ばから使われ始め、今日においてはテレビ番組や書籍でもこの言葉を目にする機会が少なくありません。

2020年９月に公表された厚生労働省による調査「職場におけるダイバーシティ推進事業　報告書」によれば、LGBTという言葉やその意味を知っているかという質問に対し、「言葉も意味も知っている」と回答した人の割合は、「シスジェンダーの異性愛者（性的マイノリティの知人あり）」では79.8％、「シスジェンダーの異性愛者（性的マイノリティの知人なし）」では62.6％という結果となりました。このように、昨今の官民による活動もあって、LGBTという言葉は徐々に日本国内でも市民権を得つつあり、半数以上の人はその意味まで含めて知っているようです。

Q4 「LGBT」以外に性的マイノリティを表す言葉はありますか。

A4 LGBTは、性的マイノリティの総称として使用されている言葉の１つにすぎません。世界には多様なマイノリティが存在しており、LGBTI、LGBTQ、LGBTQIAといった表現も存在します。

また、昨今では、性的マイノリティとそれ以外の者とでは性的指向及び性自認に差異があるにすぎないとの認識から、性的マイノリティを総称する言葉を決めるのではなく、すべての性を表す表現として「SOGI」という言葉も用いられるようになってきています。

解　説

LGBTが、それぞれレズビアン、ゲイ、バイセクシュアル、トランスジェンダーの頭文字を表すことは前記のとおり（Q３参照）ですが、この４つに分類される人々以外にも性的マイノリティは存在しており、その表現も多様です。

例えば、既に紹介したインターセックス（intersex）の頭文字であるＩをLGBTと合わせて、LGBTIという表現が使われることがあります。

クエスチョニング（questioning）は、まだ自分の性的指向や性自認がはっきりしていなかったり、揺れ動いている人のことを指します。年を重ねることで迷いのある状態がなくなる人もいれば、そうならない人もいます。このクエスチョニングの頭文字であるＱと、もともとは性的マイノリティに対する侮蔑的な言葉として使われていたものの、現在は一部において性的マイノリティを総称する言葉として用いられることがあるクィア（Queer）の頭文字であるＱとを合わせて、LGBTQという表現が使われることがあります。

アセクシュアル、エイセクシュアル（asexual）は、男性と女性の双方に性的魅力を感じるバイセクシュアルとは対照的に、いずれに対しても性的魅力を感じないという性的指向の持ち主で、無性愛者と訳されることもあります。先ほどのLGBTQに、前述のインターセックス及びアセクシュアル、エイセクシュアルの頭文字を合わせてLGBTIAQという表現が使われることもあります。

このように、LGBTという表現が指す人々以外にも、性的マイノリティは存在することから、LGBTQやLGBTIAQといった表現が、性的マイノリティを広く含む表現として用いられることも多くなってきました。

もっとも、身体的性別、性自認、性的指向のそれぞれにおいて男性とも女性ともつかない中間的な状態が存在するだけでなく、それらは常に変動する可能性を伴っていることを考えると、LGBTQやLGBTIAQという言葉もまたすべての性的マイノリティを含んでいるということはできません。現にここまで紹介してきた類型以外にも、エイジェンダー（agender、男女どちらにも性自認を持たない人々。日本ではＸジェンダーと呼ばれることもあります）や、パンセクシュアル（pansexual、全性愛者。男・女という二分的な性的魅力の感じ方から脱却している点で、バイセクシュアルとは異なります）を性的マイノリティの１類型とする考え方があります。

セクシュアリティはまさに多様性の塊であるところ、人間の数だけセクシュアリティがあり、特定の類型に分けて考えること自体、一定の限界が存在すると考えることもできそうです。

LGBT（IAQ）という類型・分類にこだわらない考え方は世界的にも広がりをみせており、例えばソーシャルネットワークサービスとして有名なFacebookでは、使用言語を英語（US）版にすることで、自己のプロフィールの性別（Gender）を男（Male）、女（Female）のほかに50以上もの選択肢の中から選ぶことができる仕様になっています。

以上のとおり、性的マイノリティ（の一部）を包括的に含む表現としてどのような表記が妥当・適切であるかという点については定説がなく、今もなお議論の余地がありますが、本書では現時点における日本国内での最も一般的と考えられる用語法に倣い、LGBTという表現を用いることにします。

なお、近年、LGBTと並んで、性的指向（Sexual Orientation）及び性自認（Gender Identity）の頭文字をとったSOGIという言葉が使われるようになってきています。これは、人は誰しもが性的指向及び性自認を有しており、性的マイノリティとそれ以外の者とでは性的指向及び性自認に差異があるにすぎないとの認識から、性的マイノリティを総称する言葉を決めるのではなく、すべての性を表す表現として用いられています。

Q5 「LGBT」と「性同一性障害」とは意味が異なるのでしょうか。また、「性同一性障害」と「トランスジェンダー」とは意味が異なるのでしょうか。

A5 「LGBT」は、性的マイノリティの総称として使用されている言葉の１つであるのに対し、「性同一性障害」とは、身体の性と性自認とが一致せず、自らの身体に対して継続的な違和感を持ち、時に身体的性別を変えて自認する性に適合させたいと望むことさえある状態を指す医学的な概念です。

また、「トランスジェンダー」とは、自己の身体の性に対し違和感を覚える人々を総称する言葉であり、必ずしも「性同一性障害＝トランスジェンダー」ということではありません。

解　説

「LGBT」という言葉が性的マイノリティの総称として使用されている言葉の１つであるということは前記のとおりです（Q４参照）。

これに対し、「性同一性障害」とは、身体的性別と性自認とが一致せず、自らの身体に対して継続的な違和感を持ち、時に身体的性別を変えて自認する性に適合させたいと望むことさえある状態を指す医学的な概念です。国際的な診断基準として世界保健機構（WHO）が策定している国際疾病分類（ICD）第10版に記載された“Gender Identity Disorder”の訳語として日本でも広く用いられていますが、2018年６月に国際疾病分類が約30年ぶりに改訂され（ICD-11、2022年１月１日から効力を発します）、この中で、名称が、「性同一性障害（Gender Identity Disorder)」から「ジェンダーの不一致（Gender Incongruence)」に変更され、また、分類が、従前の「精神・行動・神経発達障害」から、新設された「性の健康に関する状態（Condition)」に変更されています。

性同一性障害としばしば混同される概念として「トランスジェンダー」がありますが、あくまで性同一性障害は医学的観点からみた概念であるのに対し、トランスジェンダーは自己の身体の性に対し違和感を覚える人々を総称する言葉であり、「トランスジェンダー＝性同一性障害」とはならない点に注意が必要です。例えば、自己の身体的性別に違和感を持ちつつも、身体的性別の変更を望まず、医学的支援を必要としていない人はトランスジェンダーではありますが、性同一性障害ではありません。

このように、「LGBT」と「性同一性障害」、「トランスジェンダー」は異なる意味を持った言葉です。

Q6　「性同一性障害」と「性別違和」とは意味が異なるのでしょうか。

A6　「性同一性障害者の性別の取扱いの特例に関する法律」の制定以降、日本では性同一性障害という言葉が広がりましたが、最近では「性別違和」という言葉が用いられるようになっています。

解　説

日本では、2003年に「性同一性障害者の性別の取扱いの特例に関する法律」

が制定され、性同一性障害者のうち一定の要件を満たす者については、戸籍上の性別を変更することができ、他の法令の適用においても変更後の性別として取り扱うことができるようになりました（Q18参照)。同法の制定に対する社会の反響は大きく、日本国内において性同一性障害の認知度が高まったほか、今日においては法律名だけではなく、各種の公的なガイドラインや通達においても性同一性障害という言葉が頻繁に使われています。

もっとも、性同一性障害については、その概念の狭さや障害という位置付けについて、長らく批判の対象となってきました。そのため、2013年に発表されたアメリカ精神医学界のガイドラインである「DSM-5」では、従来の性同一性障害（Gender Identity Disorder）という名称は消え、障害（Disorder）というニュアンスを排除した「性別違和（Gender Dysphoria)」という非常に広範な概念が用いられています。

なお、前記のとおり、最新の国際疾病分類においては、「性同一性障害（Gender Identity)」から「ジェンダーの不一致（Gender Incongruence)」へと名称が変更されており、また、分類が従前の「精神・行動・神経発達障害」から、新設された「性の健康に関する状態（Condition)」へと変更されました（Q5参照)。これにより、出生時に割り当てられた性別への違和が「病気」や「障害」ではないと宣言されることになったといえます。

このことを受け、日本国内でも性同一性障害ではなく、性別違和という表現を使う動きが徐々に広がりつつあり、今後は、現行の法律名も含め、「性同一性障害」という語法については見直しが進んでいくものと思われます。

Q7 同性愛者は、精神疾患等の病気なのでしょうか。

A7 かつて同性愛は精神疾患であると考えられていた時代がありましたが、現在では病気ではないということが明らかになっています。

解　説

同性愛は、かつては精神病の一種であると考えられており、電気ショックなどの人権を無視した治療の対象とされていました。

しかし、1990年、WHOは国際疾病分類（ICD）第10版において、性的指向は精神病ではないとしたため、これによって同性愛は精神病ではないことが明らかになりました。また、WHOは、1993年にも「同性愛はいかなる意味でも治療の対象とならない」と宣言をしています。

これを受け、日本では、1994年に当時の厚生省がWHOの見解を踏襲し、文部省の指導書における「性非行」の項から同性愛を除外しました。また、1995年には日本精神神経学会が「同性愛は、いかなる意味でも治療の対象とならない」と宣言しています。

このように、現在、同性愛は病気とは考えられていませんので、自身が同性愛者であるということは本質的には悩むようなことではありません。悩むようなことがあるとすれば、それは社会の理解不足によるものであるといえます。

参考文献

１．森永貴彦『LGBTを知る』日本経済新聞出版社（2018年）53頁
２．遠藤まめた『先生と親のためのLGBTガイド―もしあなたがカミングアウトされたなら』合同出版（2015年）41頁～42頁

2 LGBTの人口

Q8 日本におけるLGBTの人口は、どの程度なのでしょうか。

A8 LGBTの人口調査は困難であり、必ずしも正確な数値を把握できているわけではありませんが、日本では、おおむね人口の８％～10％程度がLGBT層に当たるとの調査結果が出ています。

解　説

1 LGBTの人口調査の困難性

これまで世界各国において、政府や研究機関が様々な調査を行ってきましたが、おおむねLGBTの人口は３％～10％という結果が出ています。調査結果に幅があるのは、自分がLGBTであることが外部にわかってしまうことを恐れて正確な回答をしないことがあることや、調査対象者や地域等の選定方法、何をもってLGBT（性的マイノリティ）に含めるかという考え方の違いによって、相当の差が出ることが理由であると考えられます。また、調査方法によっても差が出てくるとされており、インターネット上での調査と比べ、電話調査や対面調査による場合にはより自己申告がしにくいといわれています。

2 日本におけるLGBT調査

(1) 近年、日本国内で実施された大規模な調査としては、以下のようなものがあります。

①　株式会社LGBT総合研究所（博報堂DYグループ）

LGBTに関する専門シンクタンクである「株式会社LGBT総合研究所」が、2019年４月～５月に実施した実態調査では、全国20～69歳の個人42万8,036名（有効回答者数 34万7,816名）を対象にスクリーニング調査を実施した結果、LGBT層（異性愛者及びシスジェンダー以外の者）に該当する人は約10%との結果が出ています。

②　電通ダイバーシティ・ラボ

株式会社電通においてダイバーシティ＆インクルージョン領域に対応する専門組織「電通ダイバーシティ・ラボ」が、2018年10月に実施した調査では、全国20～59歳の個人６万名を対象に広範な調査を実施した結果、LGBT層（異性愛者及びシスジェンダー以外の者）に該当する人は8.9%との結果が出ています。

③　大阪市「大阪市民の働き方と暮らしの多様性と共生にかんするアンケート」

大阪市が、2018年10月１日時点で住民基本台帳に登録されている18歳～59歳の個人１万5,000名（有効回収率は28.6%）を無作為に抽出して調査を実施した結果、LGBT及び無性愛者（アセクシュアル、エイセクシュアル）の合計は3.3%、これに「決めたくない・決めていない」という人を含めると8.2%との結果が出ています。

(2)　前述のようなLGBTの人口調査の困難性からすれば、前記の調査結果や試算が必ずしも国内のLGBT人口の実態を正確に反映しているとは言い切れませんが、前記の調査結果を単純に当てはめると、日本の人口の８%～10%程度はLGBT層（異性愛者及びシスジェンダー以外の者）に当たるということになりそうです。総務省統計局によって公表された、2020年７月１日現在の日本の人口推計（概算値）によれば、日本の総人口は１億2,596万人と推計されているので、これと前記の比率を踏まえると、単純計算で日本全体で約1,007万人～1,259万人がLGBT層ということになります。

このように、LGBTは、「自分とは違う世界で生きている、社会のどこかに存在する特殊な人々」ではありません。重要なことは、国民１人ひとりのコミュニティ（学校・職場・家庭等）でともに生活をしている、当たり前の存在であるということを理解することだといえます。

参考文献

１．LGBT総合研究所「LGBT意識行動調査2019　結果サマリー」

https://www.daiko.co.jp/dwp/wp-content/uploads/2019/11/191126_Release-1.pdf

２．電通ダイバーシティ・ラボ「LGBT調査2018」

https://www.dentsu.co.jp/news/release/2019/0110-009728.html

３．「性的指向と性自認の人口学—日本における研究基盤の構築」働き方と暮らしの多様性と共生研究チーム編「大阪市民の働き方と暮らしの多様性と共生にかんするアンケート　報告書（単純集計結果）」2019年11月　https://osaka-chosa.jp/files/osakachosa_report.pdf

４．総務省統計局「人口推計」　https://www.stat.go.jp/data/jinsui/new.html

3　LGBTが抱える問題

Q9　LGBTが日常を過ごすうえで感じている障害や不都合には、どのようなものがありますか。

A9　LGBTにとっては、自分らしく生きること自体に障害があり、また、自分らしく生きようとしても、LGBTではない者にとっては日常的な生活や行動が、LGBTにとっては耐え難い苦痛を伴うことがあります。

解　説

1　自分らしく生きることを選択すること自体に障害がある

日本国憲法13条前段には、「すべて国民は、個人として尊重される。」と規定されています。これは、国民１人ひとりが人格の担い手として最大限尊重されなければならないという、個人の尊厳の原理を表したもので、我が国の憲法における最大の目的です。この憲法の定める個人の尊厳の原理からすれば、すべての国民は、自分らしく生きることができ、そして、自分らしく生きることで何らの不利益を受けないはずですが、LGBTに対する無理解による差別や偏見のために、自身がLGBTであることを公にすることができず、LGBTであることを隠して生活することを強いられている現状があります。テレビなどのメディアにおいて、LGBTであることが笑いのネタとされたり、嘲笑の対象とされたりすることに象徴されるように、我が国の社会一般の意識として、異性愛が正しい、身体的性別と性自認とが一致するのが当然といった固定観念が、依然として根強く存続しているものといわざるを得ません。そのため、自らがLGBTであることを公にしたことによる差別や偏見を恐れてカミングアウトができず、

LGBTであることを隠して生活している人が多数存在していると考えられています。このように、LGBTにとっては、自分らしく生きることを選択することそれ自体に障害があるのが現状です。

2 自分らしく生きようとしても様々な不都合がある

残念ながら、日本の現状では、法律を含めた社会生活上の各種制度の多くが、人が異性愛者であり、かつ、身体的性別と性自認とが一致することを前提に構築されており、そのことによってLGBTにとって様々な不都合や不公平が生じています。

⑴ 同性愛者や両性愛者にとっての不都合

現在の日本の法律では、同性婚が認められていないため、たとえ同性婚が認められている外国で適法に婚姻をしている同性カップルであっても、日本国内では、所得税法上の配偶者控除などの税制上の各種優遇措置や、公的年金制度における第３号被保険者制度や健康保険制度における被扶養者制度などの社会保険上の各種優遇措置を受けることができず、また、一方が死亡した際には、生存する同性パートナーに法定の相続権が認められません。

また、近時ではLGBTへの理解が進んでいる企業も増加しているものの、依然として、同性カップルが賃貸住宅への入居を拒否されたり、住宅購入のためのペアローンを利用できないといった住居確保に伴う不都合や、勤務先で結婚一時金の支給や慶弔休暇などの福利厚生制度が利用できなかったり、生命保険の受取人になれないといった不都合が生じています。

そのほか、法律上の親族ではないとの理由で、同性パートナーが意識不明となった場合の緊急手術等の同意書への署名やICUに入院する同性パートナーへの面会を拒否されたりすることもあります。

⑵ トランスジェンダーにとっての不都合

戸籍には出生時の身体的性別が記載されます。そのため、トランスジェンダーにとっては、自認する性別と異なる性別が戸籍に記載されていること自体が苦痛となることがあります。また、例えば、戸籍上の性別が女性のトランスジェンダーは、同じく戸籍上の性別が女性のパートナーとは法律上婚姻をすることができません。

この点、「性同一性障害者の性別の取扱いの特例に関する法律」に基づき、戸籍上の性別を自認する性別に変更することは可能ですが、生殖腺の機能を永続的に欠く状態にしなければならない（性別適合手術を受けなければならない）など、適用要件が厳格で利用するためのハードルが高いといわざるを得ません。なお、性別適合手術は2018年４月に保険適用の対象となりましたが、保険適用が認められている認定施設は現在全国で６院しかなく、また、患者の大半が受ける手術前のホルモン治療は自由診療扱いであるため、ホルモン治療を受けた患者が性別適合手術を受ける場合には、混合診療となり性別適合手術を含め全額自己負担になるという不都合が生じています。

また、日常生活では、自認する性別とは異なる性別用のトイレや更衣室の利用をせざるを得なかったり、学校や職場で性別に応じて制服を定めている場合に、自認する性別と異なる性別の制服を着用することを強いられたりすることもあり、トランスジェンダーの中には、そのことによって耐え難い苦痛を感じている人もいます。

3　LGBTの直面する困難への理解

LGBTでない者にとっては何気ない社会生活や言動が、LGBTにとっては、不都合や困難に感じたり、耐え難い苦痛を感じることがあるということを、理解する必要があります。

LGBTの感じる具体的な困難を理解するために、性的指向及び性自認等により困難を抱えている当事者等に対する法整備のための全国連合会（通称「LGBT法連合会」）が発表している「性的指向および性自認を理由とするわたしたちが社会で直面する困難のリスト〈第３版〉」が参考になります。このリストからは、社会一般のLGBTに対する無理解や偏見により、LGBTが自分らしく生きることができず、LGBTであることを隠して生活せざるを得ない状況に追い込まれていることがわかります。

憲法が最大の目的とする個人の尊厳の原理が、LGBTについてはないがしろにされている現状にあることを、正しく認識する必要があります。LGBTにとっての社会生活上の不都合を是正するため、法律を含めた社会生活上の各種制度を変革することは、当然のことながら重要ですが、LGBTに対する差別や偏見が残存する限り、真の解決にはなりません。その意味でも、社会一般のLGBTに対する正しい理解が、この問題の根本的解決には必要不可欠であり、LGBTが自分らしく生きることの実現にはなくてはならないものといえます。

LGBTが直面する困難の具体例

子ども・ 教育関連	・性別への違和感について、教員や同級生が笑いのネタにしたため、その場の空気で一緒に笑わざるを得なかった。 ・どの部活に入るか迷っていたところ、男性であることだけを理由に、教員から柔道部に無理矢理入部させられた。 ・学校の制服や体操服などが戸籍上の性別で分けられたため、苦痛を感じ、不登校となった。
就労関連	・性別違和のため、就職活動の際に要求される男女分けを前提としたリクルートスーツが着用できず、就活が困難になったり、業種が限られたりした。 ・就業後の飲み会で、酔った上司から、「お前はホモか？気持ち悪いな、もっと男っぽくしろ」と怒鳴られた。 ・努力して海外赴任のチャンスを勝ち取ったが、同性パートナーを家族として会社に認めてもらえないため、赴任地に同行させられず、海外赴任を諦めた。

カップル・養育・死別・相続関連	・日本人と同性パートナー関係にある外国人が、「日本人の配偶者等」の在留資格を得ることができなかった。 ・パートナーが認知症を発症したが、後見・保佐・補助の申し立てができなかった。 ・パートナーとの死別に際して、パートナーの家族から喪主になることやお骨の引き渡しを拒否された。
医療関連	・医療機関の受付で戸籍上の名前が呼ばれるため、受診しづらくなった。 ・産婦人科や泌尿器科の医師に性的指向を打ち明けたところ、「そんな不道徳な生き方はよくない」と説教され、深く傷ついた。 ・認知症・意識不明状態の患者について、どのような治療を行うかを決める場合に、患者の同性パートナーの意向が考慮されなかったり、他の親族よりも軽視されたりした。
福祉・公共サービス・社会保障関連	・高齢の性的指向や性自認に困難を抱える人々が差別を恐れずに安心して通える社会福祉施設がなく、サービスを受けられなかった。 ・性別を削除した住民票の写しを市町村役場に希望したが、法令上、そうした扱いは自治体の権限ではできず、戸籍上と外見で性別が違うことが暴露された。 ・同性パートナーと公営住宅への入居を申し込もうとしたが、同居親族に当たらないことを理由に拒否された。
その他	・戸籍上の性別を男性から女性に変更した後に、ゴルフ場の会員になりたいと申し込んだところ、性別変更を理由に入会を断られた。

	・性自認が見た目の性別とは違って見えたため、公衆浴場、温泉、女性用下着の試着室などのサービスや商品が利用できなかった。 ・性自認や性的指向について不正確な知識をもとに、面白半分でテレビや週刊誌が報道しており、正確な知識の習得を阻害され、自尊感情を深く傷つけられた。 ・性自認や性的指向に関する差別的な地域に住んでいるため、居場所もなく、同じような困難を抱えている人ともつながることができず、友人や恋人を見つけることが難しくて孤立した。

※LGBT法連合会が発表している「性的指向および性自認を理由とするわたしたちが社会で直面する困難のリスト〈第３版〉」から抜粋のうえ、筆者により一部加工のうえ掲載したものである。

参考文献

１．LGBT法連合会「性的指向および性自認を理由とするわたしたちが社会で直面する困難のリスト〈第３版〉」
http://lgbtetc.jp/wp/wp-content/uploads/2019/03/困難リスト第３版（20190304）.pdf

Q10　LGBTの子どもたちが抱える問題にはどのようなものがありますか。

A10　学校においては、基本的に男か女かという男女二元論で物事が区別されていることが多いため、服装や行事が嫌で不登校になってしまったり、LGBTであることが原因でいじめを受けたりすることによって子どもたちの自己肯定感が低下してしまう傾向にあります。

また、LGBTの子どもたちは自殺のハイリスク集団であるともいわれています。

解　説

宝塚大学看護学部の日高庸晴教授らがゲイ・バイセクシュアルの男性を対象に行った調査である「ゲイ・バイセクシャル男性の健康レポート　2015」によれば、平均して13歳の頃に漠然と「自分はゲイなのかもしれない」と自覚し始め、17歳の頃にはっきりと「自分がゲイである」と自覚するようですが、この４年の間に、子どもたちは様々な葛藤に追い込まれています。

学校では、基本的に男女二元論で物事が区別されており、LGBTの子どもたちにとっては、自身の性自認とは異なる制服や体操服の着用を強いられたり、トイレや更衣室など、男女で明確に区別された施設を使用しなければならなかったりするため、日常的にストレスを感じやすい状況にあります。体育の授業など、男女別の授業についても自身の性自認とは異なる扱いを受けることになるため、授業を受けること自体から苦痛を受けることもあります。

また、「いのちリスペクト。ホワイトリボン・キャンペーン」が行った調査である「LGBTの学校生活に関する実態調査（2013年）」によれば、LGBTの約70％が子ども時代に何らかの形でいじめや暴力を受けたことがあるようで、これは少数派であるがゆえにその違いが目立ってしまったからであるとも考えられます。

自身がLGBTであることについて、親や教師、友人などからの理解があればこういったストレスや苦痛が緩和されることもあるかもしれませんが、前記のとおり、男女二元論で物事が区別されていることが多く、周囲の大多数はLGBTではないため、LGBTであることを打ち明けることは容易ではありません。そのため、家族や教師、友人に打ち明けたいものの、理解してもらえないのではないかと悩み、相談もできないままに毎日を過ごし、自己否定的な考えになってしまうこともあります。

日高教授らによる前記調査によれば、ゲイ・バイセクシュアルの男性のうち、65%以上が自殺を考えたことがあり、14%が実際に自殺未遂をした経験があるようで、LGBTの子どもたちは、自殺のハイリスク集団であることが知られています。これは、LGBTの子どもたちが、それ以外の子どもたちと比べると、自己肯定感の低下しやすい環境に置かれてしまっているからであると考えられます。

このような子どもたちの現状を変えるべく、政府からは教職員向けの資料が公表されるなどしています（Q24参照）。

参考文献

1．日高庸晴「ゲイ・バイセクシャル男性の健康レポート2015」
https://www.health-issue.jp/Health_Report_2015.pdf

2．LGBTの学校生活に関する実態調査（2013）結果報告書
https://uploads.strikinglycdn.com/files/e77091f1-b6a7-40d7-a6f2-c2b86e35b009/LGBT学校生活調査.pdf

Q11　法律相談を受けるに当たり、無意識のうちにLGBTを傷つけてしまう言動をとらないようにしたいのですが、どのような意識を持って臨めばよいでしょうか。

A11　①LGBTが身近に存在することを意識する、②LGBTに関する基礎的知識を学ぶ、③LGBTが抱える困難や苦悩を知る努力をする、そして、④LGBT当事者に共感する、といったことを意識することが大切です。

解　説

1　LGBTが身近に存在することを意識する

近時の日本における調査結果によると、日本の人口の約８％～10％の人がLGBTに該当するとの結果も出ており、どのような地域や団体にも、一定の割合でLGBTが存在しているといえます（Ｑ８参照）。これは、弁護士の業務において、依頼者や関係者の中にもLGBTが存在することが十分あり得るということを意味します。

他方、LGBTに対する差別や偏見のある社会において、自らがLGBTであることをカミングアウトできない当事者が相当数存在することを考えると、弁護士が、業務で接している相手がLGBTであると気づいていないという事態も想定され、そのような中で、無意識にLGBTを傷つける言動をとっていることがあります。

そこで、まずは、自分の周囲にも、LGBTが普通に存在していることを、常に意識する必要があります。

2 LGBTに関する基礎的知識を学ぶ

これまでの日本社会では、人は身体的性別に基づく「男性」と「女性」の2つに分類され、性自認は身体的性別と一致し、性的指向は異性であるという意識が、当然のものとして強く持たれてきました。

私たちは、身体的性別に基づく戸籍制度を基礎として、異性間にのみ認められた婚姻に基づく家族制度の中で生活してきました。これまでの学校教育をはじめとした生涯教育においても、性の多様性やLGBTにまつわる問題を学ぶ機会はないに等しく、法教育においても、LGBTの抱える問題を人権問題として学ぶこともありませんでした。

職務の性質上、人権感覚に敏感であるべき弁護士であっても、上述のような社会的背景によりLGBT問題に無知・無関心となってしまった結果、周囲のLGBTを無意識の言動で傷つけてしまうということがあり得ます。例えば、メディア等で用いられる「オネエ」「おかま」「ホモ」といった蔑称を安易に使ったり、同性愛に関して「自分にはそっちの趣味はない」といった性的指向と性的嗜好を混同した発言をすること、また、トランスジェンダーは当然に性別適合手術を要するとの前提で接することなどは、周囲のLGBTを傷つけるだけでなく、自らの無知と無理解をさらけ出す結果となります。さらに、近時では、LGBTの人権や差別撤廃に関して敏感な企業が増加しており、LGBTに対する社会的意識もかなり変化していますので、前述のような弁護士の発言が、これらの企業や社会からの信頼失墜にもつながることがあります。

基本的人権を擁護し社会正義を実現することを使命とする弁護士が、LGBTの基礎的知識を持たず、正しく理解していないために、周囲のLGBTを傷つけたり、弁護士に対する信頼を失墜させたりするようなことは絶対にあってはならないことです。このことは、弁護士が、LGBTに固有の事案（セクシュアリティに関する事案）に業務として携わるか否かに関わりません。基本的人権の擁護を職務とする弁護士は、社会的少数者の人権問題として、LGBTに関する基礎的知識を学ぶ必要があるといえます。

3　LGBTが抱える困難や苦悩を知る努力をする

LGBTは、「自らのセクシュアリティに従って、自分らしく生きる」ということを選択すること自体に障害があり、また、自分らしく生きようとしても、社会生活を送る中では様々な不都合が生じています（Ｑ９参照）。しかしながら、このようなLGBTの抱える困難や苦悩は、当事者でなければ直面することがなく、また、これまでLGBTの不都合が公に話題にされる機会もほとんどなかったため、当事者でない者にとっては想像すらつかないものであったり、頭では理解できても実感がわかないことが通常であり、その困難や苦悩に気づきにくいという特徴があります。そのため、LGBTの当事者ではない弁護士が、情報収集等の努力をすることなく、LGBTの困難や苦悩を知ることは不可能であり、まずは、当事者が何を困難に感じ、何に苦悩しているのかを積極的に知る努力をする必要があります。

なお、LGBTの感じる具体的な困難を理解するために、性的指向および性自認等により困難を抱えている当事者等に対する法整備のための全国連合会（通称「LGBT法連合会」）が発表している「性的指向および性自認を理由とするわたしたちが社会で直面する困難のリスト〈第３版〉」が参考になります。このリストからは、社会一般のLGBTに対する無理解や偏見により、LGBTが自分らしく生きることができず、LGBTであることを隠して生活せざるを得ない状況に追い込まれていることがわかります。

4　LGBT当事者に共感する

一般論として、相談者は、自身の抱える困難や悩みに共感してくれる弁護士を信用します。しかしながら、LGBTについては、前述のような社会的背景による無知と無理解、差別と偏見があることに加えて、LGBTが抱える困難や苦悩は当事者以外には気づきにくいという特徴があるため、LGBTが弁護士に相談をしようと考えた場合でも、差別意識や偏見により傷つけられるのではないか、無関心や無理解により問題を真摯に取り扱ってくれないのではないかという思いにより、問題解決を諦めてしまい、十分な法的サービスを受けることができない結果になるおそれがあります。

LGBTの抱える困難は、社会的少数者の人権問題であり、弁護士に対するアクセス障害とならないようにするためにも、弁護士には、困難や苦悩を同じように感じてかわいそうに思って「同情（Sympathy）」するのではなく、LGBT当事者の体験する感情を自分のもののように感じとるという意味で「共感（Empathy）」する姿勢が、特に求められているのではないでしょうか。

近時、日本国内における行政や企業のLGBTに対する動きが加速しており、差別撤廃に向けての立法の動きもうかがえるなど、今後、弁護士がLGBT問題に接する機会が増えてくることが予想されますので、これからの弁護士は、LGBT問題について常に関心を持っておく必要があるといえるでしょう。

参考文献

1．LGBT法連合会「性的指向および性自認を理由とするわたしたちが社会で直面する困難のリスト〈第３版〉」
http://lgbtetc.jp/wp/wp-content/uploads/2019/03/困難リスト第３版（20190304）.pdf

第2章 現状と取組み

1　LGBTをめぐる国際的動向

Q12　LGBTについて、国際的にはどのように捉えられているのでしょうか。

A12　1981年にヨーロッパ人権裁判所がソドミー法についてヨーロッパ人権保護条約８条に反するとの判断を下したのを皮切りに、複数の国際機関が、性的指向や性自認を理由とするあらゆる形態の差別（法律、慣習、暴力など）の禁止を求める決議や勧告を出しています。

解　説

かつては同性愛行為が不道徳なものとして捉えられ、主にヨーロッパ諸国や北米では、同性間の性行為等繁殖に関連しない性行為を犯罪として処罰する法規定を設けていました（このような法規定は総じて「ソドミー法」と呼ばれています）。しかし、徐々にソドミー法を廃止する国が現れ始め、1981年、ヨーロッパ人権裁判所が、ソドミー法は私生活の尊重を受ける権利を侵害し、ヨーロッパ人権保護条約８条に反するとの判断を下しました。

2000年代以降、国連を中心としてLGBTの人権保障に関する動きが活発となり、2006年11月には、国際法律家委員会構成員等が参加した、インドネシア・ジョグジャカルタ州、ガジャ・マダ大学における国際会議にて、「性的指向・性自認に関する国際人権法の適用に関する原則」（ジョグジャカルタ原則）が採択され、同原則は、2007年３月に国際連合人権理事会で承認されました。同原則は、性的指向や性自認にかかわらず、すべての人がすべての人権を完全に享受することなど、29の項目を示しています。

そして、2011年６月には、国連人権理事会にて、世界各地における性的指向や性自認を理由とする暴力行為や差別への懸念を表明する、「人権と性的指向・性自認」と題する決議が採択されました。これを受け、国連人権高等弁務官は、同年11月に、「性的指向や性自認を理由とする個人に対する差別的な法律、慣習、及び暴力」と題する報告書を作成し、国連人権高等弁務官事務所は、2012年９月に、「生まれながらにして自由かつ平等　国際人権法における性的指向と性自認」と題する冊子を刊行し、各国に対し、LGBTの人権保障に向けた５つのステップ（①同性愛や性同一性障害に対する偏見に基づく暴力からの保護、②拘禁されたLGBTに対する拷問や残酷・非人道的・名誉を傷つける行為を処罰することや、その被害者への救済措置を確保することによって、これらを防止すること、③成人の同性間のプライベート上の性的行為を禁止するすべての法律を含む、同性愛を犯罪とする法律の撤廃、④性的指向及び性自認を理由とする差別の禁止、⑤LGBT及びインターセックスの人々の表現・結社・平穏な集会の自由が保障されること）を勧告しています。

このように、国際的に、LGBTに関する人権保障に向けた動きは活発になってきており、法整備を含めた人権保障の取組みをすることが各国に求められています。

Q13　同性愛や性同一性障害は、国際的にはどのように位置付けられているのでしょうか。性同一性障害については精神科で診断を受けると聞きましたが、精神障害なのでしょうか。

A13　かつてはどちらも精神障害として位置付けられていましたが、同性愛については1990年に、性同一性障害は2019年に、WHOが国際疾病分類の「精神障害」から除外しました。性同一性障害については、本人が望んでホルモン療法などの医療行為を受ける場合に、精神科医が性同一性障害である旨の診断を行うことが要請されていますが、精神障害であるからではありません。

解　説

従来、同性愛と性同一性障害は同じ種類の病気として捉えられ、1960年代に両者は区別されるようになったものの、依然として病気という扱いでした。WHOが作成・公表する「国際疾病分類」が1990年に改訂された際、同性愛は精神障害の分類から除外された一方、性同一性障害についてはこの名称が正式に採用され「精神障害」として分類されました。

しかし、2012年にアメリカ精神医学会が性同一性障害は精神障害ではないとの見解を発表し、翌年には診断等に関するマニュアルを改定し、性同一性障害を「性別違和」という名称に変更しました。また、2019年５月25日には、WHOが「国際疾病分類」を約30年ぶりに改訂し、性同一性障害について「性別不合（Gender incongruence、すなわち「ジェンダーの不一致」)」に名称を変更し、分類を従前の「精神・行動・神経発達障害」から除外し、「性と健康に関する状態（Conditions related to sexual health)」という新たなカテゴリーの中に位置付けました。ただし同改訂の際、WHOは、障害と分類されなくても、当事者が望めば医療行為を受ける権利は保障されるべきだとしています。

このように現在では、同性愛も性同一性障害も、「障害」ではないものとしつつ、当事者が望めば必要な医療行為が受けられるべき「状態」として位置付けられています（日本法上はまだ「性同一性障害」という名称が使われており、「ジェンダーの不一致」や「性別不合」、「性別違和」の仮訳は医学的用法においても一般的用法においても普及していないため（2020年10月現在)、本書では便宜上、従来の呼称を用いて解説しています。「治療」等の表現についても同様です)。改訂後の国際疾病分類が日本で正式に採用されるのは2022年からです。

なお、日本精神神経学会が公表している「性同一性障害に関する診断と治療のガイドライン」によれば、身体的性別とジェンダー・アイデンティティの不一致を感じている人がホルモン療法や手術療法などの医療行為を受ける場合、性同一性障害であるという診断を受ける必要があります。これは、同ガイドラインによれば、これらの療法が不可逆的な（一度実施すると元の状態に戻すことができない）医療行為であることから、その実施前に確実な診断をするためです。そして、この診断には性同一性障害の診断・治療に十分な理解と経験を持つ精神科医が診断に当たることが望ましいとされ、２人の精神科医による一致した診断が必要とされています。これは、本当は性同一性障害ではないのに統合失調症などの精神障害の影響でジェンダー・アイデンティティを否定しているという状態ではないか等、精神医学的知見に基づく診断を行う必要があるためであると説明されており、精神疾患であるから、という説明はされていません。性同一性障害であるとの診断が精神科においてなされることが多いのはこのためです。

参考文献

１．日本精神神経学会　性同一性障害に関する委員会「性同一性障害に関する診断と治療のガイドライン〈第４版改〉」(2018年)

https://www.jspn.or.jp/uploads/uploads/files/activity/gid_guideline_no4_20180120.pdf

２．日本精神神経学会　精神科病名検討連絡会「DSM－５病名・用語翻訳ガイドライン（初版）」精神神経学雑誌116巻６号（2014年）444頁～445頁

https://www.jspn.or.jp/uploads/uploads/files/activity/dsm-5_guideline.pdf

３．NHK「性同一性障害を『精神障害』の分類から除外へ　WHO」(2019年５月26日付)

https://www.nhk.or.jp/d-navi/sci_cul/2019/05/news/news_190526-4/

Q14　同性婚が法制化された国や地域は、どのくらいありますか。

A14　2020年10月現在で、世界28か国で同性婚が法制化されています。

解　説

2000年にオランダが世界で初めて同性婚を法制化したことを皮切りに、諸外国で同性婚の法制化が相次いでおり、2020年10月現在では世界28か国で同性婚が法制化されています。また、登録パートナーシップを認める国や地域も相当数存在しており、これらの同性カップルの権利を保障する制度を持つ国・地域は世界中の約20%の国・地域に及ぶといわれています。なお、先進７か国（G７）の中で、同性婚又は同性パートナーシップを認めていないのは日本だけです。

同性婚が法制化されている国

オランダ、ベルギー、スペイン、カナダ、南アフリカ、ノルウェー、スウェーデン、ポルトガル、アイスランド、アルゼンチン、デンマーク、ブラジル、フランス、ウルグアイ、ニュージーランド、イギリス、ルクセンブルク、アメリカ、アイルランド、コロンビア、フィンランド、マルタ、ドイツ、オーストラリア、オーストリア、台湾、エクアドル、コスタリカ

※メキシコでは一部の州において同性婚が実行されていますが、国全体としてはまだ認められていません。

※NPO法人EMA日本のデータに基づいて作成

登録パートナーシップを認める国・地域

アンドラ、イスラエル、イタリア、エクアドル、オーストリア、キプロス、ギリシャ、イギリス、クロアチア、コロンビア、スイス、スロベニア、チェコ、チリ、ハンガリー、フランス、ベネズエラ、メキシコ（一部の州）、リヒテンシュタイン、ルクセンブルク、ニュージー

ランド、オランダ、ベルギー
※同性婚制度も存在（併存）する国・地域が含まれています。
※以前登録パートナーシップ制度等を設けていた国で、同性婚実現後は新規にパートナーシップとなることを認めていないものの、既にパートナーシップ関係にあるカップルが同制度にとどまることを認めている例があります（デンマーク、スウェーデン、ノルウェー、ドイツ等）。

※NPO法人EMA日本のデータに基づいて作成

また、近年における、同性婚に関する海外の大きな動きとしては、以下のようなものがあります。

・アメリカでは、2015年６月26日に、アメリカ合衆国連邦最高裁判所が、同性婚を禁止又は認めない州法は同国憲法に違反するとの判決を下しました。アメリカは各州で法律が異なるため、それまで州単位で同性婚を認める、認めないが分かれていましたが、この判決によって、アメリカ全州（及び同判決以前に同性婚を認めていたワシントンD.C.）で同性婚が認められるに至りました。
・アジアでは、2019年５月、台湾でアジア初となる同性婚の合法化がなされ、報道によると、施行後１年間で婚姻届を提出した同性カップルは3,500組を超えているそうです。また、2020年７月、タイで同性のパートナーに一定の権利を認める「シビルパートナーシップ法案」が閣議決定され、今後、国会で審議されることになっています（2020年10月現在）。

参考文献

1．NPO法人EMA日本「世界の同性婚」
http://emajapan.org/promssm/world

Q15　日本で法令上の性別の取扱いの変更（戸籍上の性別変更等）をするためには、性別適合手術を受けている必要があると聞きました。国際的な流れはどうなっているのでしょうか。

A15　日本では、法令上の性別の取扱いを変更してもらうためには生殖能力を永久的に喪失させる性別適合手術が不可欠です。欧米では2000年代半ばから、法律上の性別の取扱変更の要件からこのような生殖不能手術を撤廃する国が増え始め、2014年５月には、WHOその他６つの国連機関が、性別取扱変更のために生殖不能手術を要件とすることは、身体の不可侵性、自己決定及び人間の尊厳の尊重に反する旨の共同声明を発表しました。

解　説

日本では、2003年に「性同一性障害者の性別の取扱いの特例に関する法律」が成立しました。これにより、家庭裁判所の審判を受ければ、法令の適用について、原則として、生物学上の性別と別の性別に変わったものとみなされ、戸籍上の性別が変更されるだけでなく、法令上の性別の取扱いが変更されることになりました（同法４条１項）。

しかし、このような取扱いの変更が認められるためには、卵巣や精巣がないかこれらの機能を欠く状態であること（つまり生来の性別の生殖能力が残っていないこと）や、性器が変更したい性別の性器と似た外観であることが要件とされています（同法３条１項４号、５号）。このため、本人が医師から性同一性障害であることの診断を受けていても性別適合手術を受けていなければ、家庭裁判所は性別の取扱いの変更の審判をすることができません。

しかし、ここでいう性別適合手術には卵巣や精巣を摘出する等により生殖能力を永久的に喪失させる手術を必然的に含むため、身体への侵襲が大きくかつ不可逆的で、また多くの場合に保険適用外となるので、身体的にも経済的にも当事者に大きな負担を生じさせます。このため、同法に対しては成立当初から強い批判がありました。

なお、2018年から性同一性障害に対する性別適合手術への公的医療保険の適用が開始されましたが、ホルモン療法は保険適用外であるため、性別適合手術の前にホルモン療法をしている場合は混合診療となり性別適合手術も保険適用外となります。しかし、性別適合手術後の身体的・精神的負担軽減の観点から、同手術を最終目標としている場合でも前段階としてホルモン療法を行うことが一般的です。このため、報道によると、性別適合手術への保険適用開始から１年の間で同手術に保険が適用されたケースはわずか１割にとどまっています。

同法が成立した2003年時点では、他国も性別適合手術を要件としているところが多かったものの、2000年代半ばから撤廃する国が増え、例えば、2004年にはイギリスで、2006年にはスペインで、性別適合手術を受けなくとも法律上の性別変更を認める法律が成立しました。

さらに2014年５月には、WHOその他６つの国連機関が、公的文書における性別取扱変更のために生殖不能手術を要件とすることは、身体の不可侵性、自己決定及び人間の尊厳の尊重に反する旨の共同声明を発表しました。

2011年、ドイツ連邦憲法裁判所は、身分登録法上の性別の帰属の変更につき永続的な生殖不能を要件とするトランスセクシュアル法につき違憲と判断しました。

さらに2017年、欧州人権裁判所は、フランスが出生証明書の性別表記変更のために生殖能力喪失又はその蓋然性の高い手術を受けることを要件としていたことについて、欧州人権条約８条の私生活の尊重を受ける権利の完全な享受を、身体の不可侵性を尊重される権利の完全な享受を放棄するか否かにかからしめている点で、対立利益等と衡量して公正なバランスが保たれていないとして、同条違反と判断しました（A.P. , Garçon and Nicot v France Application nos. 79885/12, 52471/13, 52596/13, ECHR 6 April 2017）。

欧州人権裁判所の前記判決をきっかけにヨーロッパでは生殖不能手術を不要とする国がさらに増え、2018年４月時点では、49か国中27か国において、性自認に沿う法的承認に生殖不能手術が不要とされています。

参考文献

1．「性同一性障害者の性別の取扱いの特例に関する法律3条1項4号と憲法13条、14条1項」判例タイムズ1463号（2019年）74頁～80頁
2．OHCHR, UN Women, UNAIDS, UNDP, UNFPA, UNICEF and WHO "Eliminating forced, coercive and otherwise involuntary sterilization" (May 2014)
3．日本経済新聞「保険適用1年で4件だけ　性別適合手術、学会まとめ」(2019年6月24日付)
https://www.nikkei.com/article/DGXMZO46478950U9A620C1CR0000/

Q16 性別の登録や身分証明書における性別記載について、海外ではどのようになっていますか。

A16 アジア圏を含めた複数の国において、公的な身分証明書やパスポートの性別欄で男女とは別の「第三の性」を記載することができます。2020年7月には、オランダの教育・文化・科学相が性別欄を廃止する方針を表明しました。

解　説

性別の登録や公的な身分証明書への性別記載について、早くから変革があったのはドイツです。従来、他のほとんどの国と同様、ドイツでは新生児が生まれた際には例外なく、出生証明書に性別を記載して出生の届出をする必要がありました。もっとも、インターセックスの状態（外性器、内性器、内分泌系、性染色体などが、通常の男性又は女性と異なる状態）で生まれた新生児の場合、

出産時点では外形から性別を判断することができません。このため、身体的な性別を与えるために新生児のうちに性器の形成手術を行い、どちらかの性別を記載して出生の届出をするのが通常でした。しかし、本人が成長し性自認が生じた頃に、形成後の性器や登録された性別に違和感を覚えるというケースが報告されるようになりました。このような状況をなくすため、当事者団体は、本人の同意が得られない新生児段階における不要な手術に反対し、その一環として出生届において男女どちらかの性別を届け出なくてはならない制度に反対していました。そして2013年、ドイツでは法改正がなされ、欧州で初めて、男性と女性の両方の特徴を有する新生児について、出生証明書の性別欄を空白にしたまま出生の届出をすることが法律上可能になりました。性別欄を空白にして出生の届出がされた場合、公的な身分証明書の性別記載欄は空白で発行されます。

その後、女性として出生の届出がなされたインターセックスの人物が、出生記録上の性別を男女どちらでもない第三の性に変更することを求めて訴訟を提起しました。2017年、ドイツ連邦憲法裁判所は、同制度が個人の性的アイデンティティという基本的な権利を侵害していると指摘し、政府に対して、記載する性別として第三の選択肢を設けるか、同制度を全面的に廃止するよう命じました。これを受けて、2018年、ドイツ議会では、公的身分証明書の性別記載において、「多様性」や「その他」を意味する「ディバース（divers)」を使用することを認める法案が可決されました。これにより、新生児の親は出生証明書において男、女及びディバースの３つから性別を選択し届け出ることができるようになりました。ディバースが選択された場合でも、他の性別が選択された場合と同等に、運転免許証等のすべての公文書において「ディバース」と記載されます。また、３つのうちいずれを選択した場合でも、子どもが成長後に性自認に従って変更することができます。これに続き、オランダ、デンマーク、マルタ、オーストリア、オーストラリア、ニュージーランド、カナダ、インド、ネパール、バングラデシュ、パキスタンにおいて、公的な身分証明書やパスポートの性別欄で第三の性を選ぶことができるようになりました（2020年７月５日現在）。

また、パスポート等の公的文書で第三の性の使用を認める国においても、出生証明書などの身分登録については、第三の性の使用を認めていないところが多かったのですが、最近では、ドイツ、オランダ、アメリカやカナダの一部の州など、出生証明書などの身分登録についても第三の性を容認する国や地域も出てきました。

なお、2020年７月、オランダが、身分証明書の性別記載は「不必要な」情報だとして、身分証明書への性別記載を今後数年以内に廃止する方針であると表明しており（ただしパスポートはEU規定に従う必要があるため除外）、これが実現すれば、世界で初めて身分証明書の性別記載欄自体を廃止する国が誕生することになります。

企業がエントリーシートへの性別記載欄を廃止する等の例が増えているのとは対照的に（Ｑ43参照）、国自体が公的身分証明書への性別記載を廃止するという動きは他の制度改正に比べれば比較的遅いようです。オランダ以外の国で今後どのような動きがあるか、注目されます。

参考文献

１．Forbes JAPAN「男女に加え『その他』も　ドイツ政府が第３の性を承認」（2018年８月24日付）

https://forbesjapan.com/articles/detail/22676

２．藤戸敬貴「性の在り方の多様性と法制度―同性婚、性別変更、第三の性」レファレンス819号（2019年）

３．AFPBB News「オランダ、身分証明書の性別記載廃止へ」（2020年７月５日付）

https://www.afpbb.com/articles/-/3292146

Q17 LGBTが迫害される国があると聞いていますが、どういう国・地域ですか。LGBTがそのような国や地域へ行く場合に気をつけることはありますか。

A17 中東、アフリカ、アジアや南米の一部の国・地域で違法とされているほか、事実上違法の扱いを受ける国があります。渡航前に入念な情報収集を行い、渡航後は行動、身なり等に注意を払う必要があります。

解説

Q12記載のとおり、主にヨーロッパ、北米、オセアニア等のキリスト教圏にあったソドミー法は廃止され、欧米の多くでは、同性愛行為の処罰や、同性愛者であることを理由とした差別は許されていません。

とはいえ、同性間の性行為や異性装を犯罪として処罰対象としている国は多く残っています。中東、アフリカ、アジア、南米の一部の国や地域で違法とされているほか、ロシア、中華人民共和国、インドネシアのように、明文で犯罪とされているわけではないものの、事実上違法の扱いを受ける国や地域もあります（参考文献１）。例えばロシアでは、2013年に公の場で未成年者に「非伝統的な性的指向」の宣伝を行うことを禁じる法律が制定され、この「非伝統的な性的指向」には同性間の性的関係が含まれています。またインドネシアでは、2017年、一部の州を除き同性愛が違法とされていないにもかかわらず、警察がサウナ施設に踏み込み、外国人を含むゲイ58人を逮捕しました。

このような国や地域へ渡航する場合には、例えば現地では同性愛者が利用するとされる施設には行かない、LGBTであることを口に出さない、LGBTへの支持を表明したりそれをうかがわせるものを身につけたりしない、現地で同性愛者向けの出会い系アプリを使用しない（なお、エジプトで警察がゲイ向けのアプリを使っておとり捜査を行っているとの報道がありました）、滞在中は現地の人とSNSでつながらない、などの措置をとる必要があります。国によっては、生来の性別によって着るべき服装の規律が厳しいところもあるので、渡航前にそのような規律の調査をしておくことも必要です。企業が従業員に出張や駐在などを命じて渡航させる場合には、企業が渡航先の法制度や情勢について情報を収集して従業員に指導する必要があり、これを怠れば安全配慮義務違反に問われる可能性もあります。

また、LGBTに対する迫害が報道されているが統計が収集されていないため参考文献1には反映されていないという国もありますので、同資料以外にもできるだけ調査をする必要があります。

参考文献

1．認定NPO法人虹色ダイバーシティ「性的指向に関する世界地図」及び「性的指向に関する世界地図データ」(2020年1月時点)
https://nijiirodiversity.jp/world-map-2020/

2．Bangkok Post "Indonesia police arrest 58 in raid on Jakarta gay sauna" 8 Oct 2017
https://www.bangkokpost.com/world/1338927/indonesia-police-arrest-58-in-raid-on-jakarta-gay-sauna

3．The Guardian "Jailed for using Grindr: homosexuality in Egypt" Mon 3 Apr 2017
https://www.theguardian.com/global-development-professionals-network/2017/apr/03/jailed-for-using-grindr-homosexuality-in-egypt

2　国の取組み

Q18　LGBTに関連する法律はありますか。

A18　性同一性障害者に関する法令上の性別の取扱いに関するものとして「性同一性障害者の性別の取扱いの特例に関する法律」（以下、「特例法」といいます）があります。

解　説

日本では、性同一性障害の治療は長年タブー視されてきました。

1996年７月、埼玉医科大学倫理委員会が、「性転換治療の臨床的研究」に関する審議経過と答申を公表し、その中で、日本の現状において、直ちに外科的性転換治療を行うにはいまだ環境が整っていないとして、必要な手続及び環境の整備として、①診断と治療に関するガイドラインの策定、②適切な対象選定と治療選択、術前、術後のケアのための体制の整備、③一般人の理解や外科的性転換治療に伴う法的問題を含め諸問題の解決に向けた働きかけが必要であるとしました。

そして、1997年５月、日本精神神経学会が、「性同一性障害に関する答申と提言」を発表し、その中で、性同一性障害についての診断と治療のガイドラインを示し、また、性別の変更に伴う戸籍の変更等の法的問題について、法務省をはじめとする関係機関に対し、検討と解決を促す提言をしました。

海外で性別適合手術を受けた者が、戸籍上の性別の記載の訂正を求めた申立てを却下した決定に対し、抗告の申立てをした事件で、東京高決平成12・２・９高裁民集53巻１号79頁〔28052142〕（戸籍訂正許可申立却下審判に対する抗告事件）は、上記の動きに触れながらも「男女の性別は遺伝的に規定される生物学的性によって決定されるという建前を採っており、戸籍法とその下における取扱いも、その前提の下に成り立っているものというほかない」と判示して抗告を棄却し、解決については立法に委ねるべきものとの付言がなされました。

1998年10月に、埼玉医科大学において、国内初の性別適合手術が実施され、また、2001年６月に、性同一性障害者６名による戸籍変更の一斉申立てがなされ、これらがマスコミにより報道されることで、次第に性同一性障害者における性別適合手術と、それに伴う戸籍の変更の必要性が世間に認識されるようになっていきました。

こうした流れの中で、国会議員による有識者を交えた勉強会等を経て、2003年５月に特例法の骨子を定めた法案が国会に提出されましたが、そこには、現に子がいないことという外国ではみられない厳しい要件が含まれていました。

しかし、個々の要件の当否を議論することにより、当該会期中で法案が可決に至らず廃案になれば、次回以降の国会で再び立法のプロセスに乗せられるかどうかも不明という状況下にありました。そこで、まずは法律を成立させるべきとの認識のもと、附則２項において「性別の取扱いの変更の審判の請求をすることができる性同一性障害者の範囲その他性別の取扱いの変更の審判の制度については、この法律の施行後３年を目途として、この法律の施行の状況、性同一性障害者等を取り巻く社会的環境の変化等を勘案して」検討し、所要の措置を講ずべきものと明記することを条件に、与野党の全会一致により法案が可決されました。

執筆時現在、LGBTに関して制定された唯一の法律となります。

Q19　「性同一性障害者の性別の取扱いの特例に関する法律」によって誰でも性別を変更できるようになったのでしょうか。

A19　一定の要件を満たしていれば性別を変更できるようになりますが、そのハードルは非常に高いです。

解　説

「性同一性障害者の性別の取扱いの特例に関する法律」（以下、「特例法」といいます）によって性別を変更するためには、①性同一性障害者であること、②20歳以上であること、③現に婚姻をしていないこと、④現に未成年の子がいないこと、⑤生殖腺がないこと又は生殖腺の機能を永続的に欠く状態にあること、⑥その身体について他の性別の性器の部分に近似する外観を備えていることの要件をすべて満たす必要があります。特に、要件⑤については金銭的にも身体的にも多大な負担を強いられることになるため、性別変更をするためのハードルは非常に高いといえ、最近では同要件の適否が問題になった判例もあります（要件⑤に関連する判例については、第３章１⑸事例１参照)。

また、要件⑤以外について問題になった裁判例としては以下のようなものがあります。

1　「現に子がいないこと」の要件が問題になった裁判例

特例法３条１項３号で、性別の取扱い変更の要件として「現に子がいないこと」という要件が定められていたところ、関西在住の２人の性同一性障害者が、「現に子がいないこと」という要件について、憲法13条、14条１項に違反すると主張して、裁判で争っていましたが、最高裁判所は当該要件が不合理なものとはいえず、国会の裁量権の範囲を逸脱するものではないと判示しました（最三小決平成19・10・19家裁月報60巻３号36頁〔28132476〕、最一小決平成19・

10・22家裁月報60巻３号37頁〔28132477〕)。

しかし、「現に子がいないこと」という要件に対しては批判の声も多く、2008年６月に、当該要件は「現に未成年の子がいないこと」という形に改正されました。

2　父親の嫡出推定が問題になった裁判例

性別の取扱いの変更が認められた後、その者は変更前の性別の者と婚姻することが可能となります。

ところが、例えば、性同一性障害により、性別の取扱いを女性から男性に変更した者が、女性との婚姻後、生殖補助医療により子を授かった場合、従前その子については、嫡出推定が及ばず非嫡出子として扱われ、戸籍の父の欄も空欄とする扱いとなっていました。その理由は、その父となる者が、性別の取扱いの変更に当たり生殖能力を失っており、また性別の取扱いの変更の事実が戸籍の記載からうかがわれるということにあります。

この点、最三小決平成25・12・10民集67巻９号1847頁〔28214169〕は、「性別の取扱いの変更の審判を受けた者については、妻との性的関係によって子をもうけることはおよそ想定できないものの、一方でそのような者に婚姻することを認めながら、他方で、その主要な効果である同条による嫡出の推定についての規定の適用を、妻との性的関係の結果もうけた子であり得ないことを理由に認めないとすることは相当でないというべきである」旨判示し、嫡出推定が及ばないことを理由に、子の父の欄を空欄とする戸籍の記載について法律上許されないとしました。

Q 20 「配偶者からの暴力の防止及び被害者の保護等に関する法律」（DV防止法）は同性カップルにも適用されるのでしょうか。

A 20 同性カップルに適用された事例もありますし、近時には同性カップルを事実婚に準ずる関係と認めた裁判例もありますので、同法に基づく保護を受けられる可能性があります。

解　説

2013年改正により、保護の対象について、それまで「配偶者」ないし「婚姻の届出をしていないが事実上婚姻関係と同様の事情にある者」に限られていたのが、「生活の本拠を共にする交際（婚姻関係における共同生活に類する共同生活を営んでいないものを除く。）をする関係にある相手からの暴力」を受けた者にも拡大されました。

この点、裁判官においては、同性カップルについて、同法を適用することに消極的な姿勢も見受けられます。前記の「婚姻関係」について、立法者が憲法上「両性の合意のみに基づいて成立」すると規定されていることを踏まえて解することになるものとしていることを前提に、保護の対象に同性同士の交際は含まれないとの立法者意思が明らかにされているというのがその理由です。

しかしながら、同性カップルであろうと交際相手のDVから保護をする必要性があることに変わりはありませんし、同法の文言からしても同性パートナーは保護の対象から外されていません。また、近時には同性カップルを事実婚に準ずる関係と認め、法的保護の対象になるとした裁判例もありますので（東京高判令和２・３・４裁判所HP〔28281925〕）、今後は「婚姻関係における共同生活に類する共同生活」を柔軟に解釈した運用が期待できます。

また、詳細は不明ですが、2007年に西日本の地方裁判所で、女性の同性カップルに保護命令が発令されたことが関係者の話で判明した旨の報道（日経新聞2010年８月31日夕刊）もあります。

そのため、同法に基づく保護を受けられる可能性があると考えられます。

Q21　「男女雇用機会均等法」は性的マイノリティにも適用されるのでしょうか。

A21　性的マイノリティにも適用がありますし、性的指向や性自認にかかわらず、被害者を保護しようとする動きは高まっています。

解　説

「男女雇用機会均等法」11条において、事業主は職場において行われる性的言動に対する労働者の対応により労働者が労働条件につき不利益を受け、又は性的言動により労働者の就業環境が害されることのないように、必要な措置を講じなければならないと規定されています。そして、その必要な措置を定める「セクハラ指針」が2013年に一部改正され、「職場におけるセクシュアルハラスメントには、同性に対するものも含まれるものである。」と明記されました。

また、同年12月に開催された、第139回労働政策審議会雇用均等分科会において、厚生労働省担当課長により、性的マイノリティに対する言動・行動が職場におけるセクシュアルハラスメントになり得ることが明言されました。

さらに、2016年にセクハラ指針が改正され、「被害を受けた者の性的指向又は性自認にかかわらず、当該者に対する職場におけるセクシュアルハラスメントも、本指針の対象となる」ことが明記され、性的マイノリティがセクシュアルハラスメントの対象となることが明確化されています。

これに関連して、厚生労働省は、2016年６月14日、男女雇用機会均等法の解釈通達についても、同様に、「被害を受けた者（以下「被害者」という。）の性的指向又は性自認にかかわらず、当該者に対する職場におけるセクシュアルハラスメントも、法及び指針の対象となること。」と改正しています（平成28年

6月14日雇児発0614第2号)。

このように、男女雇用機会均等法は性的マイノリティにも適用があり、性的指向や性自認にかかわらず、被害者を保護しようとする動きは高まっています。

Q22

将来的に、日本で同性婚が認められることはあるのでしょうか。

A22

憲法は同性婚を禁止まではしていないと解されます。また、法案提出や違憲訴訟といった動きも活発化しており、将来的に、日本でも同性婚が認められる可能性はあります。

解　説

前記のとおり、海外では、2020年10月現在28か国で法律上同性婚が認められていますが（Q14参照）、日本では、現在、同性婚は認められていません。

この点、憲法24条1項の「婚姻は、両性の合意のみに基いて成立し、夫婦が同等の権利を有することを基本として、相互の協力により、維持されなければならない」との規定の「両性の合意のみ」との文言を素直に解釈すると、婚姻は異性婚を前提としているものとして、憲法は同性婚を認めていないとする考え方があります。しかしながら、憲法24条1項の趣旨は、明治憲法下において婚姻に戸主の同意が必要とされていたこと及び女性の地位が低かったことから、男女平等及び個人の尊重をするという考え方に基づき、婚姻が当事者の合意のみによりできるとすることにあり、同性婚を禁止しているとは解されません。また、同性婚が認められていないことは、幸福追求権（憲法13条）を侵害し、性的指向による差別であり平等原則（同法14条）に反するともいえます。

なお、報道によると、2019年6月、野党3党が同性婚を可能にする民法改正案を衆議院に共同提出したとのことであり、また、2020年2月以降、国が同性婚を認めないのは婚姻の自由を保障する憲法24条や法の下の平等を保障する憲法14条に違反しているとして、全国の戸籍上同性であるカップルが札幌、東京、名古屋、大阪、福岡で提訴され（2020年10月時点で審議継続中）、判決の行方が注目されます。

このように、同性婚成立に向けての立法上、司法上の動きも活発化しており、将来的に、日本でも同性婚が認められる可能性はあると考えます。

Q23　性的マイノリティに対する差別を禁止する法律はありますか。また、これが問題になった裁判例はありますか。

A23　法律はありませんが、性的マイノリティに対する差別的取扱い、配慮の要請について争われた裁判例があります。

解　説

1　LGBTに関する差別を禁止する法律

日本では、LGBTに関する差別を禁止する法律はありません。

2014年７月、国際人権（自由権）規約委員会は、日本に対し、「性的指向及びジェンダー・アイデンティティを含むあらゆる理由に基づく差別を禁止し、差別の被害者に効果的で適切な救済を提供する包括的な差別禁止法を採択すべきである。」と勧告しており、日本においても、差別の禁止、合理的配慮義務を定めた差別禁止法の制定が求められています。

この点、2018年12月に、立憲民主党、国民民主党、無所属、日本共産党、自由党、社民党の野党５党１会派が、「性的指向又は性自認を理由とする差別の解消等の推進に関する法律案」（通称「LGBT差別解消法案」）を衆議院に提出していますが、2020年10月現在継続審議中であり、早期の成立が望まれます。

2　差別的取扱い、配慮の要請について争われた裁判例

裁判において、セクシュアル・マイノリティに対する差別的取扱い、配慮の要請について争われたケースとして以下のようなものがあります。

⑴　府中青年の家事件（東京高判平成9・9・16判タ986号206頁〔28030702〕）

「動くゲイとレズビアンの会（通称アカー）」が東京都府中青年の家に対し合宿利用を申請したところ不承認とされたことに対し、国家賠償請求がなされた事案で、「都教育委員会を含む行政当局としては、その職務を行うについて、少数者である同性愛者をも視野に入れた、肌理の細かな配慮が必要であり、同性愛者の権利、利益を十分に擁護することが要請されているものというべきであって、無関心であったり知識がないということは公権力の行使に当たる者として許されないことである」と明言され、同性愛者の特殊性に配慮せずに男女別室宿泊の原則を同性愛者に適用し、不承認とした処分を不当な差別的取扱いとして違法である旨が判示されました。

⑵　S社解雇事件（東京地決平成14・6・20労働判例830号13頁〔28072316〕）

戸籍上の性別が男性、性自認が女性（MTF）の性同一性障害者が、服務命令に反して約1か月間女性の容姿で出勤したことから、服務命令違反として同人を懲戒解雇したことが、懲戒権の濫用に当たり、解雇が無効であると判示されました。

⑶　トイレ使用制限事件（東京地判令和元・12・12労経速報2410号3頁〔28280731〕）

戸籍上は男性であるものの女性として勤務する性同一性障害者の経済産業省の職員に対し、女性用トイレの使用を制限したことは違法であるとして、国に損害賠償が命じられました。

Q24　LGBTの子どもたちが抱える問題に関わる法整備の動きや行政の動きはありますか。

A24　LGBTの子どもに着目した法整備の動きはありませんが、文部科学省から、LGBTの子どもに対する理解を促進することを目的とした資料が公表されています。

解　説

2014年、文部科学省より、学校における性同一性障害に係る対応に関する状況調査と、その資料が公開され、2015年４月には、「性同一性障害に係る児童生徒に対するきめ細かな対応の実施等について」（平成27年４月30日27文科初児生第３号）と題する通知が全国の教育委員会等に対して発出されました。同通知では、「教職員としては、悩みや不安を抱える児童生徒の良き理解者となるよう努めることは当然であり、このような悩みや不安を受け止めることの必要性は、性同一性障害に係る児童生徒だけでなく、『性的マイノリティ』とされる児童生徒全般に共通するものである」と明記されています。

さらに、2016年４月、文部科学省は、性同一性障害や性的指向及び性自認に係る、児童生徒に対するきめ細かな対応等の実施について、教職員の理解を促進することを目的とした教職員向けの周知資料を作成し公表しました。

今後、学校におけるセクシュアル・マイノリティに対する対応が講じられることが期待されるところです。

参考文献

１．文部科学省「学校における性同一性障害に係る対応に関する状況調査について」（2014年６月13日）
https://www.mext.go.jp/component/a_menu/education/micro_detail/__

icsFiles/afieldfile/2016/06/02/1322368_01.pdf

2．文部科学省「性同一性障害に係る児童生徒に対するきめ細かな対応の実施等について」（平成27年４月30日27文科初児生第３号）

https://www.mext.go.jp/b_menu/houdou/27/04/1357468.htm

3．文部科学省「性同一性障害や性的指向・性自認に係る、児童生徒に対するきめ細かな対応等の実施について（教職員向け）」（2016年４月）

https://www.mext.go.jp/b_menu/houdou/28/04/__icsFiles/afieldfile/2016/04/01/1369211_01.pdf

3　地方自治体の取組み

Q 25　LGBTに関する差別禁止を規定している条例の具体例を教えてください。

A 25　差別禁止を規定する条例の多くは、性的指向や性自認の定義を明確化したうえで、これらによる差別を禁止することを規定しています。これらの条例に反した行為に対しては、罰則こそないものの、苦情処理制度を設けたり、差別的な言動の拡散防止措置をとることができるように定めたりして、実効性のある制度設計を模索しています。また、近年では、アウティングを禁止する条例も制定されるようになってきています。

解　説

1　差別禁止条例の歴史

現在では数多くの地方自治体がLGBTに対する差別を禁止する条例を制定しています。しかし、この歴史はそれほど古いものではなく、全国では2001年に堺市、都内では2013年に多摩市と文京区が条例の制定を行って、徐々に全国的な広がりをみせてきました。近年では、東京都が都道府県では全国初の条例の制定を行っています。以下では、実際に条例でどのような規定が制定されているかについての一例をご紹介します。

2　差別禁止に関する条例

(1)　多摩市女と男の平等参画を推進する条例（2014年１月施行）

同条例２条において、性的指向を「人の恋愛感情や性的な関心がいずれの性別に向かうかの指向（この指向については、異性に向かう異性愛、同性に向かう同性愛、男女両方に向かう両性愛等の多様性があります。）をいいます。」、性自認を「自分がどの性別であるかの認識（この認識については、自分の生物学的な性別と一致する人もいれば、一致しない人もいます。）のことをいいます。」とそれぞれ定義したうえで、同条例７条１項において「市、市民、事業者及びその他の団体は、社会のあらゆる場において、性別による差別的取扱い並びに性的指向及び性自認による差別を行ってはなりません。」と規定し、性的指向及び性自認による差別を禁止しています。

同条例においては、差別禁止規定違反に対し刑事罰による罰則を設けていませんが、その代わりに、苦情処理制度（同条例21条以下）を設けて、禁止規定の実効性を担保しようとしています。

また、「性的指向」「性自認」の定義を明確にし、差別禁止規定を設けたうえで、苦情処理制度を設けたことにより、まずは市の職員がこのことについて知識を得て、理解する必要が生じ、多摩市においては、職員向けの研修会が行われています。

⑵　東京都オリンピック憲章にうたわれる人権尊重の理念の実現を目指す条例（2018年10月15日施行）

同条例においては、第二章に「多様な性の理解の推進」という章を置き、性の多様性を認めたうえで、この理解と推進を図っています。

具体的には、同条例３条で、「都は、性自認（自己の性別についての認識のことをいう。以下同じ。）及び性的指向（自己の恋愛又は性愛の対象となる性別についての指向のことをいう。以下同じ。）を理由とする不当な差別の解消（以下「差別解消」という。）並びに性自認及び性的指向に関する啓発等の推進を図るものとする」と規定し、性自認と性的指向の多様性があることを認め、これに対する差別の解消や理解への啓発をも都の責務と規定しました。

そして、同条例４条では、「都、都民及び事業者は、性自認及び性的指向を理由とする不当な差別的取扱いをしてはならない」と規定したうえで、それぞれの具体的な責務を同条例５条から７条に規定しました。すなわち、５条で、都の責務として、啓発等の推進のための基本計画の策定、基本計画の策定の際の都民等からの意見聴取、及び、国及び区市町村による差別解消や啓発等への協力が規定され（同条１項ないし３項）、６条で、都民に対して、都の差別解消の取組みの促進に協力する努力義務、７条では、事業者に対して、その事業活動に関し差別解消の取組みを推進するとともに、都がこの条例に基づき実施する差別解消の取組みの推進に協力する努力義務が定められました。

3　近年の条例

前記のほかにも、近年では、より具体的に禁止する行為を明確化して、アウティングを禁止する条例の制定も行われています（詳細については、Q26参照）。

参考文献

１．多摩市「多摩市女と男の平等参画を推進する条例」
http://www3.e-reikinet.jp/tama/d1w_reiki/H425901010038/H425901010038.html
２．東京都「東京都オリンピック憲章にうたわれる人権尊重の理念の実現を目指す条例」
https://www.soumu.metro.tokyo.lg.jp/10jinken/tobira/pdf/regulations2.pdf

Q26　アウティングに関する条例はありますか。

A 26　近年では、性的指向や性自認を本人の意に反して公表する「アウティング」を禁止する条例が制定されています。

解　説

1　アウティング禁止とは

アウティングとは、本人の意に反して他者が勝手に性的指向や性自認を公表することを指します。一橋大学ロースクールで、同級生にアウティングを受けたことが原因で校舎から飛び降りて亡くなった学生の遺族が裁判を提起したことから、社会的にもアウティングが認知されるようになってきました。

条例としては、2018年４月に、全国初のアウティング禁止条例が国立市で制定されました。また、2020年６月に、三重県が、全国の都道府県では初めて、条例でアウティング禁止を盛り込む方針である意向を表明しています。

2　国立市女性と男性及び多様な性の平等参画を推進する条例（2018年４月施行）

同条例３条では、市、市民、教育関係者及び事業者等が、男女平等参画を推進するに当たっての基本理念として、「⑵性的指向、性自認等に関する公表の自由が個人の権利として保障されること」と規定しています。これまでの条例では、性的指向や性自認に基づく差別をしてはいけないといった形で、既に、当事者の性的指向や性自認が公になっていることを前提に差別的取扱いの禁止を規定することが一般的でした。本条例は、これをさらに進めて、いまだ公となっていない性的指向や性自認につき、これを公表するかしないかの選択は個人の自由な権利として保障されるものであることを明らかにした点に重要な意義があります。

また、本条例８条２項では、「何人も、性的指向、性自認等の公表に関して、いかなる場合も、強制し、若しくは禁止し、又は本人の意に反して公にしてはならない。」として、意に反する性的指向や性自認の公表（アウティング）を禁止しています。

本来、性的指向や性自認は、それをもって差別されてはいけないものであることは当然ですが、今なおこれに対して差別的な感情を抱く者も存在することも事実です。このような現状においては、性的指向や性自認を公表されることにより、精神的に苦痛を受け、ひいては自死にまで追い込まれてしまう人もいます。

このような事態を避けるためにも、意に反した公表を禁止し、公表するかしないかは個人の権利として尊重されるべきことを規定した本条例は非常に重要です。

参考文献

1．国立市「国立市女性と男性及び多様な性の平等参画を推進する条例」
http://www10.e-reikinet.jp/opensearch/SrJbF01/init?jctcd=8A8016A454&houcd=H429901010036&no=1&totalCount=2&jbnJiten=5020829

2．三重県「三重県法規集データベース」
http://www3.e-reikinet.jp/mie-ken/d1w_reiki/reiki.html

Q27　地方自治体が設けているパートナーシップ証明に関する制度の内容を教えてください。

A27　同性カップルがパートナーであることを証明する制度です。大別して、条例に基づくものと要綱に基づくものとがあります。どちらの場合も婚姻関係等のような法的拘束力は生じませんが、条例による場合は、当該自治体内の住民や企業に差別的取扱いの禁止などの義務を課すことができます。
　具体的な内容や証明書発行の要件は自治体ごとに異なるため、各自治体のウェブページで確認する必要があります。

解　説

1　パートナーシップ制度の概要

　地方自治体が設けているパートナーシップに関する制度は大きく分けて２つあります。１つは、条例により同性カップルがパートナーであることを証明する制度、もう１つは、要綱により同性カップルがパートナーであることを証明する制度です。
　両制度の大きな違いは、当該地方自治体の住民や企業に義務を課すことができるかどうかという点です。条例は地方議会の議決により定められるため、当該地方自治体の住民や企業に差別的取扱いの禁止などの義務を課すことができます。一方で、要綱は地方自治体の内部の取決めであるため、当該地方自治体の住民や企業に義務を課すことはできません。
　パートナーシップ証明制度は、2015年に初めて渋谷区と世田谷区で導入されましたが、近年、パートナーシップ証明制度を採用する自治体が急増しており、報道によると、認定NPO法人虹色ダイバーシティと東京都渋谷区の共同調査の結果、2020年６月30日時点で全国51自治体、1,052組に証明書類が交付されたとのことです。
　具体的な内容は自治体ごとに異なりますが、以下では、条例型の例として渋谷区の制度を、要綱型の例として東京都世田谷区の制度をそれぞれ取り上げます。

2　東京都渋谷区のパートナーシップ証明制度

　東京都渋谷区では、条例で同性カップルがパートナーであることの証明をする証明書を発行する制度を設けています。

同証明書発行の要件は、①渋谷区に居住し、かつ、住民登録があること（申請時において２人の住所は別でもよいですが、双方が渋谷区に居住し、住民登録をしていることが必要です）、②20歳以上であること、③配偶者がいないこと及び相手方当事者以外のパートナーがいないこと、④近親者でないことであり、これに加えて、証明書申請のために任意後見契約に係る公正証書（免除の特例があります）及び合意契約に係る公正証書が必要となります。なお、報道によると、2020年６月30日現在、通算470件の証明書が発行されています。

同証明書の発行を受けたことにより、婚姻関係等のような法的拘束力は生じませんが、渋谷区が管轄する施設等や渋谷区が行っている事業においては、差別的な取扱いが禁止されます。また、渋谷区内の企業が当事者に対して差別的な取扱いをした場合には、前記のとおり、是正勧告、及び公表がなされる可能性があります。

３　世田谷区のパートナーシップ宣誓等に関する要綱

東京都世田谷区では、要綱により、①双方が20歳以上であること、②双方が区内に住所を有すること、又は一方が区内に住所を有しかつ他の一方が区内への転入を予定していること、若しくは、双方が区内への転入を予定していること、③他の人と婚姻していないこと、④他の人とパートナーシップ宣誓をしていないこと、又は、宣誓したことがある人の場合、宣誓書廃棄の手続をしていること、⑤双方が近親者同士ではないこと（ただし、養子縁組による近親者同士については、宣誓できる場合があります）の要件を満たす場合には、双方が提出した「パートナーシップ宣誓書」の写しに、収受印を表示したものを交付する制度を設けています（世田谷区パートナーシップの宣誓の取扱いに関する要綱３条１項、４条１項）。

渋谷区のパートナーシップ証明制度と異なり、区長が定める要綱に基づくものであり、また、公正証書の作成は要件となっていません。

パートナーシップ宣誓をしたことにより、婚姻関係等のような法的拘束力は生じません。この点は、渋谷区のパートシップ証明制度と同様です。なお、世田谷区の発表によると、2020年9月30日現在、通算128件の宣誓証明が発行されています。

4　パートナーシップに関する証明書の取得

パートナーシップに関する証明書の取得を実際に希望する場合には、各自治体のウェブページで要件を確認する必要があります。費用・必要書類についても注意を払う必要があります。

パートナーが同一の自治体内に住所を有していることを要件としている自治体もありますし、将来同一の自治体内に引っ越すことを予定していることで足りるとしている自治体もあります。費用・必要書類については、公正証書作成の要否がポイントになります。公正証書の作成が必要な場合、そのための費用が数万円程度かかることになります。

参考文献

1．東京新聞TOKYO Web「『これ以上放置やめて』パートナーシップ制度、所管官庁なく国は推進に及び腰」（2020年8月11日付）
https://www.tokyo-np.co.jp/article/48231

2．渋谷区「渋谷区パートナーシップ証明書」
https://www.city.shibuya.tokyo.jp/kusei/shisaku/lgbt/partnership.html

3．世田谷区「同性パートナーシップ宣誓について」
https://www.city.setagaya.lg.jp/mokuji/kusei/002/002/003/002/d00165231.html

Q28　パートナーシップに関する制度を利用することには、どのようなメリットがありますか。

A28　自治体や企業、病院により対応は異なりますが、家族と同様に取り扱われることで、公営住宅での同居、パートナーの生命保険の受取人になること、病院での面会、携帯料金の家族割引の適用などが認められる場合があります。

解　説

パートナーシップ制度の利用は法的拘束力を生じるものではありませんが、自治体や企業、病院によっては、家族と同様に取り扱われることで、以下のことが認められる場合があります。

- 地方自治体の運営する公営住宅での同居
- ２人の収入を合算した額に見合う住宅ローンを組むこと
- 生命保険の受取人に同性パートナーを指定すること
- 携帯電話の料金における家族割引の適用
- 病院での面会
- 職場での家族手当などの福利厚生制度の適用
- 飛行機のマイレージポイントの合算
- クレジットカードについて、家族カードの発行

参考文献

1．神奈川県「パートナーシップ証明を受けたカップルの県営住宅への入居申込みを受け付けます」
https://www.pref.kanagawa.jp/docs/j4t/prs/r2955660.html

2．三井住友銀行「事実婚の方々・同性パートナーの方々に対する住宅ローンの取り扱い開始について」
https://www.smbc.co.jp/news/j602017_01.html
3．NTTドコモ「『ファミリー割引』等の適用範囲を拡大」
https://www.nttdocomo.co.jp/info/notice/page/151023_02_m.html
4．ANA「【マイレージ】同性パートナー（LGBT）をANAカードファミリーマイルや特典利用者に登録できますか。」
https://ana.force.com/jajp/s/article/answers4876ja

Q 29　パートナーシップに関する制度を利用することのデメリットはありますか。

A 29　パートナーシップ証明書は当該自治体でのみ有効なため、事実上住所が制限されるというデメリットはあります。ただし、パートナーシップ制度を実施する自治体は年々増加しており、自治体間によっては証明書の継続使用が認められる場合も増えてきているため、デメリットは減少しているといえます。

解　説

パートナーシップ制度では、当該自治体内に住所があることが要件となっていることが通常です。このような要件がある場合、当該自治体から転出する際には、パートナーシップ証明書を返還しなければなりません。したがって、パートナーシップ証明書のために事実上住所が制限されるというデメリットはあるといえます。

しかし、パートナーシップ制度のある自治体の数は年々増えており、移転先の自治体で再度パートナーシップを取得できる場合も増えてきています。また、移転先の自治体で従前のパートナーシップ証明書をそのまま利用できる制度も拡大しています（Q30参照）。したがって、このデメリットは、年々小さくなってきているといえます。

Q30 私はA市でパートナーシップ証明書を取得しましたが、これはB市でも有効でしょうか。

A30 原則として、パートナーシップはA市内でのみ有効であり、B市では効力はありません。ただし、A市がB市とパートナーシップ制度の相互利用に関して協定を結んでいる場合には、A市のパートナーシップ証明書がB市でも有効になります。

解　説

パートナーシップ証明書は各自治体の条例や要綱に基づいて発行されていますので、当該自治体内でのみ有効です。したがって、通常は、A市のパートナーシップ証明書はB市では有効とはいえません。また、当該自治体から転出する場合には、パートナーシップ証明書を返還する必要があります。

ただし、パートナーシップ制度の相互利用に関して協定がなされている自治体間で転居する場合は、継続使用申請などの一定の手続をとることで、パートナーシップ証明書を返還せずに、継続して使用できます。この継続使用申請は、郵送やメールでも可能としている場合もあり、煩雑な手続や精神的な負担が軽減されてきています。

参考文献

１．横須賀市「パートナーシップ宣誓制度の自治体間相互利用」
https://www.city.yokosuka.kanagawa.jp/2420/020401.html
２．熊本市「パートナーシップ宣誓制度の都市間（福岡市及び北九州市と熊本市）相互利用について」

https://www.city.kumamoto.jp/hpkiji/pub/Detail.aspx?c_id=5&id=25846

3．岡山市「パートナーシップ宣誓制度自治体間相互利用」

https://www.city.okayama.jp/0000021905.html

Q31　地方自治体によるLGBTに関する「宣言」とはどのようなものですか。

A31　「宣言」によって、各地方自治体がLGBTとどのように関わっていくかを明らかにしています。

解　説

大阪市淀川区、沖縄県那覇市等では、LGBT等に関する宣言を行って、地方自治体としてLGBTとどのように関わっていくかを明らかにしています。

1　大阪市淀川区の「LGBT支援宣言」

大阪市淀川区では、2013年９月、日本の地方自治体で初めて、以下のような、LGBTを支援するとの宣言をしました。この宣言に基づいて、大阪市淀川区では、具体的に、2014年度からLGBT事業を予算化し、主な事業としてLGBT電話相談事業、LGBTコミュニティースペースの開設、区内官公署職員研修、区民向け啓発講演会、LGBT当事者たちとの意見交換を行っています。

淀川区役所　LGBT支援宣言

　淀川区では、多様な方々がいきいきと暮らせるまちの実現のため、LGBT（性的マイノリティ）の方々の人権を尊重します！

　そのためには…

　LGBTに関する職員人権研修を行います！

LGBTに関する正しい情報を発信します！
LGBTの方々の活動に対し支援等を行います！
LGBTの方々の声（相談）を聴きます！
平成25年９月　　淀川区長　榊　正文

2　沖縄県那覇市の「性の多様性を尊重する都市・なは」宣言

沖縄県那覇市は、大阪市淀川区に次いで、2015年７月、LGBTを含む性の多様性について、以下のような宣言をしました。この宣言に基づいて、那覇市では、①啓発紙「レインボーなは通信！」の発行、②市民全戸に配布される広報誌「なは市民の友」での特集記事の掲載、③交流会の開催、④性的マイノリティをテーマとした連続市民講座の開講、⑤職員研修の実施、⑥「性の多様性に関する相談窓口」の明示等の政策を行っています。

「性の多様性を尊重する都市・なは」宣言（レインボーなは宣言）

人がどのような性を生きるか、また、誰を愛し・愛さないかは、すべての人が幸福に生きるために生まれながらにして持っている権利、すなわち人権であり、誰もがその多様な生き方を尊重されなければなりません。

那覇市は、市民と協働し、性自認及び性的指向など、性に関するあらゆる差別や偏見をなくし、誰もが安心して暮らせる都市をめざして、ここに『性の多様性を尊重する都市・なは』を宣言します。

平成27年７月19日那覇市

3　兵庫県宝塚市の「性的マイノリティに寄り添うまちづくりの取組」

兵庫県宝塚市は、2015年11月、性の多様化を理解し、誰もが「ありのままで」、「安心して自分らしく」過ごせる生きやすい社会を目指し、以下のように、性的マイノリティに寄り添うまちづくりの取組の宣言を行いました。この宣言に基づいて、「全体としての取組」、「教育・保育現場の取組」、「市立病院の取組」、「同性パートナーを尊重する仕組みづくり」、「当事者の声を聴く」、「専門家等からの意見を聴く」という項目に分け、具体的な取組みを計画しています。

性的マイノリティに寄り添うまちづくりの取組

今、性の多様性を尊重する社会が求められています。

本年４月に文部科学省から発出された「性同一性障害に係る児童生徒に対するきめ細かな対応の実施等について」においても、“悩みや不安を受け止める必要性は、性的マイノリティとされる児童生徒全般に共通する”ということが明らかにされ、また、全国の各地で性的マイノリティに関する理解の促進と支援の必要性の認識が広がっています。

宝塚市においても、性の多様性を理解し、誰もが「ありのままで」、「安心して自分らしく」過ごせる、そんな、誰もが生きやすい社会をめざして、取組を進めます。

平成27年（2015年）11月30日

4　岐阜県関市の「LGBTフレンドリー宣言」

岐阜県関市は、2016年８月、LGBTへの理解を一層深めるために、その取組みを始める決意を、以下のように宣言しました。この宣言に基づいて、関市は、職員等の研修、市職員の職場環境の見直し、セミナーの開催や広報・ホームページによる情報発信、公共施設の対応、小・中学校等の施設対応や児童生徒及び保護者の相談環境の整備・理解を深める授業づくり、パートナーシップ証明書の発行、意見交換会の実施等の取組みを予定しています。

> LGBTフレンドリー宣言
>
> 関市では、性の多様性を認め、すべての市民がお互いを尊重し合い、誰もが自分らしく暮らせることを目指し、「LGBTフレンドリー宣言」をし、LGBTに対する配慮に向けた取組を始めることをここに宣言します。
>
> 平成28年８月10日　　関市長　尾関　健治

参考文献

1．大阪市淀川区「淀川区役所　LGBT支援宣言」
https://www.city.osaka.lg.jp/yodogawa/page/0000232949.html

2．那覇市「『性の多様性を尊重する都市・なは』宣言（レインボーなは宣言）」
https://www.city.naha.okinawa.jp/kurasitetuduki/collabo/dannjyosankaku/center/gyouji/rainbownahadeclarat.html

3．宝塚市「性的マイノリティに寄り添うまちづくりの取組について」
http://www.city.takarazuka.hyogo.jp/s/kyoiku/jinken/1021192/1014164.html

4．関市「LGBTフレンドリーに関する取り組み～日本一幸せなまちを目指して～」
https://www.city.seki.lg.jp/0000015475.html

Q32　地方自治体における、性別欄廃止への取組みを教えてください。

A32　公立高校の入学願書や地方自治体の職員採用試験の申込書において、性別欄を廃止するといった取組みがなされています。そのほかにも、国民健康保険被保険者証や印鑑証明書等の性別欄の廃止を行っている自治体が数多くあります。

解　説

1　性別欄の問題点

公立高校の入学願書や履歴書については、所定の書式を使用するよう指定されていることが多くあります。このような所定書式には、従前から性別の欄があり、「男」「女」のいずれかに丸をつけるような書式がほとんどでした。出生時に割り当てられた性別と異なる性別を自認するトランスジェンダーにとって、このような書式を用いる場合、性自認と異なる性別を選択せざるを得ない状況に置かれたり、不本意なカミングアウトを強いられるといった状況がみられました。

このように、性別欄を設けること自体にアウティングの強要につながる等の弊害がある以上、性別欄の削除が求められています。

2　公立高校の入試願書の性別欄

既に大阪府と福岡県においては2019年度の入試から、公立高校の入試願書における性別欄の廃止を行っています。その後、2020年度の入試から廃止を決定した都道府県は、北海道や神奈川県等をはじめ、数多くの自治体に広がっています。自治体の関係者によれば、従前から、性別の記入に抵抗のある学生がいる場合にはどうしたらよいか等の問い合わせもあり、むしろ廃止によって業務の効率化を図れたとの声も上がっているとの報道もあります。

この流れからすると、今後、公立高校の入試においては、性別欄の廃止が当然の風潮となることが予想され、全国的な広がりとなることが期待されています。

3　地方自治体の職員採用における性別欄

全国47都道府県の県庁所在地・政令指定都市の一般行政職員採用を調べた調査によると、大阪市など13の自治体で選考に関する性別欄を削除又は任意項目と規定していることが明らかになっています。

職員採用に際し、性別欄の必要性はないばかりでなく、優秀な人材の確保等の観点からも、性別の隔てなく採用を行っていくことが重要になってきます。

4　公的書類の性別欄

印鑑証明書については、多くの自治体で性別欄が廃止されています。報道によると、2015年５月の時点で、31都道府県の183もの自治体で廃止されていましたが、その後も多くの自治体で続々と廃止されています。

また、自治体によっては、国民健康保険被保険者証や精神障害者保健福祉手帳の性別欄を裏面に記載するようにしているものもあります。

このように、性別による不必要な区別は、公的な書類からでき得る限り廃止していこうという動きが、全国的に広がってきています。アウティングが個人の権利を侵害するものであることからして、この動きがさらに拡大していくことは望ましいものであり、今後は、印鑑証明書等のみにとどまらない一斉の書類の見直しが期待されています。

参考文献

1．朝日新聞デジタル「入学願書の性別欄　大阪・福岡が廃止、14道府県が検討」（2019年１月７日付）
https://www.asahi.com/articles/ASM1723HLM17UBQU001.html

2．朝日新聞デジタル「公立高の入学願書、来春から性別欄廃止へ　神奈川県教委」（2019年２月26日付）
https://www.asahi.com/articles/ASM2T54S2M2TULOB00G.html

3．神奈川県「令和２年度　神奈川県公立高等学校の入学者の募集及び選抜実施要領」
https://www.pref.kanagawa.jp/documents/50772/00_r2youryo

4．デジタル毎日「性的少数者　自治体採用、性別削除　LGBTなど配慮　愛媛や大阪市、13県市の申請」（2018年５月12日付）
https://mainichi.jp/articles/20180512/ddf/041/040/012000c

5．日本経済新聞電子版「183自治体、性別欄なし　性同一性障害に配慮広がる」（2015年５月23日付）
https://www.nikkei.com/article/DGXLASDG23H64_T20C15A5CR8000/

Q33　地方自治においてLGBTに配慮することは、どのような意義がありますか。

A33　LGBTに配慮することは、地方自治体の基本的な責務です。加えて、現在、LGBTへの理解は確実に広がってきており、LGBTに配慮しないことは、社会的な責任を果たしていないものとして批判の対象となったり、その組織のイメージを害したりする結果となることにつながります。

　また、LGBTへの配慮や理解の促進は、その地方自治体にプラスの評価を与え、ひいては、その地域の活性化につながると考えられます。

解　説

1　LGBTへの配慮を欠く行為の影響

2019年９月に鹿児島市議会において、同市議が「同性パートナーシップ証明制度のニーズはほとんどない」「地方都市がLGBT施策を推進すべきでない」「自然の摂理に合った男女の性の考えを強調すべき」などと発言しました。これに対しては、「発言の撤回と謝罪・LGBTへの正しい知識の習得を求める署名運動」が起こり、数日間で１万人を超える署名が集められました。結局、同市議からは十分な謝罪等はなされませんでしたが、発言の一部撤回を行うに至り、また、対応も含め社会的な批判を受ける事態となりました。さらにこの件については、当時の鹿児島県弁護士会の会長から「LGBTに対する不適切な発言について強く抗議すると共に、鹿児島市議会に対し、性別、性自認及び性的指向の如何にかかわらず、誰もが自分らしく生きることができる社会の実現に向けた協力を求めるものである」との声明も出されています。

このように、地方自治体のLGBTへの理解が不足していると、現代においては社会的な批判を受けることにつながります。また、そのような無理解の後進的な組織であるとの評価を受けることは必至であり、組織としてのイメージの悪化をもたらします。

2　LGBTへの配慮、理解を進めることの意義

地方自治体は、「住民の福祉の増進を図ることを基本として、地域における行政を自主的かつ総合的に実施する役割を広く担う」存在とされています（地方自治法１条の２第１項）。LGBTに対する差別禁止等の各種配慮を行うことは、地域の少数者の人権を守る活動として、その地域の住民の福祉の増進を図る施

策の一環にほかならず、そもそも、地方自治体の職員やその住民に対してLGBTへの理解を促進し、不当な差別が起こらないような施策をとるといったことは、地方自治体の基本的な責務というべきです。

そして、地方自治体にLGBTへの理解があることにより、その地方自治体の社会的評価が上がり、また、その地方自治体の取組みに変化が起こることで、地域活性化にもつながることが考えられます。

すなわち、LGBTへの理解が急速に進んでいる現代においては、LGBTに対して積極的な施策を打ち出している地方自治体は、差別人権感覚に敏感な差別のない地方自治体というプラスの評価を受ける傾向が強く、他方、LGBTへの配慮を欠く言動や施策は、先にみたような組織のイメージの悪化に直結し、評価を下げる結果を招くことになります。

その結果、LGBT当事者やLGBT当事者への理解を示す人々（Ally（アライ）と呼ばれることがあります）が、「この地方自治体であれば、パートナーシップ制度を利用できるから住もう。」と思ってその地域に移ってきたり、LGBTへの配慮のあるというプラスのイメージの強い地方自治体への就職を希望したりということが起これば、地方自治体の人口の増加、地域の活性化、優秀な人材の確保にもつながるといえます。

このように、LGBTへの理解を進めることは、当該地方自治体の基本的な責務であるとともに、その地方自治体の活性化を図ることにもつながるのです。

参考文献

1．鹿児島県弁護士会「鹿児島市議会代表質疑中のLGBTに対する不適切発言に抗議する会長声明」
https://www.kben.jp/2802/

Q 34　地方自治体が主体となって、LGBTに関する学校教育を行っているところなどはありますか。

A 34　教職員向けの指導を行ったり、具体的なワークショップを行えるようにしたりする地方自治体がみられます。地方自治体がそれぞれに工夫を凝らして、LGBTへの理解を進めようとした取組みは今後も増加していくことが期待されています。

解　説

1　学校教育の必要性

学校教育については、Q24記載のとおり、2015年４月30日、文部科学省から「性同一性障害に係る児童生徒に対するきめ細かな対応の実施等について」という通知が発せられており、これをとりまとめたものとして、「性同一性障害や性的指向・性自認に係る、児童生徒に対するきめ細かな対応等の実施について（教職員向け）」が作成されていますが、研修の義務付け等の国による具体的な施策はなされていません。

LGBTに関する適切な知識を子どもたちが身につけるためには、子どもたちへの情報提供の前に、まずは教職員が適切な知識を持つことが必要です。そのための研修が、前述の条例を制定した地方自治体、宣言をした地方自治体などでは行われています。

また、適切な知識を得た子どもたちがその知識のもとに生きていくためには、子どもたちの親の理解、社会の理解も必要になってきます。そのため、社会全体でのLGBTへの理解が必要となりますので、地方自治体による地道な啓蒙活動が重要だといえます。

なお、2019年４月から中学校の道徳の教科書の一部に（報道によると、2021年度からは、道徳だけでなく国語、歴史、公民、家庭、美術、保健体育に広がるとのことです)、2020年4月からは小学校の保健体育の教科書の一部に、それぞれ性的マイノリティの記述が盛り込まれるようになりました。このような動きからも、各地方自治体の公立小中学校において、LGBTに関する理解を促進するための教育活動が拡大していくことが期待されます。

2　学校教育の具体例

このような流れを踏まえて、各地方自治体では様々な取組みが行われています。その一例として、埼玉県の取組みをご紹介いたします。

埼玉県においては、高校教育の場に性的マイノリティの理解を進めることを目的とした指導用のパンフレットを作成しています。その中では、授業で使用できるような指導案やワークシートが盛り込まれています。具体的には、性の多様性に関するクイズなど、生徒に関心を持ってもらえる授業ができるように創意工夫を凝らしたものとなっています。

このような指導の基礎となるものの存在は、教育の現場において正しい理解を得ることにつながるものですし、また、教職員がスムーズに授業を行えることでLGBTへの啓蒙に寄与するものであるということができます。

参考文献

1．文部科学省「性同一性障害に係る児童生徒に対するきめ細かな対応の実施等について」(平成27年4月30日27文科初児生第3号)
https://www.mext.go.jp/b_menu/houdou/27/04/1357468.htm

2．埼玉県「平成28年度　新たな人権課題に対応した指導資料」
http://www.pref.saitama.lg.jp/f2218/documents/28aratanaall.pdf

3．朝日新聞デジタル「『性的少数者』道徳教科書で初の掲載　8社中4社で」(2018年3月27日付)
https://www.asahi.com/articles/ASL3W51VBL3WUTIL03R.html

４．朝日新聞デジタル「変わる小学校の体育教科書　性的少数者の記述／がんは手厚く　来年度から」（2019年６月17日付）
https://www.asahi.com/articles/photo/AS20190617000097.html

５．Flag「教科書でLGBTなど『性の多様性』についての記述が大幅増」（xxx株式会社（呼称：エイジィ）、2020年３月29日付）
https://rainbowflag.jp/news/article/5000/

4 企業での取組み

Q35 企業がLGBT問題に取り組むことにはどのような意義がありますか。

A35 企業の社会的責任の一環として、LGBT問題に取り組むことが求められているといえます。LGBT問題に関する積極的な取組みは、企業としての社会的責任を果たしているかという評価に関わるものであり重要です。LGBT問題に対する取組みがなされていない場合には、人権意識に欠ける企業であるというレッテルを貼られて企業価値を損なうリスクもあります。

また、LGBTの当事者が働きやすい職場環境であることにより優秀な人材が確保できたり、LGBTに好意的なサービス・商品開発により新たな市場が開拓できるといった副次的効果も期待できます。

解　説

1 LGBTに関する人権問題への対応は当然かつ重要な課題となっている

今日、LGBTに関する人権問題の社会における認知や理解が進んでおり、企業がこの問題に取り組むことは、企業の社会的責任（CSR）という観点からも、重要なものとして評価されるようになってきています。

かつて男女雇用機会均等法の成立・施行等を契機として、企業における女性差別の問題に対する取組みが進んだように、企業におけるLGBTに関する人権問題への対応は、当然かつ重要なものとして評価されつつあり、その取組みをする企業が増えている状況です。LGBTを差別しないなどの企業方針を明文化する、従業員が性的マイノリティに関する意見を言える機会を提供する（社内コミュニティを形成する)、LGBTへの理解を促進する啓発活動をする、LGBTが働きやすい職場環境を整備するといった取組みは、大企業を中心に認められるところとなっています。

以上のとおり、現在では、企業の社会的責任の一環として、LGBT問題に取り組むことが求められているといえます。

2　企業価値を毀損するリスクの回避

1で記述した状況であることから、LGBT問題への取組みが十分になされていない企業については、LGBTを含むマイノリティの人権意識に欠ける企業であるとレッテルを貼られることにより、その企業価値を毀損するリスクがあります。また、LGBTの採用やLGBTの従業員に係る職場環境の対応が不適切であれば、当該当事者から法的責任を追及されることも考えられます。

企業がLGBT問題に取り組むことには、このような企業価値の毀損や不利益が生じるリスクを回避するという意義も認められます。

3　経済的利益の獲得（副次的効果）

LGBT問題に対する意識を高く持ち、LGBT問題に対する十分な取組みがなされている企業については、優秀なLGBTの社員を獲得できたり、人権意識が高いという評価を受けることが期待できます。また、LGBTに好意的なサービスや商品の開発・提供をすることにより、LGBT消費者の市場を開拓することも考えられます。

企業は、その社会的責任を果たす意味でLGBT問題に取り組むべきですが、十分な取組みをした結果として、副次的に経済的利益を得る効果が期待できるといえます。

Q 36 LGBT問題に取り組んでいる企業を評価する指標はありますか。そうした指標にはどのような意義がありますか。

A36 国外及び国内で、人権団体により、企業のLGBT問題への取組みへの評価が毎年公表されています。

また、特に就職活動のため、企業のLGBT問題への取組みの状況を公表している民間サイトもあります。

これらの評価は、企業の取組みの目標となり、LGBTの働きやすい職場環境の整備の促進が期待され、また、企業イメージの向上につながるとともに、就職・転職の際の選択の材料にもなり得ます。

解　説

1　毎年公表される企業評価について

⑴　国外での取組み（CEI）について

LGBTの平等のための取組みを行っているアメリカ最大の人権団体「ヒューマン・ライツ・キャンペーン財団（HRC)」は、2002年から、経済誌Fortuneが選ぶアメリカの大企業500社やThe American Lawyer誌が選ぶ大手200社入りしている法律事務所を主対象として、質問票を送り、その回答や公表された情報を基に、達成度を数値化したCorporate Equality Index（企業平等指数、CEI）を毎年発表しています。

非差別の方針を掲げて実行しているか、LGBT従業員に対しても給付・保障の提供を行っているか等の５つの分野で評価が行われ、さらに、米国内だけでなく世界的に同様の取組みを行っているかを考慮して採点が行われ、2020年版では、参加した1,059社のうち686社が満点を獲得しています。

⑵　国内における動きについて

このような企業評価の動きは日本でも始まっています。任意団体work

with Pride（wwP）は、2016年6月に、日本で初めてとなる企業・団体のLGBTに関する取組みを評価する指標「PRIDE指標」を策定しています（work with Pride PRIDE指標（2020年度版）、巻末資料1参照）。応募した企業・団体について、性的マイノリティに関する方針を明文化し、社内外に公表しているか、過去2年以内に従業員に対して性的マイノリティへの理解を促進するための取組みを行ったか等、Poicy（行動宣言）、Representation（当事者コミュニティ）等PRIDEの5文字にちなんだ5つの指標における達成度で採点が行われ、満点（5点）、4点、3点を獲得した企業・団体は、それぞれゴールド、シルバー、ブロンズとして表彰が行われたり、先進的な取組みの事例が紹介されたりしています。2020年12月に発表されたレポートによると、参加した233社のうち183社が満点を獲得しています（『PRIDE指標2020レポート』、https://workwithpride.jp/wp/wp-content/uploads/2020/12/prideindex2020_report.pdf）。東京弁護士会も、2019年に引き続きゴールドプライズを獲得しました。

⑶　企業評価の意義について

これらの指標は企業の取組みの具体的な指針として企業の取組みを促し、それによって、LGBTの働きやすい職場環境の整備が促進されることが期待されます。

そして、企業・団体にとって高評価を得ることは、対外的なアピールともなり、企業のイメージの向上にも貢献します。

2　就職活動における企業評価について

昨今、LGBTが困難に直面する場面の1つである就職活動をサポートする企業や団体も増えてきましたが、就職活動者に対し、企業の具体的な取組みの度合いを数値で示している企業もあります。

LGBTの求人サイトを運営する株式会社JobRainbowは、求人サイトの中で、企業の紹介とともに、行動宣言や人事制度等6つの分野で24項目を挙げ、それらのうちいくつが満たされるかの合計をLGBTフレンドリー評価として掲載しています。

このような企業の評価は、LGBT当事者に限らず、就職活動者一般にとって、就職先を選択するための材料の１つとなり得ます。

参考文献

１．JobRainbow
https://jobrainbow.jp/

Q37

法令に対する企業の取組みとして、具体的にどのようなことが求められていますか。

A37

「性同一性障害者の性別の取扱いの特例に関する法律」、「男女雇用機会均等法」等の法令への対応等が求められています。

解　説

1　LGBTに関する法令

LGBTに関する法令として、「性同一性障害者の性別の取扱いの特例に関する法律」及び「男女雇用機会均等法」が挙げられます。

(1)　性同一性障害者の性別の取扱いの特例に関する法律

同法は、性別の取扱いの変更の審判に関するもの（詳細については、Q19、第３章１(4)を参照）ですので、企業においては、トランスジェンダーの性別をどのように取り扱うかという点で関連します。同法４条では、「性別の取扱いの変更の審判を受けた者は、民法（明治29年法律第89号）その他の法令の規定の適用については、法律に別段の定めがある場合を除き、その性別につき他の性別に変わったものとみなす。」とされていますので、企業が性別の取扱いの変更の審判を受けた従業員や顧客について、変更前の性別で取り扱うことはできないということになります。

そのため、性別の取扱いの変更の審判を受けた者から、変更後の性別で対応することを求められた企業は、これまで男性（女性）として扱っていた従業員を、女性（男性）として扱うことになり、例えば更衣室やトイレ等の使用について、企業は、場合によっては一定の猶予期間や段階的な処置をとるとしても（ただし、当事者の理解と了解を得る必要があります）、最終的には変更後の性別に合わせた使用を認める必要があります。

⑵　男女雇用機会均等法

同法11条４項は、同条１項から３項までの規定されている事業主が講ずべき措置等に関して、その適切かつ有効な実施を図るために必要な指針を定めるものとしています。そして、同項により定められた指針「セクハラ指針」において、「職場におけるセクシュアルハラスメントには、同性に対するものも含まれるものである。また、被害を受けた者……の性的指向又は性自認にかかわらず、当該者に対する職場におけるセクシュアルハラスメントも、本指針の対象となるものである。」としていますので、LGBT（性的指向・性自認）を理由とするセクシュアルハラスメントはセクハラ指針（これの基となる男女雇用機会均等法11条１項から３項まで）が適用されます。そのため、企業は、LGBTを理由とするセクシュアルハラスメントについて、他のセクシュアルハラスメントと同様に、セクハラ指針記載のセクシュアルハラスメントを防止する措置等をとる必要があります。

⑶　労働施策総合推進法

同法30条の２第３項は、同条１項及び２項までの規定されている事業主が講ずべき措置等に関して、その適切かつ有効な実施を図るために必要な指針を定めるものとしています。そして、同項により定められた指針「パワハラ指針」において、「精神的な攻撃（脅迫・名誉棄損・侮辱・ひどい暴言)」に該当すると考えられる例として「相手の性的指向・性自認に関する侮辱的な言動を行うことを含む。」、「個の侵害（私的なことに過度に立ち入ること)」に該当すると考えられる例として「労働者の性的指向・性自認や病歴、不妊治療等の機微な個人情報について、当該労働者の了解を得ずに他の労働者に暴露すること。」等としており、LGBT（性的指向・性自認）を理由とするパワーハラスメントはパワハラ指針（これの基となる労働施策総合推進法30条の２第１項及び２項）が適用されます。そのため、企業は、LGBTを理由とするパワーハラスメントについて、他のパワーハラスメントと同様に、パワハラ指針記載のパワーハラスメントを防止する措置等をとる必要があります。なお、中小事業主については、2022年４月１日から前記労働施策総合推進法30条の２第１項及び２項につき義務化され、それまでは努力義務となります。

2　LGBTへの差別の禁止

執筆時点では、日本においては、LGBTへの差別を禁止する法律は定められておりませんが、企業による差別的取扱いや差別的言動については、不法行為と判断されることにもなり得ますので、LGBTへの差別を禁止する法律の有無にかかわらず、差別的取扱いや差別的言動は厳に慎まなければなりません。なお、LGBTへの差別を禁止する法律が定められているかどうかにかかわらず、就業規則等において社員等がLGBTであることを理由とする差別的取扱いを禁止するなど、社内規程によって差別的取扱いを禁止することを明文化している企業もあります。

また、同僚等に対しカミングアウトしていないLGBTである社員が、企業に対してのみカミングアウトしている場合に、これを社員等に開示（アウティング）するとプライバシー権の侵害となる可能性がありますので、社員の性的指向及び性自認に関する情報の取扱いには慎重を期す必要があります。

Q 38　従業員のLGBT問題に対する理解を深めるために、社内でどのような取組みができるでしょうか。

A 38　研修（職場内の啓発）を実施したり、相談窓口を設けたりすることが考えられます。

解　説

従業員のLGBT問題に対する理解を深めるための取組みとして、研修の実施や相談窓口の設置が考えられます。実際に、研修を実施したり、相談窓口を設置したりしている企業があり、そのような企業は増加する傾向にあります。以下、各企業での取組みを、各社ホームページから、LGBTに関連するものを引用し、ご紹介します。

1　ゴールドマン・サックス・グループ

ゴールドマン・サックス・グループでは、「性的指向・性同一性について学び、社員がありのままの自分でいられ、能力を発揮できる職場環境づくりのために一人ひとりができることを学ぶ」研修や「幹部社員がファシリテーターを務め、ジェンダー、カルチャー、LGBTなどの様々なダイバーシティのトピックについて部下と対話し、多様性を受容する環境作りについて議論する」研修があります（参考文献１－①）。

また、「LGBT（レズビアン・ゲイ・バイセクシュアル・トランスジェンダー）ネットワーク」が、「LGBTの社員がありのままの自分でいられ、能力を発揮できる職場環境づくりを支援することを目的に2005年発足。当事者のみならず支援する社員（アライ）を含めたメンバーで活動。LGBTへの理解促進研修のプログラム・デザインや、リクルーティング活動も人事部と協同で行っています」(参考文献1－②)。

2　ソニー株式会社

ソニー株式会社では、「全社員を対象としたe-Learning研修の中で、LGBTを取り上げ、思い込みからくる差別をなくし、LGBT社員が働きやすい環境整備の必要性を説明しています」。また、「LGBTに関する基礎知識や当事者が抱える悩み等を理解し、周囲の社員が出来ることは何かを考えるWorkshopなどを開催しています」(参考文献2)。

3　第一生命保険株式会社

第一生命保険株式会社では、「人権宣言において基本的な人権の尊重を明確に打出しているほか、ダイバーシティ&インクルージョン推進の一環としてLGBTにフレンドリーな企業を目指した取組みを推進しています」。そして、職員に対する「情報提供の充実」や「相談窓口の設置」といった取組みが実施されています（参考文献3)。

4　日本アイ・ビー・エム株式会社

「日本IBMでは、2003年に人事にカミングアウトした社員が1名いたことから、2004年に当事者による委員会を設置。以来、委員会のメンバーを少しずつ増やしながら、当事者グループと人事部門が連携して制度改革の検討、イベントやワークショップの企画と運営を行っています。2008年に社内外にLGBT＋に対する積極的な支援を宣言。NPOと共同でのLGBT＋向け就活イベントの開催や、レインボー・パレードなどのLGBT＋イベントへの協賛など、社外での認知度と理解促進のための活動も積極的に行っています。2012年にはNPO Good Aging Yellsと国際NGO Human Rights Watch Japanともに『work with

Pride』という任意団体を立ち上げ、『LGBT＋と職場』をテーマに、毎年異なる企業に会場を提供してもらいながら企業の人事担当者と当事者を対象としたイベントを開催。毎年、参加者を増やすことによって、LGBT＋フレンドリーな職場と社会の実現を目指しています」（参考文献４）。

5　野村グループ

野村グループでは、「社員が自主的に運営する３つの社員ネットワークを通じて、女性のキャリアやワークライフ・マネジメント、多様な文化やLGBTへの理解などについて情報を発信するイベントを開催するとともに、社内・社外交流の機会を提供しています」。LGBTに関する取組みとして、「LGBTに関する差別を禁止した規程の整備、ダイバーシティ研修やLGBT勉強会の実施、同性パートナーでも利用できる福利厚生制度の整備、トランスジェンダー社員へ対応するガイドラインの整備、そして社員ネットワークによる理解促進の活動などを行い社内風土の醸成に努めています」（参考文献５）。

6　サントリーグループ

サントリーグループでは、「全ての従業員がいきいきと自分らしく働くことができる企業を目指し、LGBTQに関する活動を続けています。2016年よりLGBTQへの取り組みを強化すべく、プロジェクトチームを発足。2017年には、就業規則における配偶者の定義に『同性パートナー』を加える改定、LGBTQに関する相談窓口の設置、LGBTQ当事者とALLY（アライ・よき理解者）のためのLGBTQハンドブックの作成、全社員へのeラーニング等を実施しました」（参考文献６）。

7　ソフトバンク株式会社

ソフトバンク株式会社では、「LGBTなどの性的少数者も含めて、誰もが働きやすい環境を整え、社員がやりがいと誇りを持って活躍できる企業を目指しています」。そして、「LGBT関連の相談窓口」の設置、「LGBTに関する新任管理職研修や全社員向けのeラーニング研修」の実施といった取組みが実施されています（参考文献７）。

参考文献

１．①ゴールドマン・サックス・グループ「研修プログラム」
https://www.goldmansachs.com/japan/our-firm/diversity/d-and-i-training/index.html
②同「ネットワーク活動」
https://www.goldmansachs.com/japan/our-firm/diversity/networks/index.html
２．ソニー株式会社「LGBT社員活躍推進」
https://www.sony.co.jp/SonyInfo/diversity/program/japan/
３．第一生命保険株式会社「LGBTフレンドリー」
https://www.dai-ichi-life.co.jp/dsr/employee/diversity/lgbt.html
４．日本アイ・ビー・エム株式会社「LGBT＋への取り組み」
https://www.ibm.com/ibm/responsibility/jp-ja/diverse/lgbt.html
５．野村グループ「ダイバーシティ＆インクルージョン」
http://www.nomuraholdings.com/jp/csr/employee/di.html
６．サントリーグループ「LBGTQに関する活動の推進」
https://www.suntory.co.jp/company/csr/activity/diversity/diversity/
７．ソフトバンク株式会社「LGBTに関する取り組み」
https://www.softbank.jp/corp/hr/personnel/diversity/

Q 39　同性パートナーのいる従業員に対する福利厚生制度に関して、企業ができる取組みには、どのようなものが考えられますか。

A 39　法定外福利厚生制度の枠内で、同性パートナーを適用対象とすることができます。まずは、異性の配偶者や事実婚パートナーを対象にしている福利厚生について、同性パートナーもその対象とすることが考えられます。さらに進んで、法定福利厚生制度を補うサービスを法定外福利厚生制度の枠内で提供することも考えられます。

解　説

1　企業が独自に実施することができるのは法定外福利厚生制度

福利厚生制度とは、一般に、使用者がその家族の健康や生活の福祉を向上させるために行う諸施策の総称をいいます。福利厚生は、法律上使用者に実施が義務付けられている法定福利厚生制度と（厚生年金保険、健康保険、労災保険、雇用保険等の社会保険料の支払等）、使用者が任意で行う法定外福利厚生制度（結婚祝金や結婚休暇、弔慰金、社宅、介護休暇等）があります。

法定福利厚生制度は法律に基づくものなので、その要件も法律に基づき決まっています。このため、私企業が同性パートナーのいる従業員について法律上の配偶者と同様に法定福利厚生制度を適用することはできません。現行法上、法定福利厚生制度は異性の配偶者や事実婚のパートナーを対象としており、同性パートナーは対象とされていません。

他方、法定外福利厚生制度は、使用者が任意で行うものなので、その適用範囲についても各企業で独自に決めることができます。このことからすると、同性パートナーのいる従業員に対する福利厚生制度としては、まず、法定外福利厚生制度のうち異性の配偶者や事実婚パートナーを対象としているサービスについて、同性パートナーも対象とする方法が考えられます。

2　近年の傾向

従前は、あくまでも福利厚生制度は異性の配偶者（事実婚のパートナーを含む）を対象とし、同性パートナーについては認められていませんでした。しかし、海外におけるLGBT権利保護運動等を受けて、日本国内においても、同性パートナーに関して法定外福利厚生制度の対象とする企業が増えつつあります。

また、さらに進んで、法定福利厚生制度を補う施策を法定外福利厚生制度として整備することもできます。

Q40　既に企業で実施されている、LGBTに対する福利厚生制度に関する取組みには、どのようなものがありますか。

A40　現在、LGBTに対する福利厚生制度を拡大している企業は急速に増加して多数に及んでおり、また、その制度内容も多岐にわたっています。以下では、ホームページ等に掲載されているいくつかの企業の取組みを取り上げます。

解　説

1　外資系企業の取組み

・日本アイ・ビー・エム株式会社は、2012年に結婚祝金を事実婚に拡大し、同性パートナーとの事実婚も対象としました。2016年１月にはさらに従業員が法律婚上の配偶者と同等と考える同性パートナーを登録する「IBMパートナー登録制度」を新設し、登録されたパートナーについては特別有給休暇や赴任手当、慶弔金等の福利厚生について異性の配偶者と同等の扱いを受けられるようにしました。

ちなみに同社を孫会社とする米国IBMは、1996年にアメリカとカナダで福利厚生制度の同性パートナーへの適用を開始し、LGBT団体から表彰されています。日本アイ・ビー・エム株式会社でも2003年に人事にカミングアウトした従業員がいたことから、当事者による委員会を設置し制度改革を進め、2008年には社内外に向けLGBTに対する積極的な支援を宣言しました。

・ゴールドマン・サックス・グループは、同居１年以上の相手を「ドメスティック・パートナー」として会社に届け出ることにより、健康保険の保険料補助をはじめ、特別有給休暇や赴任手当、事業内のフィットネスセンターや介護支援プログラムの利用等、異性間の配偶者とほぼ同等の福利厚生制度が利用できるようにしています。また、性別適合手術費用等の一部の補助等、トランスジェンダー社員に対するサポート体制を整えています。

・アクセンチュア株式会社は、「ライフパートナー制度」を採用し、同性パートナーがいる社員に対しても、異性愛者同様の福利厚生制度（結婚休暇、出産休暇、結婚祝金、弔慰金、家族同伴家賃補助、赴任手当、会社加入の団体生命保険の受取人、社内イベントへの同伴等）を認めています。また、2018年からは、人事制度の問い合わせ対応にAI（人工知能）を導入し、LGBT関連の問い合わせにも応対できるため、社員は自身のセクシュアリティをカミングアウトすることなく、人事制度に関する質問をしたり、手続を行ったりすることができるようになりました。

・株式会社ラッシュジャパンは、2015年１月23日から、全従業員を対象として、戸籍上同性間のパートナー登録に対して、異性間夫婦同様の結婚祝金の支給、結婚休暇等を適用しているほか、チャイルドケア休暇・育児休暇・慶弔休暇・配偶者出産休暇・介護休暇等の適応について、社員のパートナーの性別を問わず「配偶者」とみなしています。また、性別適合手術を受けた後も安心して復職できる職場環境を用意するため、傷病休職の場合と同様に取り扱っています。

・日本マイクロソフト株式会社は、2015年４月に就業規則を改定して、結婚祝金、慶弔金、慶弔休暇等の対象となるパートナーに同性も含むことを明記しました。

・ヤフー株式会社は、2017年６月、同性パートナーや内縁パートナーも、法律婚の配偶者と同等に、休暇、休職（結婚、忌引、介護、育児等）、転勤、海外勤務（単身赴任手当、赴任旅費等）、慶弔（結婚祝金、出産祝金、弔慰金）等の福利厚生を受けられるようになりました。

2　国内系企業の取組み

・野村ホールディングス株式会社は、2009年から、従業員がパートナーを申請することにより、法律婚配偶者に認められている福利厚生制度の一部がパートナー（異性、同性を問わない）にも適用される制度を開始しました。また、子会社である野村證券株式会社では、2017年に「トランスジェンダー対応ガイドライン」を策定し、ホルモン治療や性別適合手術を受けたい等の要望があった際に適切に対応できる体制を整えています。

・株式会社Diverseは、2014年８月、「パートナー届け制度」として、事実婚の異性パートナーや同性パートナーを法律婚配偶者と同等に福利厚生制度の対象としました。

・凸版印刷株式会社は、2020年７月１日から、同性パートナーや事実婚パートナーについても、異性の法律婚配偶者を対象としてきた福利厚生制度の対象とすることを発表しました。配偶者関連の福利厚生制度を同性パートナーにも適用するのは、大手印刷会社の中では同社が初だと思われます。

・このほかにも多数の企業がLGBTへの福利厚生制度適用を拡大しており、一例を挙げると、2015年11月にインフォテリア株式会社が、2016年にソニー株式会社、第一生命保険株式会社、パナソニック株式会社、日本電信電話株式会社（NTT）、株式会社朝日新聞社、損害保険ジャパン株式会社が、2018年に東日本旅客鉄道株式会社（JR東日本）、2019年に日産自動車株式会社、積水ハウス株式会社が、2020年には本田技研工業株式会社（ホンダ）、トヨタ自動車株式会社、アサヒビール株式会社が、それぞれ、同性パートナーを各種の福利厚生制度の対象としています。

参考文献

1．独立行政法人労働政策研究・研修機構「LGBTの就労に関する企業等の取組事例」（2017年）
https://www.jil.go.jp/kokunai/other/whitepaper/documents/20170331-lgbt.pdf
2．野村證券株式会社ダイバーシティ＆インクルージョン推進室「野村のダイバーシティ＆インクルージョン」（2019年９月）
https://www.nomuraholdings.com/jp/di/pdf/di.pdf
3．認定NPO法人虹色ダイバーシティ公開資料・LGBT先進企業事例「野村グループ（野村證券株式会社 等）様『LGBTに関する明文化された社内規則』」（2017年３月）
https://nijiirodiversity.jp/nomura/
4．レインボーライフ「LGBTフレンドリーな３つの企業を紹介！　それぞれの独自性とは？」（2019年１月17日付）
https://lgbt-life.com/topics/nakadomari84/

Q41　異性の配偶者を対象としてきた福利厚生制度について、同性パートナーもその対象とする場合、法律上の配偶者と同程度の親密な関係（いわゆる事実婚関係）にあることをどのようにして認定すればよいのでしょうか。虚偽申告のおそれはないのでしょうか。

A41　パートナーシップ関係を宣言する書類や、同一の住所が記載された公的証明書の提出を求めることが考えられます。

資料の提出を求めるか否かの取扱いは、法律婚か事実婚か、同性間か異性間かで一律にしておくべきです。

解　説

1　認定の方法

そもそも、福利厚生とは、企業（使用者）が従業員に対して給与以外の金銭や休暇等を与えることにより、従業員とその家族の生活を、経済面・健康面・精神面から安定、向上させることを目的とし、従業員にとって働きやすい環境を提供するものです。福利厚生が充実することで、企業（使用者）にとって、安定的な従業員の確保に役立ちますし、従業員のモチベーション向上等によりその能力発揮につながれば、結果的に経営向上にも資するものです。かかる観点からすれば、従業員の福利厚生の適用対象を法律上の配偶者に限る必要性はなく、共同生活や扶養関係の有無などの観点から、法律上の配偶者と同程度の親密な関係にあるパートナーであれば、婚姻の有無や性別にかかわらず福利厚生の対象とすることが、むしろ企業（使用者）の利益につながると考えられます。

他方、同性パートナーの場合は、法律婚配偶者であれば容易に取得できる婚姻を証明する公的な書類（戸籍、住民票等）が発行されないため、福利厚生制度（なお、ここで問題となるのは法定外福利厚生制度です。Q39参照）を適用する場合に、虚偽申告のおそれ（虚偽申告に基づいて結婚祝金や住居手当を取得するといった事態が生じるのではないかとの懸念）が生じるものと思われます。

しかしながら、このようなおそれは、事実婚の状態にある異性カップルでも同じであり、同性パートナーに限ったことではありません。したがって、共同生活や扶養関係の有無などの観点から、法律上の配偶者と同程度の親密な関係にあるパートナーであることがわかる合理的な資料の提出を求めることで、対応していくことになります。ただし、現代においては、法律婚をしている異性カップルの形が様々であるように、同性カップルの形も様々です。同居をしていなければならないというように、画一的に判断しないことが重要です（例えば、同性パートナーが単身赴任のため一時的に別居していることもあり得ます）。

2　申請の際に提出を求める資料の例

同性パートナーからの福利厚生申請の際に、提出を求める資料の一例としては、以下のようなものが考えられます。

a　他国で有効な法律婚（同性婚）をしているパートナーであれば、当該国の大使館等で発行された婚姻証明書

b　地方公共団体が発行するパートナーシップ証明書

c　住民票等、同一の住所が記載された２人の公的証明書

d　法律婚に近い法的関係を示す公正証書（任意後見契約公正証書、合意契約に係る公正証書等）

前記ｂについては、居住要件を課している地方公共団体がほとんどであり、必ずしも取得できるとは限らないため、提出できる資料を前記ａとｂに限定するのは公平とはいえません。

そこで代替措置として、同居していることの証明をもって関係の密接さを示す資料として前記ｃの提出を求めることが考えられます。学校や会社の都合で一時的に同居をしていない場合は、過去に同居していた事実を証明する住民票の除票や就学・就労の事実を証明する資料、仕送りの事実を証明する資料などを確認することが考えられます。

このほかに、ｄのような公正証書の提出を求めることが考えられます。任意後見契約公正証書は、将来一方の判断能力が不十分になったときの身上監護や財産管理に関する代理権を他方に付与するという契約の締結を証明する書類です（第３章１⑶事例２の解説参照）。合意契約に係る公正証書は、もともとは婚姻を予定しているカップルが婚姻後の共同財産や生活について合意をするものとして知られていましたが、渋谷区パートナーシップ証明において必要書類

の１つとされたことから同性の事実婚を証明するものとしても知られるようになり、民間でも用いられているようです（ペアローン等）。いずれの公正証書も、従業員と当該パートナーとがお互いに信頼し合い経済的・精神的に助け合っていくという合意をした、ということを法的に証明する文書ですから、法律婚配偶者と同等の密接な関係を証明する資料といえます。

なお、同居していることが大前提となる福利厚生（住宅手当など）と、同居が基本的な要素とならない福利厚生（慶弔休暇など）とでは確認すべき事項に差があるといえます。また、どのような関係にあるパートナーを、福利厚生の対象にするかは、企業（使用者）の裁量に任されています。それゆえ、前記ａ～ｄのほかにも、一定の関係を推察させる資料として、結婚式の案内状や写真、SNSの写真、LINEやメールのやりとり、仕送りの資料といった資料を用いることも考えられます（ただし、従業員のプライバシーに配慮し、強制にあたらないようにする必要があります）。

3　注意点：申請のハードルは公平に

パートナーに対する福利厚生適用に当たり、このような資料の提出を求める場合は、法律婚か事実婚か、また異性間か同性間かにかかわらず、公平に求めるべきです。同性パートナーの場合にのみ資料を要求するという取扱いでは差別であると受け取られかねませんし、実際、虚偽申告かどうか判断するという目的からすれば法律婚や異性間であってもその必要性は変わらないからです。

4　実施例

同性パートナーの認定方法は企業によって様々です。従業員数等も考慮し、各企業にとって実施しやすい方法を検討しているようです。以下、一例を紹介します（参考文献２）。

・アクセンチュア株式会社（調査当時従業員数約7,600人）は、異性パートナー及び同性パートナーともに、自治体が発行するパートナー証明書、又は12か月以上同居していることを証明する本人とそのパートナーそれぞれの住民票の提出があれば、福利厚生の対象とするパートナーとして認めています（2017年１月31日時点）。

・認定NPO法人フローレンス（調査当時従業員数459人）は、従業員とパートナーが署名した申請書の提出で足りるという取扱いをしています（2017年１月時点）。

5　恋人関連の福利厚生制度の場合

配偶者や事実婚というほどの関係にはないいわゆる恋人に関連する福利厚生制度（デート休暇、プロポーズ休暇等）を設けている企業もあります。「恋人」かどうかを判断するについては、同居していない限り前記２のように資料を求めることは難しいかもしれません。どのような資料を求めるか、あるいは求めないかは、企業の裁量に委ねられていますが、恋人が異性である場合と同じ取扱いにすべきことは、配偶者や事実婚の場合と同様です。

参考文献

１．work with Pride「PRIDE指標」（2020年度版）（巻末資料１）

２．独立行政法人労働政策研究・研修機構「LGBTの就労に関する企業等の取組事例」（2017年）
https://www.jil.go.jp/kokunai/other/whitepaper/2017331-lgbt.pdf

３．渋谷男女平等・ダイバーシティセンター「渋谷区パートナーシップ証明任意後見契約・合意契約公正証書作成の手引き」（2017年）
https://www.city.shibuya.tokyo.jp/assets/detail/files/est_oowada_pdf_partnership2017c.pdf

Q42 ホルモン療法や性別適合手術等、トランスジェンダー特有の治療にかかる治療費補助や、そのような治療に必要な休暇取得等をサポートする取組みを行っている企業はありますか。そのような制度を設ける場合の注意点はありますか。

A42 企業が性別適合手術・ホルモン治療時の就業継続サポートを行うことは、PRIDE指標（2020年度版）でも評価項目となっています。実施方法は企業によって様々ですが、まだ多くの企業が採用している段階ではありません。

解　説

1　サポートの重要性

性別適合手術を受けるためには、短くとも１、２か月は会社を休む必要があります。また、ホルモン療法は保険適用外であり、性別適合手術でも保険が適用されるのは限定的な場合なので（2018年から性同一性障害に対する性別適合手術への公的医療保険の適用が開始されましたが、その前にホルモン療法を行うと性別適合手術も保険適用外となるため、同手術への保険適用開始から１年間で同手術に保険が適用されたケースは１割しかないとのことです）、数百万円の費用がかかります。ホルモン療法や性別適合手術は、経済的にのみならず身体的にも、治療を受ける本人に大きな負担を与えるものであり、会社を休んでこれら治療に専念できる制度や、治療費用補助制度等があることは、これら治療を望む従業員にとって大きな助けになり、会社での安定した就労継続と就労意欲の向上にも資するといえます。

現状では、まだこのような福利厚生を採用している企業は多くはありませんが、近年急速にLGBTへの理解が進んでいることから、今後拡大することが見込まれます。なお、任意団体work with Prideが作成している、職場での

LGBTに関する取組評価指標「PRIDE指標」(2020年度版)（巻末資料１）の人事制度、プログラム評価指標においても、性別適合手術やホルモン治療時の就業継続サポート（休職・勤務形態への配慮等）や費用補助の有無が、評価項目として設けられています。

実施例としては、ゴールドマン・サックス・グループにおける、性別適合手術費用などの一部の補助、キリンホールディングス株式会社における、性同一性障害の従業員がホルモン治療や性別適合手術などを受ける際の最大60日の有給休暇付与、株式会社ラッシュジャパンにおける、性適合手術後の復職環境整備のために傷病休職と同様の取扱いとする措置があります。

2　注意点：治療を自認する性に応じた取扱いの条件にしない

ホルモン療法や性別適合手術は、経済的のみならず身体的にも、治療を受ける本人に大きな負担を与えるものです。また、トランスジェンダーであっても治療までは望まないということはめずらしくありません。このため、このような治療を受けるか否かは、あくまでも本人の自由な意思に委ねられるべきです。

したがって、従業員から自認する性での取扱いや配慮（更衣室、トイレ、制服等）をしてほしい旨の希望があった場合に、ホルモン治療や性別適合手術を受けることを条件とすることは不適切であり、これは前記のようなサポートを整備していても同様です。

日本では、現行法上、法令上の性別の取扱いの変更（戸籍上の性別変更等）において性別適合手術が要件とされています。しかし近年、このような法制度は性自認どおりの扱いを受ける権利と身体の不可侵性のどちらかの選択を強いるものであるとして、国際的に強い批判がなされています。企業が同様の取扱いを行えば、仮に違法と判断されなかったとしても、企業のレピュテーションを毀損するおそれがあります（国家公務員であるトランスジェンダー（MTF）が女性用トイレの利用を希望したところ、使用者である省庁側が身体的性別又は戸籍上の性別が男性のままである限り他の利用者にカミングアウトし理解を得る必要があると述べた事案について、東京地裁は、「当該主張を前提とすると、原告が経産省の庁舎内において女性用トイレを制限なく使用するためには、その意思にかかわらず、性別適合手術を受けるほかないこととなり、そのことが原告の意思に反して身体への侵襲を受けない自由を制約することになるという一面も有していることは否定することができない。」と判示しています（東京地判令和元・12・12労働判例1223号52頁〔28280731〕)）。

参考文献

1．work with Pride「PRIDE指標」（2020年度版）（巻末資料１）
2．独立行政法人労働政策研究・研修機構「LGBTの就労に関する企業等の取組事例」（2017年）
https://www.jil.go.jp/kokunai/other/whitepaper/documents/20170331-lgbt.pdf

Q 43 採用活動において、LGBT当事者である応募者が直面する問題には、どのようなものがありますか。また、そのために企業が行うべき取組みには、どのようなものがありますか。

A 43 選考段階や内定・就職後に知られた場合の不利益的取扱いについての不安や、エントリーシートの性別欄、服装、男女別の採用説明会等について苦悩を抱える応募者が多くいます。

企業が行うべき取組みとしては、性的指向や性自認を理由としたいかなる差別も行わない旨の外部的表明や、人事採用担当者・面接官に対する研修、エントリーシートの性別記載欄の削除、男女別説明会の廃止等が考えられます。

解　説

1　応募者が直面する悩み

2016年８月に公表された、LGBTを対象として実施されたアンケート結果によると、就職や転職活動において、セクシュアリティなどに関連して困難を感じたことのあるレズビアン、ゲイ、バイセクシュアル当事者の割合は44%、トランスジェンダーに至っては70%に上っています（「LGBTに関する職業環境アンケート2016」(c) Nijiiro Diversity, Center for Gender Studies at ICU 2016参照)。

LBGTである応募者が感じる困難としては、まず、選考段階でカミングアウトをしたらそれを理由に不採用となるのではないか、内定・就職後にカミングアウトをしたりばれたりしたら社内で嫌がらせを受けたり内定取消し・解雇になったりするのではないか、といった不安を持ちながら就職活動を行っているということが挙げられます。

また、特にトランスジェンダーにとっては、エントリーシートの性別欄にどう記載すべきか、リクルートスーツや髪型をどうするか、採用説明会が男女で分けられている場合にどうするか等、悩みや苦痛を感じる場面が多く、その結果体調を崩す等して、就職を断念するケースもあります。なお、性別欄に関しては、2020年７月に、一般財団法人日本規格協会が、履歴書のJIS規格の様式例から性別欄があるものを削除したと発表しており、今後の企業の採用活動にも影響を及ぼすものと思われます。

2　企業が行うべき取組み

昨今のLGBTに対する差別撤廃の動きからすると、今後、企業には、採用の場面でもLGBTが不要な不利益を被らないようにするため、一層の配慮が求められることが予想されます。また、企業としても、LGBTに対する理解不足のために優秀な人材を採用する機会を逃してしまうことは大きな損失ですから、以下のような点に留意して社内整備を整えることが望ましいでしょう（参考文献２）。

a　企業のポリシー等において、性的指向・性自認に関して、いかなる差別も行わないことを明記する。

b　企業のポリシー、人事採用方針等において、服装・外見・言動や履歴書の性別の記載等が戸籍性と合致していないことに関して、いかなる差別も行わないことを明記する。

c　人事採用担当者・面接官に対し、性的指向・性自認の定義、LGBT当事者の置かれた状況、採用プロセスや面接でのやりとりにおいて生じ得る差別・ハラスメントの具体例とその解決策等の適切な知識を得るための研修等を行う。

d　エントリーシートや履歴書の記載等、求職者の性別の記載を要求している書式のうち、記載を要求する実質的必要性がないものについては、性別欄を削除する。

e　採用説明会について、出席者を男女で分ける実質的必要性がない限り、男女別で開催したり座席を男女で分けるという方法をとらない。

f　LGBTの求職者が職場を選択する際の判断材料にできるよう、前記ａ～ｄの対策をとっていることを募集要項等で周知する。

g　採用説明の場や自社ホームページ、面接等の場面で、応募者に対して、性的指向・性自認に関しての多様性を尊重するという企業のポリシーを説明したり、応募者にもそのようなポリシーに共感できるかという問いかけをしたりすることで、当事者に安心感を与えるだけでなく、そうでない応募者にも、入社前から理解を促す。

もっとも、募集要項記載やエントリーシートを工夫したり人事担当者への研修を行っても、他の従業員の理解や就業規則等の職場環境が整備されていないと、実際にトランスジェンダーが応募しても採用を断らざるを得なくなったり、せっかく採用しても入社後にトラブルが起こったりします。LGBTの学生や求職者の就活や転職を支援する企業のホームページには、性自認が男性であるトランスジェンダーが、履歴書に性別欄がなかった企業に応募し、男性用スーツで面接を受けたが第三次面接まで進んだところで人事部長にカミングアウトしたところ、職場全体の理解度からすると入社後に苦労するという理由で採用を断られたという体験談が掲載されていました。採用活動に向けた取組みだけではなく、Q46で解説している職場環境の整備も進めることで、躊躇いなく優秀な人材を受け入れることができるようにしておくことが、企業の利益にも適うといえます。

参考文献

1．「LGBTに関する職業環境アンケート2016」(c) Nijiiro Diversity, Center for Gender Studies at ICU 2016
2．性的指向および性自認等により困難を抱えている当事者等に対する法整備のための全国連合会「性自認および性的指向の困難解決に向けた支援マニュアルガイドライン〈第2版〉」一般社団法人社会的包摂サポートセンター（2019年）
3．NHK NEWSWEB「履歴書から性別欄が消えるか　規格協会が様式例を削除」（2020年10月2日付）
https://www3.nhk.or.jp/news/html/20201002/k10012644801000.html
4．株式会社Nijiリクルーティング「履歴書に性別欄がなくて困りました。LGBT当事者の体験」（2020年3月13日付）
https://niji-recruiting.com/2020/03/13/1126/

Q44　LGBTの採用活動に関する指針はありますか。

A44 厚生労働省の「公正な採用選考の基本」のほか、work with Prideの「PRIDE指標」があります。

解　説

LGBT当事者を採用選考から排除するのは、不当な偏見によるものであり、憲法の保障する職業選択の自由や法の下の平等の精神に反するものであって、一般にLGBTでないことを採用条件とすることは不当な差別的取扱いになります。厚生労働省の発表している「公正な採用選考の基本」(2)オにおいても、「LGBT等性的マイノリティの方（性的指向及び性自認に基づく差別）など特定の人を排除しないことが必要です。」とされています。

LGBTを差別した採用活動をすることは根拠のない不当な差別であり、加えて、近年におけるLGBTに対する社会の意識の高まりを考えると、企業が、採用基準の策定・改定においてこれを尊重していないということ自体が、その企業のレピュテーションリスクにつながるというべきです。

公的な指針ではありませんが、より具体的な指針としては、Q36で紹介した「PRIDE指標」（巻末資料１）が役に立ちます。同指標においては、例えば性的マイノリティへの理解を促進するための啓発活動の一環として採用担当者を含む人事部門に対して研修を行うことが、評価項目として挙げられています。

参考文献

1．厚生労働省「公正な採用選考の基本」
https://www.mhlw.go.jp/www2/topics/topics/saiyo/saiyo1.htm
2．work with Pride「PRIDE指標」(2020年度版)（巻末資料１）

Q 45　LGBTに特化した就職支援サイトや職業紹介サービスを提供している会社はありますか。

A 45　株式会社JobRainbow、認定NPO法人ReBit、株式会社Nijiリクルーティング、レインボーワーカープロジェクトなどがあります。

解　説

報道やインターネット上の情報によると、例えば以下のような会社があります。

・株式会社JobRainbow

LGBT向けの求人情報サイト運営や合同企業説明会の実施を行っています。このほか、企業に向けて、LGBTに配慮した社内規程や福利厚生の整備、LGBT向け商品開発等についての研修等も行っています。

・認定NPO法人ReBit

LGBT就活生に特化した情報サイト「LGBT就活」を運営しています。キャリア開発支援、企業や自立就労支援者向けの研修実施も行っています。

・株式会社Nijiリクルーティング

LGBTのための就活・転職相談窓口や、企業への人材紹介を行っています。このほか、LGBT当事者の相談に応じてきた経験を生かしてLGBT採用・受入れに関する研修・セミナーの実施や、LGBTダイバーシティ推進企業同士の情報共有シンポジウムの主催、制度構築のためのコンサルティング等も行っています。

・株式会社笑美面「レインボーワーカープロジェクト」

LGBT向けに、介護施設への転職をサポートする転職エージェントです。トランスジェンダー（FTM）のキャリアアドバイザーが在籍しています（2020年10月現在）。

参考文献

1．株式会社JobRainbow
https://jobrainbow.jp/
2．認定NPO法人ReBit　キャリア事業
https://rebitlgbt.org/project/career
3．株式会社Nijiリクルーティング
https://niji-recruiting.com/
4．株式会社笑美面「レインボーワーカープロジェクト」
https://emimenrainbow.jp/

Q46　職場環境の整備について、LGBT従業員が直面する問題には、どのようなものがありますか。また、その解決のために企業が行うべき取組みにはどのようなものがありますか。

A46　LGBTであることを理由としたハラスメントや人事上の差別的取扱い等といった明らかに違法な行為のほか、身なり、通称の使用、トイレや更衣室の使用等についての自認する性による取扱いの希望が認められない、という問題があります。前者については、研修の徹底、社内規定整備、違反行為の懲戒対象化等による防止が重要です。後者については、他の従業員への配慮という観点から悩ましいですが、少なくとも性別に関わりなく利用できることが表示された多目的トイレの設置をしておくことが望ましいといえます。

解　説

他の従業員からのハラスメントやLGBTであることを理由とした人事上の差別的取扱い等といった明らかに違法な行為（類型①）のほか、身なり、（戸籍

と異なるが性自認に合うように自分で選んだ名前）の使用、トイレや更衣室の使用等についても、自認する性による取扱いを希望しても認めてもらえないという問題もあります（類型②）。

類型①については、そもそも、会社（使用者）には、いわゆるセクハラ指針や、労働施策総合推進法（いわゆるパワハラ防止法）及びパワハラ指針に基づいて、性的指向又は性自認に基づく嫌がらせや差別、パワハラが生じないようにする措置義務が課されていますので、管理職や役員を含む全従業員を対象に社内研修等を徹底する、就業規則等の社内規程を整備し違反行為を懲戒対象とする、LGBT従業員を対象とした相談窓口を設置する等の取組みをすることによって、このような問題を防止することが重要です。さらに、いくつかの企業で行っているように、福利厚生に関する社内規程や就業規則をLGBTに配慮した形に変更することも、社内の意識を変えるのに役立つと思われます（「配偶者」に同性パートナーを含めると明示する等。Q39参照）。

一方、類型②については、職種や職場環境によっては、このような本人の希望に応じるべきか判断に迷う場合もあると考えられます。特にトイレや更衣室の使用については、当該トイレを利用する他の従業員への配慮という観点から悩ましいところです。少なくとも多目的トイレを設置し、性別に関わりなく利用できることを表示しておくのが望ましいといえます。注意すべきは、前記のように自認する性で取り扱う条件として、戸籍上の性別の変更を求めるのは適切ではないということです。現行法上、戸籍上の性別の変更を含め、法令上の性別の取扱いを変更するためには性別適合手術が必須であり、このような法制度に対しては国際的に強い批判があるためです（Q15参照）。

ちなみに、任意団体work with Prideが策定しているPRIDE指標では、性別の扱いを本人が希望する性にしていること（健康診断、服装、通称等）、ジェンダーにかかわらず利用できるトイレ・更衣室等のインフラ整備、相談窓口の設置、無記名の意識調査を行うことが、評価指標として挙げられています。

参考文献

1．work with Pride「PRIDE指標」（2020年度版）（巻末資料１）

Q47　既に企業で実施されている職場環境整備に関する取組みのうち、従業員の性自認に配慮したものには、どのようなものがありますか。

A47　就業規則や社内規範における性的指向、性自認、性表現を理由とする差別禁止の明記、管理職以上の職員に対するダイバーシティ研修受講の義務化、自認する性別に基づいた通称使用や服装を認めるなどの取組みがあります。トイレや更衣室については、従来の男女別トイレとは別に、性別を問わず使用できるトイレや更衣室を設置するという対応をとる企業が多いようです。

トランスジェンダーが自認する性別に対応するトイレを利用することが、国家賠償法上保護される重要な法的利益であると述べた判例があります。

解　説

1　実施例

(1)　理解促進のための取組み例

アクセンチュア株式会社は、管理職以上の職員に対してダイバーシティ全般に関する理解を促す研修の受講を義務付けており、同研修の中でLGBTもコンテンツに含め、尊重すべき多様性の１つとして理解を促しています。

また、株式会社ラッシュジャパンは、就業規則に性的指向・性自認に関する差別禁止を明文化しています。

このほか、社内規範において性的指向、性自認、性表現を理由とする差別の禁止を明記する取組みもあります（第一生命保険株式会社、株式会社Diverse等）。

⑵　氏名、服装等

ゴールドマン・サックス・グループは、従業員が自認する性別に基づいた通称を社内で使用することを認めています。

アクセンチュア株式会社は、本人から希望があった場合、希望する服装への対応を可能としています。同社は、人事情報における性別の更新にも対応可能とのことです。

⑶　性別の取扱いの変更（トイレの使用、更衣室等を含む）

野村證券株式会社では、2017年に「トランスジェンダー対応ガイドライン」を策定し、戸籍と異なる性別で勤務したいとの要望があった際に対応できる体制を整えています。

アサヒビール株式会社は、2020年９月１日から、戸籍性と自認性が異なる従業員に対し、業務において自認する性に応じた対応を行う制度として性別取扱変更届出制度の運用を開始すると発表しました。同制度により、例えば、希望した従業員がトイレや更衣室、健康診断時の配慮について相談しやすくなると説明されています（https://www.asahibeer.co.jp/news/2020/0831_2.html）。

トイレについては、以下の例のとおり、他の従業員への配慮やトラブル防止という観点からか、多目的トイレの使用を推奨するという企業が多数ですが、自認する性でのトイレの使用を認めている企業もあります。

・性別を問わず利用できるトイレを汐留オフィスの全階（21フロア）に設置し、LGBT対応の表記（株式会社資生堂）

・既存の多目的トイレの表示を、性別を問わず使いやすいよう変更（花王株式会社）

・工場施設内に多目的トイレや個別更衣室を設置する計画で工事進行中（中外製薬株式会社）

・多目的トイレや自認する性のトイレの使用、従業員が自認する性別に基づいた通称の利用など、本人の意向を確認のうえ、個別対応を実施（ソニー株式会社）

・自認する性でのトイレの使用を認めている。同社ビルや工場は、構造上多目的トイレを新設することが難しいので設置していない（株式会社ラッシュジャパン）

・性別にかかわらず利用可能な「だれでもトイレ」を設置（ゴールドマン・サックス・グループ）

更衣室についても、トイレと同様の問題があり、企業の対応は様々です。

・工場施設に個別更衣室を設置する計画で工事を進めている（中外製薬株式会社）

・製造工場の更衣室について、当事者本人が使用したい方を選んでいる。男性用と女性用以外の第３の更衣室の設置を検討中（株式会社ラッシュジャパン）

なお、性自認や性的指向に関する理解促進のための研修については、Q38を参照してください。

2　裁判例（東京地判令和元・12・12労働判例1223号52頁〔28280731〕）

トランスジェンダーが自認する性別によるトイレを利用することが法的利益に値するかが問題となった裁判例を紹介します。

原告は、トランスジェンダー（MTF）で、1995年から経済産業省で勤務していました。1998年頃から女性ホルモンの投与を開始し、平成11年頃に性同一性障害との診断を受けた後、2009年、所属する部署の上司や人事担当者らに対して、自らが性同一性障害であることや、性別適合手術を受ける前段階として自認する性での実生活経験を積む必要があるため女性として勤務したいと伝えました。そのうえで、女性用トイレの使用を認めることを含む要望を申し入れました。これに対し同省は、女性用トイレの使用については、執務室から２階以上離れた階の女性用トイレに限って認めるという方針を示し、原告が、他の女性用トイレも利用する場合には、戸籍上の性別変更をしない限り、当該女子トイレを使用している女性職員に対し原告が性同一性障害であること等を説明したうえで理解を得る必要がある等と説明しました。原告は、人事院に対して、勤務条件に関する行政措置の各要求を行いましたが、人事院がこれら要求を認めない旨の判定をしたため、原告は、本件判定にかかる処分の取消しを求めるとともに、前記のような女子用トイレ使用制限により損害を被った旨を主張して損害賠償請求を行いました。

裁判所は、トランスジェンダーが自認する性別に対応するトイレを利用することが国家賠償法上保護される重要な法的利益であると述べたうえで、他の利用者に対する配慮の必要性や方法については、当該個人の具体的な事情や社会的な状況の変化等を考慮して判断するべきである、と判示しました。そして原告の場合は、性同一性障害の専門家である医師が性同一性障害と認定していたこと、女性ホルモンの投与によって原告は遅くとも経済産業省人事担当者が原告に女性用トイレについて使用を制限する方針を伝えたときまでには女性に対して性的危害を加える可能性が低い状態になっており、同省も診断書によりそのことを認識していたこと、原告の振る舞いや外見から見て女性として認識される度合いが高いものであったこと等の事情があり、加えて、同省が前記方針を示した頃には、日本国内でもMTFのトランスジェンダーの従業員に対して制限なく女性用トイレの使用を認める民間企業が少なくとも６件存在していた等の社会状況からすれば、性自認に応じた男女別施設の利用をめぐる国民の意識や社会の受け止め方には変化が生じているといえるから、原告が女性用トイレを利用した際に生物学上の性別に基づき女性用トイレを利用する従業員との間でトラブルが生ずる可能性は抽象的なものにとどまり、仮に現実化したとしても、事後的な対応によって対応することができる、と認定しました。

この判決はまだ確定していませんが（2020年10月現在）、企業がトランスジェンダーの従業員による男女別施設の利用について検討するにあたって、参考になると考えられます。

参考文献

1．一般社団法人日本経済団体連合会「ダイバーシティ・インクルージョン社会の実現に向けて」（2017年）https://www.keidanren.or.jp/policy/2017/039_honbun.pdfのうち「LGBTへの企業の取り組みに関するアンケート」調査結果（15～17頁）、「企業が実施している具体的な取り組み事例の一覧」（18頁～42頁）

2．work with Pride「PRIDE指標」（2020年度版）（巻末資料１）

3．独立行政法人労働政策研究・研修機構「LGBTの就労に関する企業等の取組事例」（2017年）
https://www.jil.go.jp/kokunai/other/whitepaper/documents/20170331-lgbt.pdf

第3章
LGBTに関わる諸問題（事例編）

１　家事

(1)　同性パートナー関係の成立に関する相談

事例　同性パートナー関係の成立

私は同性愛者で、最近、生涯をともにしたいと思う同性パートナーと出会いました。その同性パートナーも、そのように思ってくれています。そこで、私たちが、異性婚と同じような扱いを受けることができる方法を探しています。

Q

1　同性パートナーと、異性間のように普通の結婚がしたいです。今の日本では同性婚は認められていませんが、将来、認められる見込みはあるのでしょうか。

2　現在の法制度の下で、同性パートナーと、結婚と同様の法律関係となりたいのですが、どのような方法があるでしょうか。

3　同性パートナーが外国籍で、その国では同性婚が認められている場合、その国で結婚したとして、日本で異性婚と同様の取扱いを受けることはできますか。また、同性パートナーとともに日本で暮らしていくうえで他に問題は生じますか。

4　私が事故や病気等で意思能力を失ってしまった場合、私の財産管理は、すべて同性パートナーにお願いしたいと思っています。どのようにすればよいでしょうか。

A

1　同性婚立法化に向けて具体的目処が立っているとはいい難い状況です。

諸外国で同性婚の立法化が続いていること、一部の地方自治体においてパートナーシップ制度の制定、施行が始まっていること等から、今後、立法化に向けたさらなる動きが望まれるところです。

2 双方の合意に基づく方法としてパートナーシップ契約、公的な制度を利用する方法として同性パートナー間での養子縁組等が考えられます。

3 海外で同性婚をしても、日本では、法律婚と同様の効力は認められないと考えられます。

また、同性パートナーがあなたとともに日本に滞在、居住することを望む場合、在留に関して問題が生じる可能性があります。

4 同性パートナーと任意後見契約を締結しておくという方法が考えられます。

解 説

【Q1について】

1 現行の法制度

憲法24条1項は、「婚姻は、両性の合意のみに基いて成立し、夫婦が同等の権利を有することを基本として、相互の協力により、維持されなければならない。」と定めています。「両性」、「夫婦」といった単語が用いられていることから、現行憲法制定当時は、婚姻は異性間でのみ認められることが前提として考えられていたといえます。現在の憲法解釈においては、同条項は必ずしも同性婚を禁止する趣旨ではないとの考え方が有力になっていますが、民法及び戸籍法といった、婚姻を直接的に規律する法律はすべて異性婚を前提にしており、同性同士が異性婚と同一の法律関係を持つための法制度は、現状整備されていません。

2　諸外国における法制化

2001年にオランダが世界で初めて同性婚を立法化したことを皮切りに、ベルギー、スペイン、ノルウェー、スウェーデン、ポルトガル、アイスランド、デンマーク、イギリス、フランス、アイルランド、ルクセンブルク、フィンランド等の欧州諸国、アメリカ、カナダの北米諸国、ブラジル、アルゼンチン、ウルグアイ、コロンビア等の中南米諸国、その他にも南アフリカ、オーストラリア、ニュージーランド、台湾（アジアで初）といった、28か国が、現在、同性婚を法制化しています。

3　地方自治体における取組み

2015年３月31日、東京都渋谷区において、「渋谷区男女平等及び多様性を尊重する社会を推進する条例」が成立し、同年４月１日に施行されました。同条例は、異性婚と実質的に異ならない同性間の社会生活関係をパートナーシップと定め、一定の契約を公正証書で締結した同性パートナーらに対し、区長がパートナーシップ証明を行い（同年11月５日から証明書の交付が開始)、区民や事業者はこのパートナーシップ証明に最大限配慮しなければならない、という内容のものです。同条例の施行以降、類似の条例の制定及び施行並びに制度の実施が全国的に広まっており、現在、50を超える地方自治体にて同性パートナーシップ証明制度が実施されています。また、その数は今後もさらに増加する見込みです。

他方、パートナーシップ制度はあくまで地方自治体レベルで当事者を異性間の婚姻関係と異ならないと認め、周囲に配慮を求めるもので、婚姻そのものと大きく異なる制度であることは否定のできないところです。

【Q2について】

1　方法について

前記のとおり、現行の法制度では、同性婚は認められていません。この点、同性パートナー間に婚姻と近しい法律関係をつくるためには、2つのアプローチが考えられます。まず、①契約という形で、自分たちの権利義務関係をどう形作るかを考え、決定し、互いに合意するというパートナーシップ契約、そして、②既存の法制度である養子縁組を利用する方法です。

2　パートナーシップ契約について

⑴　定義

パートナーシップ契約とは、明確な定義があるわけではなく、婚姻関係に準じた法律関係を構築するための契約全般を指します。したがって、決まった内容があるわけではなく、当事者間で協議し、この点は必ず明確に決めておきたい、ここまで細かい決まりは不要である、といったように、各当事者に最も見合った内容を決めていくことになります。

⑵　内容

契約には必ず目的があります。パートナーシップ契約の目的は、法律婚類似の法律関係を作り出すことですから、その旨を契約において明確にしておくべきと考えられます。

具体的な内容については、同居、協力、貞操を守る義務、互いの生活費を分担する義務、家事や介護に関する役割分担、同性パートナー関係構築後にそれぞれが形成した財産の帰趨、といったものや、子ども（例えば、一方の同性パートナーと異性との間で生まれていた子どもがいる場合等）の養育に関する取決め等が考えられます。

注意が必要なのは、相続に関する内容です。パートナーシップ契約によっては、同性パートナーを相続人とすることはできません。後述するとおり、養子縁組によって（例外的場合はあるものの）、同性パートナー同士が互いの法定相続人になることは可能ですが、反面、養子縁組を行わなかった場合、お互いの相続人になることはありません。もちろん、遺言によって同性パートナーに財産を残すことは可能ですが、遺言は契約とは異なる法律行為であり、その方式もまた異なります。

したがって、養子縁組をしていない同性パートナー間において（養子縁組をしていても同性パートナーよりも優先順位が高い法定相続人がいる場合も含む）、他方に財産を遺すことを望む場合は、パートナーシップ契約を締結するのとは別に、遺言書を作成しておく必要があります。

⑶　方式

パートナーシップ契約は必ずしも書面による必要はなく、口頭でも成立します。ただし、お互いが協議のうえ成立させるものであり、内容も複雑かつ多量になり得ることから、内容を明確にしておくためにも、契約書を作成しておくべきでしょう。

契約書作成の方法についても、特に定めがあるわけではありませんが、双方の意思を慎重に検討し、内容に法的な問題がないかを確認する等のために、公正証書の形式で作成するといった方法も考えられます。

なお、前記に述べた、渋谷区におけるパートナーシップ証明においては、渋谷区が定める事項を明記した合意契約書を、公正証書の形で作成することが必要となります。

⑷　有効性

我が国には、契約自由の原則があり、契約当事者は自由に契約内容を決定でき、合意した場合は原則として当該合意内容に拘束されることになります。そして、パートナーシップ契約においても、この原則は当然当てはまります。

他方、公序良俗の原則（民法90条）によって、社会の秩序を守る見地から、当事者間の合意であっても有効性が認められない場合もまた存在します。例えば、「絶対に別れない」、「別れる場合は全財産を相手方に譲渡する」

等という内容は、同原則によって無効と判断されるでしょう。どのような内容が無効になるかという問題は、ケースバイケースですが、客観的に考えて当該内容に当事者を拘束させることが一般的社会秩序から許されるべきか否か、といった視点が１つのメルクマールになると考えられます。

3 養子縁組について

⑴ 効果

養子縁組とは、養親子間に法律上の親子関係を作り出すための制度です（民法809条）。養子縁組によって、双方には、扶助義務（同法730条）や、親子としての相続権（同法887条１項、889条１項１号）が発生し、税務上、社会保険制度上も一定の効果が得られます。

他方、夫婦間に認められる、同居、協力、貞操を守る義務、婚姻費用分担の義務（同法760条）は当然には発生せず、このような権利義務関係の発生を望むのならば、前述したパートナーシップ契約等による方法をとる必要があります。

また、相続に関しても、法律婚のように一方当事者が当然に法定相続人になる（同法890条）わけではなく（例えば、養子に法律上の子が存在し、養子の方が先に死亡した場合は、養親は養子の法定相続人とはなりません（同法887条１項、889条１項１号））、相続に関しては遺言等によって解決を図る必要があります。

⑵ 手続

養子縁組の手続は、養子縁組届を市役所等で取得し、同性パートナー双方及び証人２名が署名押印し、住所及び本籍といった所定事項を記載し、戸籍謄本等の必要書類を添付して役所に提出することで完了します。このとおり簡単な手続ですが、法律上、届出が必須であって、当事者間の合意のみでは養子縁組は成立しないことに注意が必要です。

⑶　問題点

同性パートナー関係の解消の箇所にて後ほど詳述しますが、養子縁組は公的な手続でもあるため、同性パートナー関係がうまくいかなくなり、養子縁組を解消しようと思っても、離縁について双方で合意できない場合には、一方の意思のみで簡単に離縁手続ができるわけではありません。そのため、養子縁組の方法を選択する場合は、慎重な検討をした方がよいでしょう。

また、養子縁組は、前記のとおり、そもそも、法律上の親子関係を発生させるための制度であって、婚姻関係類似の法律関係を作り出すことを想定している制度ではありません。そのため、親子関係成立を目的としていない養子縁組が法律上有効といえるのか、後から無効と判断される危険性はないのか、問題となります。

この点、単に相続を目的とする養子は一般的には有効とされていますが、判例は、「親子としての精神的なつながりをつくる意思」を、養子縁組成立の要件としており（最二小判昭和38・12・20裁判集民70号425頁〔27451027〕）、純然に「夫婦」としての関係を求める意思しか存在しない場合には、この判例に抵触し、違法無効となる可能性がないわけではありません。

この点に関して、2019年４月に、東京高等裁判所において、同性愛関係にある受刑者同士の養子縁組の有効性を認めた注目すべき判決が出ています（東京高判平成31・４・10裁判所HP〔28272517〕）。

本事案は、刑務所で服役中に知り合い愛し合うようになった男性同性愛者の受刑者が、服役中に養子縁組をし、別々の刑務所で服役するようになった後に、親族間であれば認められる手紙のやりとりを希望したところ、刑務所側から、養子縁組は無効だとしてこれを禁止されたため、この処分の違法性が争われた事案です。

この判決では、「成年である養親と養子が、同性愛関係を継続したいという動機・目的を持ちつつ、養子縁組の扶養や相続等に係る法的効果や、同居して生活するとか、精神的に支え合うとかなどといった社会的な効果の中核的な部分を享受しようとして養子縁組をする場合については、取りも直さず、養子縁組の法的効果や社会的な効果を享受しようとしているといえるのであるから、……縁組意思が認められるといえる。年齢差のない成年同士の養子縁組にあっては、典型的な親子関係から想定されるものとは異なる様々な動機や目的も想定され得るものであり、その中で、同性愛関係を継続したいという動機・目的が併存しているからといって、縁組意思を否定するのは相当ではないと考える。」と述べたうえで、本件では、元受刑者が同性愛関係にあり、両名が助け合ってともに生活しようという意思を持って養子縁組を行っているので、縁組意思を認めることができ、養子縁組は有効と判断しています。

よって、この裁判例の考え方に従うならば、同性パートナー間の養子縁組であっても、当事者に、養子縁組の法的、社会的な効果の中核的な部分を享受しようとする意思が認められれば、有効な養子縁組と判断される可能性が高いということになります。しかしながら、本件は高裁判決であり、現時点では他に類似の裁判例も存在しないため、前述の最高裁判例の考え方に従い、事後的に養子縁組が無効とされる可能性があることは、認識しておく必要があります。

【Q３について】

1　日本での取扱い

渉外的法律関係に関し、どの国の法律を適用するかは、各国で定める抵触法で決定し、我が国においては、法の適用に関する通則法（以下、「通則法」といいます）が、これに当たります。

通則法24条１項は、婚姻の成立に関し、「各当事者につき、その本国法による」と定めています。本事例の場合、一方の同性パートナーが日本国籍のため、その人に関して婚姻要件が満たされているか否かは、日本法が適用されます。婚姻の成立を定める民法には、同性婚を禁止する明文規定は存在しませんが、「夫婦」等と、異性婚を前提とした用語が使用されているため、日本においては、日本国籍を有する者についての婚姻の要件が満たされず、婚姻の成立自体が認められないと考えられています。次項で述べる、法務省通知も、外国で同性婚をしても日本においては有効な婚姻と認められないことを前提にしています。

2　外国籍のパートナーの日本における在留資格について

現在の入国管理局の運用は、外国籍の同性パートナーに対し、異性婚であれば認められる配偶者としての在留資格を基本的に認めていません。ただし、諸外国で同性婚法制化が相次いだことを受け、外国での同性婚による配偶者は、「特定活動」という在留資格により、日本に入国・在留することが可能となっています（平成25年10月18日法務省管在第5357号）。

本事例からは少し離れますが、双方とも外国籍の場合、一方の在留資格が「外交」又は「公用」であり、本国で家族の構成員と認められている場合は、他方にも在留資格が認められます。

【Q４について】

1　任意後見契約の方法をとるべき理由

精神上の障害により事理を弁識する能力を欠く状況にある者の権利保護等のためには、後見制度を用いることが考えられます。

ただし、後見開始の審判については、申立権者が法定されており（民法７条）、その中に、同性パートナーは含まれていません。また、仮に親族等の申立権者が申立てを行い、同性パートナーが後見人となるように要望してくれたとしても、誰が後見人になるかを決定するのは家庭裁判所であり、要望が叶うとは限りません。

そこで、任意後見契約の利用が考えられます。

2 定義

任意後見契約とは、「委任者が、受任者に対し、精神上の障害により事理を弁識する能力が不十分な状況における自己の生活、療養看護及び財産の管理に関する事務の全部又は一部を委託し、その委託に係る事務について代理権を付与する委任契約」であり（任意後見契約に関する法律２条１号）、本人が契約の締結に必要な判断能力を有している間に、将来自己の判断能力が不十分になったときの後見事務の内容及び任意後見人となる人を、自ら事前の契約によって決めておく制度です。

3 利点

任意後見契約の利点としては、以下の点を挙げることができます。

① 自分の信頼する人に財産管理を任せることが可能。

② 委託する事務の内容、代理権の範囲をあらかじめ自己の意思で決定できる。

③ 任意後見人に対する報酬も決定しておくことができる。

中でも、①は最も大きい利点といえるでしょう。通常の後見制度においては、後見開始の審判の申立人は親族等に限定されています（民法７条）。そのため、同性パートナー間で養子縁組をしていなかった場合は、仮に一方の同性パートナーの判断能力が低下しても、他方の同性パートナーは後見開始の審判を申し立てることもできず、さらに、申立てがなされた場合であっても、同性パートナーが後見人に選任されるとは限らないという不利益がありました。

これに対して、任意後見契約は、前記のとおり、前もって自分の任意後見人となる人を自分の意思で決めておくことができるため、信頼している同性パートナーに財産管理を任せることが可能です。

4　方式

任意後見契約は、必ず、公証役場において、公正証書によって、契約書を作成する必要があります（任意後見契約に関する法律３条）。公正証書の作成後、公証人の嘱託により、任意後見契約は法務局で登記されることになります。

5　効力の発生

精神上の障害により本人の事理を弁識する能力が不十分な状況にあるときは、家庭裁判所は、本人、配偶者、四親等内の親族又は任意後見受任者の請求により、任意後見監督人を選任し（同法４条１項）、これにより、任意後見の効力が発生します（同法２条１号）。

参考文献

1. 大阪弁護士会人権擁護委員会　性的指向と性自認に関するプロジェクトチーム『LGBTsの法律問題Q&A』弁護士会館ブックセンター出版部LABO（2016年）15頁～17頁
2. 今井多恵子ほか『事実婚・内縁　同性婚　２人のためのお金と法律』日本法令（2015年）184頁～205頁
3. 小島妙子ほか『現代家族の法と実務　多様化する家族像　婚姻・事実婚・別居・離婚・介護・親子鑑定・LGBTI』日本加除出版（2015年）21頁～24頁
4. LGBT支援法律家ネットワーク出版プロジェクト編著『セクシュアル・マイノリティQ&A』弘文堂（2016年）163頁～205頁
5. 渡邉泰彦「同性カップルによる縁組の効力」（TKCローライブラリー「新・判例解説Watch 民法（家族法）No.103」2019年10月25日掲載）

(2) 同性パートナー関係の解消に関する相談

事例1 パートナーシップ契約の解除、任意後見契約の解除、養子縁組の離縁、パートナーシップ宣誓等の解消

同性パートナーと価値観が合わなくなり、よく喧嘩するようになってしまいました。そのため、パートナーとの関係を解消したいと思っています。なお、双方成人しています。

Q

1 パートナーシップ契約を解除することはできますか。

2 パートナーとの任意後見契約を解除することはできますか。

3 パートナーとの養子縁組について離縁することはできますか。

4 地方公共団体からパートナーシップの証明を受けています。パートナーとの関係を解消した場合、地方公共団体に対して、何か手続をする必要がありますか。

A

1 場合により、解除することができます。

2 任意後見監督人が選任されていない場合には、パートナーとともに合意解除書を作成し認証を受けるか、又は、解除の通知書に認証を受けこれを他方のパートナーに送付することで、任意後見契約を解除することができます。

任意後見監督人の選任後の場合には、任意後見契約を解除するために家庭裁判所の許可を受ける必要があります。

3 場合により、離縁することができます。

4 当該地方公共団体の定める手続に従って、パートナーを解消したことを届け出る必要があります。

解　説

1　パートナーシップ契約の解除

まず、パートナーの同意が得られる場合には、パートナーシップ契約を合意解約することができます。

次に、パートナーシップ契約に解除条項が設けられている場合には、同条項の要件を満たすことにより、パートナーの同意なく、解除することができます。

パートナーの同意がなく、かつ、解除条項が設けられていない場合に、契約条項に違反したことをもって解除できるかどうかは一義的に明確ではありません。

もっとも、パートナーシップ契約が継続的契約であることからすると、賃貸借契約等と同様に、信頼関係が破壊された場合に解除が認められるという考え方（信頼関係破壊の法理）が適用される可能性があります。

信頼関係が破壊されたかどうかの判断においては、判断の考慮要素が離婚原因を判断する場合と類似する部分があるといえますので、離婚の原因（民法770条１項各号）に関する解釈が参考になると思われます。

本事例では、まず、パートナーから同意が得られる場合には、合意解約することができます。

また、パートナーからの同意が得られない場合であっても、パートナーシップ契約に解除条項が設けられ、かつ、解除条項の要件を満たすときには、パートナーシップ契約を解除することができます。

さらに、パートナーからの同意が得られず、かつ、パートナーシップ契約に解除条項が設けられていない場合でも、パートナー間の信頼関係が破壊されたと判断されるときには解除が認められる可能性があります。

2 任意後見契約の解除

任意後見契約は、任意後見監督人が選任されたときから効力を生じます。任意後見監督人は、精神上の障害により本人の事理を弁識する能力が不十分な状況にあるときに、本人、配偶者、四親等内の親族又は任意後見受任者の請求により、家庭裁判所が選任します（任意後見契約に関する法律４条）。そのため、任意後見契約の解除の要件は、契約の効力発生の有無、つまり任意後見監督人の選任の有無により、異なります。

(1) 任意後見監督人が選任されていない場合

任意後見監督人が選任されていない場合には、本人又は任意後見受任者は、公証人の認証を受けた書面によっていつでも任意後見契約を解除することができます（同法９条１項）。合意解除の場合には、合意解除書に認証を受ければすぐに解除の効力が発生し、当事者の一方からの解除の場合は、解除の意思表示のなされた書面に認証を受け、これを相手方に送付してその旨を通告することが必要です。

(2) 任意後見監督人が選任されている場合

任意後見監督人が選任された後は、本人又は任意後見受任者は、正当な理由がある場合に限り、家庭裁判所の許可を受けて、解除することができます（同法９条２項）。

同条の「正当な事由」については、成年後見人等の辞任と同様に、任意後見人が疾病等により任意後見人の事務を行うことが事実上困難であること、本人又はその親族と任意後見人との間の信頼関係が損なわれたため、任意後見人の事務を行うことが困難であること等、当該任意後見人による任意後見の事務の遂行が困難であることが挙げられます。

本事例において、任意後見監督人が選任されていない場合には、相談者は、パートナーとともに合意解除書を作成し認証を受けるか、又は、解除の通知書に認証を受けこれを他方のパートナーに送付することで、任意後見契約を解除することができます。

これに対して、任意後見監督人が選任された後の場合に、相談者が、任意後見契約を解除するためには、家庭裁判所の許可を得る必要があります。

3　養子縁組の離縁

(1)　協議離縁

パートナーとの養子縁組は、双方で合意ができる場合には、養子離縁届を提出することで協議離縁することができます（民法811条１項）。

(2)　調停離縁

離縁について、双方で合意ができない場合には、家庭裁判所に離縁調停を申し立てることができます。かかる調停において、双方が離縁について合意すると、調停が成立し離縁となります。

(3)　裁判離縁

パートナーと協議離縁も調停離縁もできない場合には、離縁の訴えにより離縁を求めることになります。

離縁の訴えを提起するためには、その前に、家庭裁判所で離縁調停を行う必要があります（調停前置主義、家事事件手続法257条１項）。

離縁の訴えでは、離縁の原因があれば離縁が認められます（民法814条１項）。離縁の原因には、他の一方から悪意で遺棄されたとき（同条１項１号）、他の一方の生死が３年以上明らかでないとき（同条１項２号）、その他縁組を継続し難い重大な事由があるとき（同条１項３号）があります。

ア　前記３号の縁組を継続し難い重大な事由とは、養親子としての精神的・経済的な（相互の扶養等の）生活共同体の維持若しくはその回復が著しく困難な程度に破綻したとみられる事由がある場合であり、現在の破綻だけでは足りず、将来の回復の見込みがないことを要します。そして、必ずしも当事者の双方又は一方の有責事由に限るものではなく（最二小判昭和36・４・７民集15巻４号706頁〔27002320〕等）、重大な事由の存否は、当該養親子間における親子的共同生活の客観的破綻の度合いと縁組の目的などの縁組成立事情を相関的に勘案して判断すべき（我妻榮編著『判例コンメンタール７親族法』コンメンタール刊行会（1970年）341頁）とされています。

イ　具体的には、養子縁組の目的の不達成（最二小判昭和60・12・20家裁月報38巻５号53頁〔27800437〕）、養親子間での暴行、虐待、侮辱等の言動等が挙げられます。また、養親子間の性格の不一致については、性格の不一致から対立、葛藤が継続し、養親子関係が完全に冷却状態になっている場合には縁組を継続し難い重大な事由に該当すると考えられています（中川善之助編『注釈民法㉒のⅡ』有斐閣（1972年）〔深谷松男〕807頁）。

ウ　なお、同居生活を要素としない養親子関係においては、婚姻関係の場合と異なり、単なる別居や没交渉は養親子関係の破綻を導きません（山畠正男「民法814条１項３号の離縁原因に当たらない例」民商法雑誌52巻４号（1965年）561頁）。また、婚姻関係と異なり、貞操義務もありませんので、パートナーが第三者と性的関係を持ったことをもって直ちに離縁原因が存在するともいえません。

エ　本事例においては、相手方のパートナーの同意が得られる場合には、協議離縁することができます。相手方のパートナーから同意が得られない場合には、離縁原因が必要となります。そして、本事例の離縁の原因としては性格の不一致が考えられますが、よく喧嘩をしているとの事情だけではなく、その他に養親子関係が完全に冷却状態になっていると判断される事情があった場合に、相談者に離縁が認められる可能性があります。

4　パートナーシップ宣誓等の解消等

(1)　地方自治体からパートナーシップの証明を受けていたり、パートナーシップ宣誓書を提出している場合、パートナーとの人間関係を解消したのであれば、パートナーとの関係を解消したことを届け出ることが必要です。

届出の方法については、当該地方自治体の定めに従うことになります。誰が届け出るかについては、地方自治体によって、パートナーのどちらか一方で足りるとしているところと、パートナー双方によらなければならないところがあります。

そのため、本事例については、相談者が届け出た地方自治体の定めに従って、パートナー関係解消に伴う手続をする必要があります。

以下では、東京都23区のパートナーシップ制度のパートナー関係解消に伴う手続について、紹介します。

⑵　東京都渋谷区のパートナーシップ証明制度

東京都渋谷区のパートナーシップ証明制度で証明されたパートナーシップが解消された場合には、渋谷区パートナーシップ解消届を東京都渋谷区に提出し、証明書を返還する必要があります（渋谷区男女平等及び多様性を尊重する社会を推進する条例施行規則10条３項）。

かかる解消届の提出は、パートナーの一方のみにより行うことができます。

なお、東京都渋谷区は、パートナーの一方のみにより前記届出書が提出された場合には、届出をした人が相手方に届けを提出したことを必ず通知するように要求しています（渋谷区パートナーシップ証明発行の手引き）。

⑶　東京都世田谷区のパートナーシップ宣誓書

パートナー関係が解消された場合、パートナー双方より、東京都世田谷区に対し、パートナーシップ宣誓書の破棄を求める必要があります（世田谷区パートナーシップの宣誓の取扱いに関する要綱６条ただし書）。

⑷　東京都中野区のパートナーシップ宣誓書等

パートナーシップが解消された場合、パートナー双方がパートナーシップ宣誓書及びパートナーシップの宣誓に関する確認書受領証等返還届に必要事項を自ら記入のうえ、パートナーの双方又は一方が当該返還届を東京都中野区に提出するとともに、宣誓書等受領証を返還しなければなりません（中野区パートナーシップ宣誓の取扱いに関する要綱８条１項１号）。

また、公正証書等受領証の交付を受けた者は、宣誓書等受領証の返還と同時に公正証書等受領証を返還しなければなりません（同条２項）。

⑸ 港区みなとマリアージュ制度

パートナー契約を解消した場合、パートナー双方がみなとマリアージュカード返還届に氏名を自署し、これとともにみなとマリアージュカードを東京都港区に返還しなければなりません（港区みなとマリアージュ制度に関する要綱６条１号）。

参考文献

１．横田勝年「養子縁組の裁判離縁の原因」判タ747号（1991年）248頁
２．中川良延「養子縁組の裁判離縁の原因」判タ1100号（2002年）140頁

事例２　慰謝料請求、財産分与

同性パートナーと同居して、共同生活を営んでいますが、パートナーが第三者と性的関係を持ったことが原因で、最近会話もしないような状態になってしまいました。そのため、パートナーとの関係を解消したいと思っています。

Q

1　同性パートナーに慰謝料を請求することはできますか。
2　同性パートナーと性的関係を持った第三者に慰謝料を請求することはできますか。
3　同性パートナーとの関係を解消する際に、パートナーに財産分与の請求をすることはできますか。

A

1　同性パートナーに慰謝料を請求できる可能性があります。
2　同性パートナーと性的関係を持った第三者に慰謝料を請求できる可能性があります。
3　財産分与の請求ができる可能性があります。

解　説

1　パートナーへの慰謝料請求について

第三者と性的関係を持った同姓パートナーに対する慰謝料請求を認めた裁判例（同居し海外で婚姻していた女性同士のカップルの一方が人工授精のために精子提供を受けた相手と性的関係を持った事案）として、東京高判令和２・３・４裁判所HP〔28281925〕（第一審判決は宇都宮地真岡支判令和元・９・18裁判所HP〔28273850〕）が挙げられます。同判決では、次のとおり、判示しています。

「以上の事実に照らすと、控訴人及び被控訴人の上記関係（以下「本件関係」という。）は、他人同士が生活を共にする単なる同居ではなく、同性同士であるために法律上の婚姻の届出はできないものの、できる限り社会観念上夫婦と同様であると認められる関係を形成しようとしていたものであり、平成28年12月当時、男女が相協力して夫婦としての生活を営む結合としての婚姻に準ずる関係にあったということができる。したがって、控訴人及び被控訴人は、少なくとも民法上の不法行為に関して、互いに、婚姻に準ずる関係から生じる法律上保護される利益を有するものというべきである。……そもそも同性同士のカップルにおいても、両者間の合意により、婚姻関係にある夫婦と同様の貞操義務等を負うこと自体は許容されるものと解される上、世界的にみれば、令和元年５月時点において、同性同士のカップルにつき、同性婚を認める国・地域が25を超えており、これに加えて登録パートナーシップ等の関係を公的に認証する制度を採用する国・地域は世界中の約20％に上っており（乙３）、日本国内においても、このようなパートナーシップ制度を採用する地方自治体が現れてきている（甲12、13）といった近時の社会情勢等を併せ考慮すれば、控訴人及び被控訴人の本件関係が同性同士のものであることのみをもって、被控訴人が……法律上保護される利益を有することを否定することはできない。また、控訴人及び被控訴人は、……単に交際及び同居をしていたのではなく、米国ニューヨーク州で婚姻登録証明書を取得して結婚式を行った上、日本においても結婚式等を行い、周囲の親しい人にその関係を周知し、２人で子を育てることも計画して現にその準備を進めていたのであるから、控訴人が被控訴人に従属する関係にあったとはいえないし、控訴人の指摘するように控訴人及び被控訴人が生活費を互いに負担し合う関係にあった点のみをもって、平成28年12月当時、前記のような婚姻に準ずる関係にあったとの認定を左右するものではない。」

かかる判示内容からすると、同性カップルのうち、男女が相協力して夫婦としての生活を営む結合としての婚姻に準ずる関係にあるものについて、その関係が第三者との性的関係により破綻した場合には、第三者と性的関係を持った同姓パートナーに対して慰謝料請求が認められる可能性があるといえます。

同判決では、慰謝料額について、「控訴人と被控訴人の本件関係は法律上認められた婚姻関係ではなく、婚姻に準ずる関係であること」を減額の根拠して挙げており、このことからすると、慰謝料の額は婚姻の場合より低額になることが想定されます。

なお、パートナーシップ契約等を締結している場合、その契約等に貞操義務条項や浮気をした場合（第三者と性的関係を持った場合）の条項があるときには、これらの条項違反により、慰謝料請求をすることができます。

2　第三者への慰謝料請求について

同性パートナーと性的関係を持ったことを理由とする第三者に対する慰謝料請求に関する裁判例として、前掲令和元年宇都宮地真岡支判〔28273850〕が挙げられます。なお、同判決は前掲令和２年東京高判〔28281925〕の第一審判決ですが、原告が第三者である被告につき控訴していないため、同高判では第三者に対する慰謝料請求について判示されていません。

前記宇都宮地真岡支判は、同性パートナーの一方が他方の同性パートナーと性的関係を持った第三者（同性）に対し、かかる性的関係により同性パートナー関係を解消したことにつき慰謝料請求をした事案において、「平成31年判決は、夫婦の他方と不貞行為に及んだ第三者に対して離婚に伴う慰謝料を請求するためには特段の事情が必要であるとするところ、当該判示は、内縁関係（事実婚）を破綻させた第三者に対し、破綻に係る慰謝料を請求する場合、更には本件のような場合にも妥当すると解するのが相当である。」と判示しています。

また、前記の「平成31年判決」は最三小判平成31・２・19民集73巻２号187頁〔28270649〕を指しており、同判決では「夫婦の一方と不貞行為に及んだ第三者は、これにより当該夫婦の婚姻関係が破綻して離婚するに至ったとしても、当該夫婦の他方に対し、不貞行為を理由とする不法行為責任を負うべき場合があることはともかくとして、直ちに、当該夫婦を離婚させたことを理由とする不法行為責任を負うことはないと解される。第三者がそのことを理由とする不法行為責任を負うのは、当該第三者が、単に夫婦の一方との間で不貞行為に及ぶにとどまらず、当該夫婦を離婚させることを意図してその婚姻関係に対する不当な干渉をするなどして当該夫婦を離婚のやむなきに至らしめたものと評価すべき特段の事情があるときに限られるというべきである。」と判示しています。

前記宇都宮地真岡支判の判示内容からしますと、性的関係により同性パートナー関係を解消したことに対する慰謝料請求は、第三者が同性パートナーと性的関係に及ぶにとどまらず、当該同性パートナー関係を解消させることを意図してその関係に対する不当な干渉をするなどして当該同性パートナー関係の解消のやむなきに至らしめたものと評価すべき特段の事情があるときに限り、認められるものと解されます。

なお、パートナーシップ契約等を締結し、同契約等に貞操義務条項があったとしても、契約は原則として契約当事者間にのみ効力が及ぶものですので、当然に、契約当事者でない（性的関係を持った）第三者に対して慰謝料請求をすることはできません。もっとも、パートナーシップ契約に貞操義務条項があることを知って、パートナーシップ契約の当事者と性的関係等に及んだ第三者に対しては、債権侵害として、不法行為（民法709条）に基づく損害賠償請求が認められる可能性があります。

3　財産分与請求について

⑴　婚姻、内縁の場合

婚姻関係にあった場合には、離婚の際に、夫婦の間で形成した共有財産について、財産分与が認められています（民法768条）。

また、内縁関係についても、財産分与規定の類推適用が認められています（広島高決昭和38・6・19判時340号38頁〔27450965〕）。

⑵　同性パートナーの場合

前記の財産分与を規定する民法768条は、離婚していることが前提となりますので、婚姻していない場合には、同条の適用がありません。

もっとも、同条は、前記のとおり、内縁関係に類推適用されていますので、裁判所において、同性パートナー間で夫婦と同様の共同生活を営んでいることが重視された場合には、同性パートナー間においても財産分与請求が認められる可能性があります。

参考文献

１．二宮周平『事実婚の判例総合解説』信山社（2006年）

２．窪田充見『家族法　民法を学ぶ〈第４版〉』有斐閣（2019年）

３．二宮周平＝榊原富士子『離婚判例ガイド〈第３版〉』有斐閣（2015年）

事例３　相続、生命保険

現在、同性パートナーと同居し、私の収入で生計を立てていますが、もし、私が死んだ場合、その後のパートナーの生活が心配です。

Q

1　パートナーと共同生活を営んでいたことにより、パートナーは私の財産を相続することができますか。

2　パートナーを受取人とする生命保険に加入することはできますか。

A

1　共同生活を営んでいたとしても、同性パートナー間に親族関係がなければ相続は発生しません。ただし、遺言や養子縁組により、遺産を引き継がせることができます。

2　加入できる場合があります。

解　説

1　相続

(1)　原則として同性パートナー間に相続が発生しないこと

現在、同性婚が認められていませんので、同性パートナー間で、法律上相続が発生することはありません（民法887条～890条）。また、内縁の場合にも相続は認められていません（なお、最高裁は内縁の死亡解消による財産分与の類推適用も認めていません（最一小判平成12・３・10民集54巻３号1040頁〔28050539〕））ので、同性パートナーとして共同生活を営んでおり、内縁類似の関係にあったとしても（第３章１(2)事例２参照）、相続が発生する可能性はありません。

したがって、同性パートナー間では、後述の養子縁組がなされていない限り、相続が発生することはありません。

もっとも、遺言書により財産を遺贈したり、養子縁組により相続権を発生させたりすることによって、財産を引き継がせることは可能です。

⑵　遺言による遺贈等

遺言者は、遺言により、遺言者の遺産を法定相続人以外の者に遺贈することができます。遺贈には、特定遺贈と包括遺贈があり、前者は特定の財産を示してする遺贈であり、後者は配分割合を示してする遺贈をいいます。

また、後述の養子縁組により養親子間に相続関係が生じる場合には、遺言によって相続分の指定又は遺産分割の指定をすることができます。

遺言により、遺贈若しくは相続分の指定・遺産分割の指定の意思表示をした場合であっても、他に法定相続人がいる場合には、その者に遺留分が発生する可能性がありますので、注意する必要があります。

なお、遺言者は、自らの死亡によって効力が生じるまで、遺言の方式に従って、遺言をいつでも撤回することが可能です（民法1022条）。

このように、相談者は、遺言により、自己の財産の全部又は一部をパートナーに引き継がせることができます。

⑶　養子縁組

ア　養子縁組により、養子は養親の嫡出子たる地位を取得しますので、相続が発生します（養子縁組の要件については、第３章１⑴【Ｑ２について】３参照）。具体的には以下のとおりです。

㋐　養親の相続について

養子縁組により養子は嫡出子たる地位を取得しますので、養子は養親の相続について相続人となります（民法809条、887条１項）が、養親に配偶者がいる場合には、法定相続分が２分の１になります（民法900条１号）し、また、養親に他に子がいる場合には、子の法定相続分を均等に分けることになります（民法900条４号）。

そのため、養親に配偶者又は子がいる場合には、相続の割合について注意する必要があります。

⑷　養子の相続について

養親は、養子が嫡出子の地位を取得したとしても、相続の順位が子に劣るため、養子に子がいる場合には、養親は養子の相続について相続人になることができません（民法889条１項１号）。また、養子に配偶者がいる場合には、直系尊属である養親の法定相続分は３分の１となります（民法900条２号）し、養子に実親がいる場合には、直系尊属の法定相続分を養親と実親で均等に分けることになります（民法900条４号）。

そのため、養子に子がいる場合には養親に相続させることはできませんし、養子に配偶者、実親がいる場合には、相続の割合について注意する必要があります。

⑸　以上より、養子縁組をすることによって、同性パートナーの間で相続関係を発生させることができます。しかし、他に法定相続人がいる場合には養親や養子の相続分が十分とは限りませんし、また、養親が相続人になれない場合もありますので、遺言について検討する必要があります。

イ　遺留分について

養親子間の相続について、養親子以外の法定相続人がいる場合、養親子が相互にその所有する財産の全部を他方に相続させる旨の遺言書を作成した場合であっても、法定相続人の法定相続分の２分の１又は３分の１については、遺留分が発生することになります（民法1042条）。そして、養親子以外の法定相続人が遺留分請求権を行使した場合には、その財産全部を引き継がせることができなくなる可能性がありますので、この点に注意する必要があります。

ウ　代襲相続について

養親の親が存命の場合、養親が先に亡くなると、養子が養親の親の相続について代襲相続することになります（民法901条１項）。養子が養親の親の相続について相続放棄をすれば、養子が養親の親の相続を受けないということはできますが、相続が発生するまでは相続放棄をすることができませんので、その点で養親の親族と紛争が生じてしまう可能性があることに留意する必要があります。

⑷　特別縁故者について

なお、パートナーと養子縁組を行ったり、パートナーのために遺言書を作成していなかった場合であっても、自己に相続人がいない等の場合には、パートナーが特別縁故者として、自己の遺産について家庭裁判所に財産分与請求をすることができる可能性があります。

特別縁故者の財産分与請求とは、被相続人の相続人の存否が不明の場合、家庭裁判所により選任された相続財産管理人が被相続人の債務を支払うなどして清算を行った後、家庭裁判所の相続人を捜索するための公告で定められた期間内に相続人である権利を主張する者等がなかったときに、家庭裁判所に、清算後に残った相続財産の全部又は一部を請求することをいいます（民法958条の３第１項）。

特別の縁故にあった者とは、被相続人と生計を同じくしていた者、被相続人の療養看護に努めた者等のことをいいますので、相談者と生計を共にしていたパートナーは、特別縁故者として相談者の遺産を受け取れる可能性があります。

2　生命保険について

モラルリスクの観点から、生命保険の死亡保険金の受取人については、親族に限るなど、一定の制限が設けられています。

もっとも、現在では、一部の生命保険会社においては、親族関係にない者を受取人とする生命保険を販売しており、最近では、同性パートナーを受取人に指定することができる保険会社も出てきました。

これらの保険契約を締結するためには、契約者と受取人が同性パートナーであるといえば足りるのではなく、同居期間の長さ等の一定の条件について具体的な審査を必要としています。東京都渋谷区のパートナーシップ証明書がある場合には、比較的容易に審査を進めることができる場合がありますし、パートナーシップ証明書の提出だけでよい保険会社もあります。

なお、パートナーの一方が被保険者及び保険料の負担者、他方が受取人となっている場合には、生命保険の死亡保険金は遺贈に該当するものとして、相続税の課税対象となり、パートナーの一方が被保険者、他方が保険料の負担者及び受取人となっている場合には、生命保険の死亡保険金は所得税の対象となりますので、注意が必要です。

事例４　遺言の撤回、保険金受取人の変更

　同性パートナーと共同生活を営んでいましたので、今後のために、私の財産を同性パートナーに譲る旨の遺言書を作成し、また、私を契約者、被保険者、同性パートナーを保険金受取人とする生命保険に加入しました。

　ところが、最近、同性パートナーに好きな人ができたようで、自宅から出ていってしまいました。

Q

１　同性パートナーには、財産を譲りたくないと考え直しました。遺言書について、何か手続をとる必要がありますか。

２　同性パートナーには、保険金を受け取ってほしくありません。保険契約について、何か手続をとる必要がありますか。

A

１　遺言を撤回する必要があります。

２　保険金受取人変更の手続をする必要があります。

解　説

１　遺言の撤回

　同性パートナーとの関係を解消した場合でも、遺言書の内容（遺言）が無効となるわけではありません。遺言書の内容どおりに自己の財産を分けたくないのであれば、当該遺言を撤回する必要があります。

　遺言は、遺言の方式に従って、その遺言の全部又は一部を撤回することができます（民法1022条）。したがって、民法の定める遺言の方式により、当該遺言を撤回する旨の遺言書を作成する必要があります。遺言の撤回により、当該遺言は、その効力の発生を阻止されることになります。

また、遺言は、前の遺言が後の遺言と抵触するときには、その抵触する部分について、後の遺言で前の遺言を撤回したものとみなされます（民法1023条１項）。したがって、例えば、全財産を当該同性パートナー以外の者に譲るなど、当該同性パートナーに財産を譲るという遺言を無効にしなければ後の遺言の内容を実現できないような新たな内容の遺言書を作成することにより、前の遺言を撤回することも考えられます。

なお、遺言は、遺言者が故意に破棄したときは、その破棄をした部分について、遺言を撤回したものとみなされます（民法1024条）。そのため、遺言書の原本が手元にある場合には、これを捨てる、破るなどの破棄をすることによっても、当該遺言を撤回したことになります。ただし、故意に破棄されたかどうかが問題となることもありますので、遺言を撤回する旨の遺言書や新たな内容の遺言書を作成する方が無難といえます。

以上のとおり、同性パートナーとの関係で遺言書を作成した場合、当該遺言書の内容を無効にしたいときには、前記のように当該遺言を撤回する必要があります。

2　保険金受取人の変更

生命保険の受取人について、同性パートナーとの関係を解消したことによって、自動的に変更となることはありませんので、保険金受取人を同性パートナー以外の者に変更したい場合には、保険金受取人変更の手続をする必要があります。

本事例の相談者は、生命保険の契約者及び被保険者ですので、同人のみの手続により保険金受取人の変更をすることができます。具体的な変更の手続については、各保険会社により異なりますので、契約をした保険会社に問い合わせて確認する必要があります。

(3) 同性パートナーと後見に関する相談

事例１　法定後見に関する相談

同性パートナーの認知症が悪化し、自分で財産を管理することが困難になったため、パートナーに代わって私がその財産の管理や施設入所手続等を行えるよう、成年後見を利用したいと考えています。なお、私とパートナーとは任意後見契約を締結しておらず、養子縁組もしていません。

Q

1　私が成年後見人になることはできるのでしょうか。
2　後見開始の審判の申立てにおいて、注意すべきことは何ですか。

A

1　同性パートナーであること自体が成年後見人の欠格事由というわけではないので、法定の欠格事由がなければ、本人の同性パートナーを成年後見人候補者とする申立ては可能であり、成年後見人として選任される可能性もあります。

2　成年後見人になるためには、まず後見開始の審判を家庭裁判所に申し立てる必要がありますが、民法上の申立権者は限られています。この申立権者に該当しない限り、同性パートナーは申立段階において、申立権のある親族の協力を得る必要があります。親族の協力が得られない場合や親族がいない場合には、老人福祉法等に基づく市区町村長等による申立てをしてくれるよう自治体と交渉する必要があります。

また、申立時や申立後において、本人の法定推定相続人である親族に対して意見照会が行われます。このため、もし本人と同性パートナーとの関係性を本人の親族に知られたくない場合には、申立時に裁判所に事情を説明して露見しない方法を要請したり、事件記録の閲覧・謄写制限を求めたりしておきましょう。

さらに、前記意見照会は、本人について成年後見を開始することや当該成年後見候補者を成年後見人に選任されることについての賛否を問う内容であることがほとんどであり、これに対する親族の回答は裁判所の判断に少なからず影響するものと思われます。このため、誰が申立てをするかという点のみならず、同性パートナー自身が成年後見人として選任されるという審判を得るためにも、事前に親族の協力を得ていることが望ましいといえます。

解　説

1　法定後見制度（成年後見、保佐、補助）の概要

後見と呼ばれるものには、法定後見制度と任意後見契約とがありますが、ここではまず、法定後見制度について説明します。任意後見契約については、後述の第3章1(3)事例2の解説を参照してください。なお、未成年後見については、第3章1(4)事例2の解説を参照してください。

本人の事理弁識能力に問題が生じ、財産の管理や法律行為を有効に行うことができなくなった場合、法定後見制度を利用することにより、本人の財産の保全を図ることが可能となります。法定後見制度には、本人の事理弁識能力の喪失の程度に応じて、成年後見、保佐、補助の各制度があります。

成年後見は、事理弁識能力を欠く常況にある者について、広範な代理権・取消権を成年後見人に与える制度です。

保佐は、事理弁識能力が著しく不十分な者について、民法13条1項所定の行為について同意権・取消権を与え、その他、当事者が選択する特定の法律行為について、保佐人に代理権を与える制度です。

補助は、事理弁識能力が不十分な者について、本人が選択する特定の法律行為について、代理権・同意権・取消権を補助人に与える制度です。

以下、成年後見人、保佐人及び補助人をまとめて「後見人等」といい、成年

被後見人、被保佐人、被補助人をまとめて「被後見人等」といい、成年後見開始の審判がなされた場合に被後見人等となる人のことを「本人」といいます。

２　法定後見開始の申立権者、申立て後の手続

成年後見をはじめとする法定後見制度を利用するためには、本人の居住地を管轄する家庭裁判所に後見開始の審判を申し立て、成年後見（又は保佐、補助）開始の審判を受ける必要があります。

このため、後見人等として選任されるか（Q１）という問題の前提として、成年後見を開始するために審判を申し立てることができるか（Q２）という問題があり、これらは分けて考える必要があります。

民法上、申立権者としては、本人、配偶者、４親等内の親族、未成年後見人、未成年後見監督人又は検察官と、類型変更のための後見人等が定められています（民法７条、11条、15条１項）。

また、老人福祉法32条、知的障害者福祉法28条、精神保健及び精神障害者福祉に関する法律51条の11の２に基づき、「その福祉を図るため特に必要があるとき」には、市区町村長による申立てが認められています。

申立て後、家庭裁判所は、申立人及び後見人等候補者に対する面談のほか、主治医等の診断書や鑑定をもとに本人の事理弁識能力の有無・程度を調査し、推定相続人などの一定の親族に対する意見照会を行うなどしたうえで、本人についての後見制度開始の要否や後見人等の選任を行います。

３　後見人等の欠格事由

法律上、後見人等になることのできない欠格事由が定められており、①未成年者、②家庭裁判所で免ぜられた法定代理人、保佐人又は補助人、③破産者、④本人に対して訴訟をし、又はした者並びにその配偶者及び直系血族、⑤行方の知れない者は、後見人等になることができません（民法847条、876条の２第

２項、876条の７第２項)。

4　本人の同性パートナーが成年後見開始の申立てをすることができるか（Q２）

法定後見開始の申立てをするには、民法上の申立権者である必要があります。前記２のとおり、本人と同性パートナー関係にあることを理由としては申立権者とは認められません（いわゆる内縁の場合でも、現在の裁判実務では、内縁配偶者は申立権者には当たらないとして運用されています)。そのため、従兄弟姉妹（４親等内の親族）同士であるなどといった申立権者に当たる関係がない限り、申立てをするためには他の申立権者の協力が必要です。

一番理想的なのは、本人の４親等内の親族に申し立ててもらうことですが、本人のパートナーを後見人等の候補者として申し立ててくれるよう頼むに当たり、２人の関係を説明する必要が生じることが予想されます。このため、２人の関係を露見したくないという場合には、まずこの段階でのリスクを念頭に置く必要があります。

本人も申立権者に当たりますが、本人が申し立てるためには申立て時において一時的に事理弁識能力が回復している必要があります。このため、保佐や補助の開始申立てであれば格別、成年後見を申し立てようという場合には、事理弁識能力を欠く常況なのですから（民法７条)、現実的ではないでしょう。

老人福祉法等に基づく市区町村長による申立てを地方自治体に促すことも考えられますが、本人に申立権者とされる親族がいる場合に親族の意向を尊重する必要がある、あるいは、予算措置を講じていないなどを理由として、申立てに消極的な地方自治体もあります。地方自治体によって対応が異なりますので、事前に確認する必要があります。

このように、成年後見の申立てに協力してくれる親族がいない場合には、本人申立てを前提として、保佐や補助により代替できないかを検討するか、老人福祉法等に基づく市区町村長による成年後見の申立てを促すべく、粘り強く地方自治体と交渉をする必要があります。

5　本人の同性パートナーが本人の後見人に就任できるか（Q１）

前述３のとおり、同性パートナーであること自体は欠格事由ではないため、これら欠格事由に該当しない限り、後見人等に選任される可能性はあります。

また、申立人が自身を後見人等候補者として申し立てることもできます。ただし、必ずしも申立ての際に後見人等候補者とされた者が後見人等として選任されるわけではなく、家庭裁判所が申立人や後見人等候補者以外の第三者を適任と判断して後見人等に選任することもあります。

後見人等に選任されるためには、本人の財産状況や健康状況等を把握しており、後見人等に選任された後も適切な後見（又は保佐、補助）事務を行えると判断されることが重要です。パートナーシップ証明等によってパートナーとしての生活実態が裏付けられれば、後見人等として適任と判断される可能性が高まると思われます。

6　その他の注意点（Q２）

⑴　親族がいる場合、理解を得ておくのが望ましい

前記２のとおり、成年後見等開始の申立てがあった場合、裁判所は、本人の一定範囲の親族に対して、後見開始や後見人等選任についての意見照会を行います。このため、本人の親族に知られない方法で申立てを行ったとしても、意見照会により申立てを知られることになります。

また、裁判所の判断への影響も考慮する必要があります。例えば、意見照会に対する回答において、親族が後見人等候補者の選任に異を唱え、別の人物を候補者として推薦した場合は、裁判所もその意見を一定程度考慮するものと考えられます。

さらに、申立てに当たって本人の財産目録を作成し提出することが求め

られます。目録に記載する財産は把握している限りで足りますが、やはり後見人等として適性があると認めてもらうためにも、後見人等に選任された後の財産管理のためにも、親族に協力を求めてできるだけ財産状況を把握し提出することができる方がよいといえます。

以上からすれば、意見照会の対象となる範囲の親族が本人にいる場合には（意見照会の方法については、各家庭裁判所により異なりますが、推定相続人の範囲で意見照会されることが多いようです）、誰が申立人となるかにかかわらず、申立て前の段階であらかじめ本人の一定範囲の親族には説明をして理解を得ておく方が、申立て後の手続がスムーズになり、審判も望む結果になる可能性が高まるといえます（裁判所が意見照会を行う親族の範囲は、管轄の裁判所により異なりますが、本人の推定相続人や、本人の身上監護や財産管理を行っている者、としている場合がほとんどです。また、申立て後ではなく申立て時において、親族からの同意書を申立人に集めさせて提出させる、という取扱いをしている裁判所もあります）。

それでもやはり本人と同性パートナーの関係を知られたくないという場合は、申立てに当たり、家庭裁判所に事情を伝え、意見照会を求める親族に２人の関係性が露見しないよう要請することが考えられます。

⑵ 事件記録の閲覧・謄写請求がされる可能性がある

成年後見等開始の審判を申し立てた後に、本人の親族等の第三者から、申立て書類等の記録の閲覧・謄写請求がされる可能性もあり、裁判所が「相当と認め」た場合は、これが許可されます（家事事件手続法47条１項）。

このため、本人と同性パートナーとの関係が露見することを避けたい場合には、裁判所に対して不許可（同条４項）を要請しておく必要があります。

⑶ 申立て後の取下げには裁判所の許可が必要

いったん成年後見等の開始を申し立てた後にそれを取り下げるためには、裁判所の許可が必要です（家事事件手続法121条、133条、142条）。成年後見人の選任に関する不満を理由とした取下げは、原則として許可されません（裁判所HP https://www.courts.go.jp/saiban/qa/qa_kazi/index.html#qa_kazi60）。

このため、それまで本人と関係の近い同性パートナーが本人の身の回りの世話を行ってきたが、後見開始審判の申立てをした結果、第三者が成年後見人に選任され、これまでパートナーが行ってきたこともしづらくなる…という結果とならないよう、本人のために必要なことが後見人等としてでなければできないことなのかという点も含め、申立てをするかどうか十分に検討し、申立てを決めた場合も、後見事件に習熟した専門家の助言を得るなどして、入念に準備をする必要があります。

参考文献

１．片岡武ほか『家庭裁判所における成年後見・財産管理の実務〈第２版〉』日本加除出版（2014年）
２．坂野征四郎『書式　成年後見の実務―申立てから終了までの書式と理論〈第３版〉』民事法研究会（2019年）

事例２　任意後見に関する相談

将来、同性パートナー同士である私たちのどちらかが意思能力を失ってしまった場合に、他方がその財産管理を行えるように今から用意しておきたいと考えています。

Q　**法定の成年後見のほかに、任意後見契約を締結しておく方法もあると聞きました。どのような違いがありますか。任意後見契約を締結しておいた場合、後見開始の審判の申立てや成年後見人選任において、有利になりますか。**

A　任意後見契約は本人（委任者）と任意後見受任者との間の委任契約なので、法定の成年後見制度を利用する場合と比べて、本人の意思が尊重されやすいといえます。また、任意後見契約により任意後見受任者になった場合、法定の成年後見開始の申立人にもなれます。ただし、後見監督人による監督が必須である等の注意点があります。

解　説

1　任意後見契約の概要

任意後見契約は、本人と任意後見受任者との間の委任契約です。任意後見契約は、家庭裁判所によって任意後見監督人が選任されたときに効力を生じ（任意後見契約に関する法律（以下、「任意後見法」といいます）２条１号）、任意後見受任者は任意後見人となり（同条４号）、任意後見監督人の監督の下で、本人の財産管理を行います。任意後見契約は、公正証書による必要があります（同法３条）。

家庭裁判所に任意後見監督人選任の申立てをするに当たって（家事事件手続法217条以下、別表第一の項111）、任意後見受任者にはその申立権があります（任意後見法４条１項柱書）。さらに、任意後見監督人が選任されれば、自動的に任意後見受任者が任意後見人になります。このため、任意後見契約では、後見の開始や任意後見人を誰にするかということについて、本人の意思が尊重されやすいといえます。

また、任意後見契約を登記しておけば、法定の後見開始の審判（第３章１(3)事例１参照）を申し立てる場合でも、任意後見受任者（任意後見監督人選任後は任意後見人）が申立権者に含まれるため（同法10条２項）、成年後見開始の審判の申立てがしやすくなります。ただし後述２(3)のように、後見開始の審判のハードルが高くなる側面もあります。

２　注意点

(1)　本人の事理弁識能力が十分なうちに締結すること

任意後見契約の締結は法律行為ですから、本人の事理弁識能力が十分であるうちに締結する必要があります。

(2)　任意後見監督人の選任が別途必要であること

任意後見契約は、任意後見監督人が選任されて初めて効力が生じ、任意後見受任者は任意後見人になることができます（任意後見法２条１号、４号）。そして、任意後見監督人が辞任や解任により欠けた場合には、任意後見人の後見業務の習熟度にかかわらず新たな任意後見監督人の選任が必要です（任意後見法４条４項）。このため、同性パートナーが本人の任意後見人になった後も、任意後見監督人となった第三者によって、パートナーの後見業務が監督されることになります（ただし、本人の親族等ではなく原則として専門職から選任されることになっています。「任意後見監督人は家庭裁判所が職権で選任します。任意後見監督人は任意後見人が適正な事務を行っているか同課（注：引用元ママ）を監督する立場にあることから，原則として，専門職団体から推薦された弁護士又は司法書士が選任されます。」（裁判所HP「任意後見監督人選任の申立てをされる方へ」https://www.courts.go.jp/wakayama/l2/l3/Vcms3_00000126.html））。

そして、この任意後見監督人選任手続の過程で、本人の親族に対する意向照会がなされることがあるため、後見開始申立てと同様、事前に理解を得ておくか、本人とパートナーの関係性を知られたくない場合には露見しないような措置が必要です。

これに比べて、法定の成年後見制度における後見監督人は、裁判所が必要があると認めるときに限って選任されるものであり（民法849条）、辞任や解任により欠けた場合の選任も必要的ではありません。

このように、任意成年後見契約を利用した結果、パートナーが法定の後見人等に選任された場合に比べて第三者による関与（監督）の度合いが大きくなるという側面もあります。特に２人の関係性を第三者にあまり知られたくないという場合には、このことも念頭においたうえで、どちらの方法をとるか検討する必要があるでしょう。

このほか、任意後見監督人が後見監督事務を行うために必要な費用が本人の財産から支弁され、任意後見監督人から請求があった場合には裁判所が決定した報酬が本人の財産から支払われます（任意後見法７条４項による民法861条２項及び862条の準用）。その分、本人の財産が一定程度目減りすることを覚悟する必要があります（報酬額のめやすは、平成25年１月１日付東京家庭裁判所「成年後見人等の報酬額のめやす」https://www.courts.go.jp/tokyo-f/vc-files/tokyo-f/file/130131seinenkoukennintounohoshugakunomeyasu.pdf参照）。

⑶　任意後見契約が法定の後見開始審判の障害となり得ること

任意後見契約が登記されている場合、法定の後見開始の審判の申立ては可能ですが、原則として申立ては却下され、裁判所が「本人の利益のため特に必要があると認めるとき」でなければ後見開始の審判がされない、という制限が生じます（任意後見法10条１項）。つまり、任意後見契約の締結及び登記をしていることにより、後見開始の審判の申立てはしやすくなりますが（前記「１　任意後見契約の概要」参照）、開始の審判がなされるハードルが高くなります。任意後見制度を選択した本人の自己決定を尊重する観点から、任意後見が優先されるのです。「本人の利益のため特に必要がある」と認められ得る事情としては、例えば、(a)任意後見契約で定めた代理権の範囲が狭く、本人の身上監護や財産管理のために不十分であるが、本人の事理弁識能力が低下しているために既存の任意後見契約を解除して新たな任意後見契約を締結することもできない場合や、(b)同意権や取消権により本人保護を図る必要がある場合などが考えられます（参考文献１・100頁～102頁）。

任意後見契約を解除することもできますが（任意後見法９条１項）、申立前に任意後見契約を解除すると、任意後見受任者又は任意後見人であることによる申立権が失われるので、注意する必要があります。

任意後見契約の締結後に法定の成年後見開始を申し立てる可能性があるという場合には、以上のことも踏まえて、締結後のスケジュールを考える必要があります。

参考文献

1. 片岡武ほか『家庭裁判所における成年後見・財産管理の実務〈第２版〉』日本加除出版（2014年）
2. 坂野征四郎『書式　成年後見の実務―申立てから終了までの書式と理論〈第３版〉』民事法研究会（2019年）

(4) 同性パートナー間における子どもに関する相談

事例1 性同一性障害者の婚姻と父子関係

私は、生物学的には女性であったものの、性自認は男性でしたので、生物学的な性に違和を感じていました。そのため、性同一性障害者の性別の取扱いの特例に関する法律により、男性に性別を変更しました。その後、妻と結婚し、私たちは、第三者より精子の提供を受けて人工授精により、妻が懐胎し子どもを出産しました。

Q 妻が産んだ子どもを嫡出子として届け出ることはできるのでしょうか。

A 血縁関係はありませんが、民法772条により嫡出性が推定されますので、嫡出子として届け出ることはできます。

解説

1 性同一性障害者の性別の取扱いの特例に関する法律

「性同一性障害者の性別の取扱いの特例に関する法律」(以下、「特例法」といいます)は、性同一性障害者のうち、一定の要件を満たす者について、その者の請求により、民法その他の法令の規定の適用について、他の性別に変更することを原則として認めることを定めた法律です。

特例法は、性同一性障害者を「生物学的には性別が明らかであるにもかかわらず、心理的にはそれとは別の性別……であるとの持続的な確信を持ち、かつ、自己を身体的及び社会的に他の性別に適合させようとする意思を有する者であって、そのことについてその診断を的確に行うために必要な知識及び経験を有する２人以上の医師の一般に認められている医学的知見に基づき行う診断が一致している」ものと定義しています（特例法２条）。

特例法２条の要件に該当する性同一性障害者が、①20歳以上であること、②現に婚姻していないこと、③現に未成年の子がいないこと、④生殖腺がないこと又は生殖腺の機能を永続的に欠く状態にあること、⑤その身体について他の性別に係る身体の性器に係る部分に近似する外観を備えていることを満たす場合、当該性同一性障害者から請求を受けた家庭裁判所は、性別の取扱いの変更の審判をすることができます（特例法３条）。

そして、性別の取扱いの変更の審判を受けた者は、民法その他の法令の規定の適用については、法律に別段の定めがある場合を除き、その性別につき他の性別に変わったものとみなされます（特例法４条）。

2　特例法により性別を変更した者の妻が懐胎した子の嫡出推定

民法772条は、「妻が婚姻中に懐胎した子は、夫の子と推定する。」として、婚姻中に懐胎出生した子の嫡出性を推定しています。それでは、本事例のように特例法に基づき女性から男性に性別を変更した者の妻が婚姻中に懐胎した子について嫡出推定が及ぶのでしょうか。

実際、この点が争点となったケースがあり、最高裁は、「特例法３条１項の規定に基づき男性への性別の取扱いの変更の審判を受けた者は、以後、法令の規定の適用について男性とみなされるため、民法の規定に基づき夫として婚姻することができるのみならず、婚姻中にその妻が子を懐胎したときは、同法772条の規定により、当該子は当該夫の子と推定されるというべきである。もっとも、民法772条２項所定の期間内に妻が出産した子について、妻がその子を懐胎すべき時期に、既に夫婦が事実上の離婚をして夫婦の実態が失われ、又は遠隔地に居住して、夫婦間に性的関係を持つ機会がなかったことが明らかであるなどの事情が存在する場合には、その子は実質的には同条の推定を受けないことは、当審の判例とするところであるが……、性別の取扱いの変更の審判を受けた者については、妻との性的関係によって子をもうけることはおよそ想定できないものの、一方でそのような者に婚姻することを認めながら、他方で、その主要な効果である同条による嫡出の推定についての規定の適用を、妻との性的関係の結果もうけた子であり得ないことを理由に認めないとすることは相当でない」と判示しました（最三小決平成25・12・10民集67巻９号1847頁〔28214169〕）。

　したがって、本事例においても、実質的に民法772条の推定を受けない事情、すなわち夫婦の実態が失われていたことが明らかなこと等の事情がない限り、生まれてきた子どもは同条の規定に従い嫡出子として推定され、嫡出子として戸籍の届出ができます。

　なお、前記判例が登場する以前、法務省は、特例法により性別を変更した者の妻が懐胎した子について、「性別の取扱い変更の審判を受けた者との間で民法772条による嫡出推定を及ぼすことはできないので、性別変更を受けた者の実子として、法律上、父子関係があると認めることはできず、嫡出子であるとの出生届を受理することはできない」（参考文献１）としていましたが、同判例を受けて、法務省は従前の取扱いを変更し、「嫡出子」としての届出を受理するようになりました（「性同一性障害により性別の取扱いの変更の審判を受けた夫とその妻との婚姻中に出生した子に関する戸籍事務の取扱いについて」平成26年１月27日付法務省民一第77号民事局長通達）。

参考文献

１．小島妙子『Q＆A　親子の法と実務』日本加除出版（2016年）40頁～46頁
２．大阪弁護士会人権擁護委員会　性的指向と性自認に関するプロジェクトチーム『LGBTsの法律問題Q＆A』弁護士会館ブックセンター出版部LABO（2016年）54頁～55頁

事例２　同性パートナーの子（医療同意、未成年後見）

私はレズビアンです。私の同性パートナーは、前夫との間に子どもがおり、離婚後、同性パートナーが親権者となり、子どもを引き取り育てています。現在、私と同性パートナーとその子どもの３人で一緒に暮らしています。その子どもは小学生で、私にもなついており、私も自分の子どものように接しています。

Q

１　私の同性パートナーは仕事で海外に長期出張することがよくあります。その間に、その子どもが事故にあうなどして手術を要する事態となったときに、私はその子どもの手術について同意することはできるのでしょうか。

２　子どもが未成年のうちに、私の同性パートナーが亡くなった場合、その後、私はその子どもの未成年後見人となることができるのでしょうか。

A

１　同意能力を欠く未成年者に対する医療行為の同意は親権者が代わって行うことができるとされています。したがって、本事例でその子どもの手術について同意をすることができるのは、その子どもの親権者である同性パートナーとなります。相談者自身がその子どもの手術について同意することはできません。

もっとも、相談者自身がその子どもと普通養子縁組をすれば、その子どもの親権者となり、その子どもの手術について同意をすることも可能となりますが、現行法上、そのような養子縁組をすると、実親である同性パートナーが親権者ではなくなってしまうため、現実的な方法ではありません。

２　同性パートナーが遺言で相談者を未成年後見人に指定していた場合、相談者がその子どもの未成年後見人になります。

同性パートナーが遺言で未成年後見人を指定していなかった場合、家庭裁判所により相談者が未成年後見人に選任されれば、相談者がその子どもの未成年後見人になります。

ただし、同性パートナーと離婚した元夫が生存している場合、元夫が親権者変更の申立てをし、家庭裁判所において親権者の変更が認められると、相談者はその子どもの未成年後見人ではなくなります。

解 説

【Q1について】

1 医療行為の同意

(1) 医的侵襲を伴う医療行為の同意の意義

医的侵襲を伴う医療行為は、患者の身体や精神への侵襲行為であり、医師が医療行為をするには、医療診療契約とは別に、原則としてその医療行為について患者から同意を得る必要があります。患者の同意のない医療行為は刑法上では傷害罪に該当し、民法上では不法行為に当たるものと解されます。

医療行為の同意は、自己決定権に基づく自己の身体の法益処分であり、違法性阻却事由と位置付けられています。

(2) 同意能力

また、医療行為の同意をするには、その前提として、同意能力が必要です。すなわち、当該医療行為の意義・内容及びそれに伴う危険性を理解し、これを受け入れるかどうかを判断できる能力が必要となります。

未成年者についても、同意能力のある者とない者とに分けられます。

⑶　同意能力を欠く未成年者に対する医療行為

「子自身のために行われる各種の医療行為など、監護教育上必要な措置をとることが親権の内容に含まれていることは、いうまでもない」とされており（参考文献２・385頁）、患者が未成年者で同意能力を欠く場合、医療行為の同意は親権の一内容として、親権者あるいは未成年後見人が、未成年者に代わってすることができます（民法820条、857条）。

２　本事例において相談者自身が親権者となれるか

本事例では、相談者の同性パートナーが子どもの親権者であることから、その子どもの医療行為の同意は親権者である同性パートナーがなし得るものです（なお、本事例ではその子どもは小学生であることから、手術の内容等にもよりますが、同意能力がないケースといってよいと思われます）。

もっとも、相談者自身がその子どもの親権者となれば、その子どもの医療行為の同意をすることができます。それでは、相談者自身はその子どもの親権者となれるのでしょうか。

相談者がその子どもの親権者となる方法として、その子どもと普通養子縁組をすることが考えられます。しかし、現行法上、「子が養子であるときは、養親の親権に服する。」とされているため（民法818条２項）、相談者がその子どもの養親となると、同性パートナーはその子どもの親権者ではなくなり、相談者自身が単独の親権者となってしまいます。この方法は、同性パートナーがその子どもの親権を失うことになりますので、現実的ではありません。

なお、男女の婚姻した夫婦であれば、民法795条ただし書により夫婦の一方が他の一方の子を養子（連れ子養子）にした場合には、夫婦が共同親権を行使することになりますが、同性カップルの場合、現行法上、同性婚は認められていないため、共同親権を行使することはできません。

したがって、現行法上、相談者か相談者の同性パートナーのうち、いずれか一方のみしかその子どもの親権者にはなれないことになります。

【Q２について】

1　未成年後見の開始

未成年後見は、未成年者に対して親権を行う者がいないとき又は親権を行う者がいたとしてもその者が管理権を有しないときに開始されます（民法838条１号）。

未成年後見人は、後見人決定の方法の違いにより、指定未成年後見人と選任未成年後見人とに分かれます。

指定未成年後見人は、未成年者に対して最後に親権を行う者（管理権を有しない者を除きます）が遺言で未成年後見人を指定した場合（同法839条１項）、親権を行う父母の一方が管理権を有しないとき、他の一方が遺言で未成年後見人を指定した場合をいい（同条２項）、選任未成年後見人は、家庭裁判所が審判によって未成年後見人を選任した場合をいいます（同法840条）。同法839条により未成年後見人が指定されたときは、家庭裁判所により未成年後見人は選任されません。

本事例でも、同性パートナーが遺言で相談者を未成年後見人と指定した場合、相談者が未成年後見人となります。

他方、未成年後見人の指定がなされていない場合は、家庭裁判所により未成年後見人を選任してもらう必要があります。家庭裁判所に未成年後見人の選任を請求できる者は、未成年被後見人又は親族その他利害関係人です（同法840条）。利害関係人とは、未成年後見人を選任することに法律上又は事実上利害関係を有する者のことをいいます。本事例の相談者も当該子どもを養育してきたことから利害関係人として家庭裁判所に未成年後見人の選任の請求をできるものと思われます。

もっとも、相談者が未成年後見人に選任されるかどうかは、裁判所が未成年被後見人の年齢、心身の状態並びに生活及び財産の状況、未成年後見人となる者の職業及び経歴並びに未成年被後見人との利害関係の有無、未成年被後見人の意見その他一切の事情を考慮して判断することになります（同法840条３項）。

2　同性パートナーの元夫が生存していた場合

相談者が未成年後見人に指定あるいは選任された場合であっても、同性パートナーと離婚した非親権者たる親（元夫）が生存している場合、未成年後見人が選任された後であっても、親権者の変更（民法819条６項）が可能であるとされています（無制限回復説）。

ただし、子の福祉の観点から親権者としての適格性が慎重に判断されるため、非親権者たる親（元夫）が後見人より優先されるものではなく、家庭裁判所の裁量に任されています。その判断方法については、「新たに親権者となる親が後見人と同等又はそれ以上の監護養育適格者であり、かつ親権者を変更しても子の利益が確保できるか否かという観点から判断すべき」とされています（東京高決平成６・４・15家裁月報47巻８号39頁〔28020565〕）。

先例は、親権者変更審判に基づいて変更届が出されればこれを受理し、これによって後見は終了するとしており、親権者変更審判を結果として認めています（昭和26年９月27日民事甲1804号民事局長回答先例全集2035の８）。

したがって、同性パートナーの元夫が親権者変更の審判を申し立て、家庭裁判所の審判において親権者を元夫に変更するとの判断がなされ、親権者変更審判に基づき変更届が受理された場合には、後見は終了し、相談者はその子どもの未成年後見人ではなくなります。

参考文献

1．赤沼康弘「同意能力のない者に対する医療行為の法的問題点と立法提言」新井誠編『成年後見と医療行為』日本評論社（2007年）253頁～279頁
2．我妻榮編著『判例コンメンタール７親族法』コンメンタール刊行会（1970年）385頁

3．小島妙子『Q&A　親子の法と実務』日本加除出版（2016年）150頁
4．於保不二雄＝中川淳編『新版注釈民法(25)親族(5)〈改訂版〉』有斐閣（2004年）51頁

事例３　生殖補助医療、養子縁組、里親制度の利用

私は同性愛者で、現在、同性パートナーと一緒に暮らしています。同性パートナーとも相談して、子どもを一緒に育てたいと考えています。

Q

１　第三者からの精子提供、卵子提供や代理懐胎（代理母）などの生殖補助医療を利用することはできますか。

２　私も同性パートナーも血縁関係がなくても子どもを育てたいと考えています。どのような方法がありますか。

A

１　日本では、同性カップルが生殖補助医療を利用することは非常に難しい状況です。

２　普通養子縁組をすることにより養子と親子関係を構築することができます。ただし、同性カップルが共同して養子縁組することはできず、どちらか一方のみが養子縁組することができるにすぎません。

そのほか、法律上の親子関係は生じませんが、里親制度を利用することが考えられます。

解　説

【Q１について】

１　生殖補助医療制度の利用

レズビアンカップルが自分の実子を持つ場合、第三者から精子の提供を受ける必要があります。また、ゲイカップルの場合は、第三者から卵子の提供を受けたり、代理出産してもらったりする必要があります。

厚生労働省厚生科学審議会生殖補助医療部会による「精子・卵子・胚の提供

等による生殖補助医療制度の整備に関する報告書」(2003年５月）では、「精子・卵子・胚の提供等による生殖補助医療を受けることができる者の条件」として、「子を欲しながら不妊症のために子を持つことができない法律上の夫婦に限ること」を挙げており、また、代理懐胎（代理母）については禁止するとしています。

日本産科婦人科学会の会告では、提供精子を用いた人工授精は法的に婚姻している夫婦を対象とし、体外受精の治療対象も夫婦とし、また、代理懐胎の実施も認めていません。

これらはあくまでもガイドラインであり、法的拘束力はありませんが、実際上の運用においても夫婦であることが求められているようです。

このように日本では、第三者の精子・卵子・胚の提供等による生殖補助医療の利用は法律上の夫婦に限定的に認められています。したがって、同性カップルの場合、法律上の夫婦ではありませんので、生殖補助医療制度を利用することは非常に難しいといわざるを得ません。

2　精子提供者の責任や子どもの出自を知る権利について

もっとも、実際には、レズビアンが知人から精子の提供を受けて子どもをもうける場合がありますが、その場合、次の点に留意する必要があります。

精子提供をした男性は、その子どもを認知することができます（民法779条)。また、その子どもも、その男性に対し、認知請求をすることができます（民法787条)。認知により、その男性と子どもとの間には法律上の父子関係が発生し、その男性には扶養義務などが発生したり、子どもには相続権が発生したり、また互いに面会交流できたりします。

たとえ、精子提供の受けた女性と精子提供をした男性との間で、その子どもの認知をしない、養育費や面会交流の請求をしないという合意をしたとしても、そのような合意により認知や養育費や面会交流の請求といった子どもの権利を奪うことはできません。

また、第三者からの精子提供により生まれた子どもには、出自を知る権利があります。将来、子どもから父親を知りたいと望まれたときなど、生物学上の父親の存在を子どもに知らせるべき局面をむかえることに留意する必要があります。

【Q２について】

1　養子縁組

⑴　養子縁組とは

養子制度は、自然な血縁による親子関係のない者に、法的な親子関係を擬制する制度です。養子縁組には、実親との親子関係を終了させない普通養子縁組とそれを終了させる特別養子縁組があります。

特別養子縁組は、配偶者のある者でかつ夫婦がともに養親にならなければならないとされており（民法817条の３第１項、２項）、同性カップルの場合、夫婦ではありませんので、特別養子縁組を利用することはできません。したがって、現行法上、同性カップルの場合、普通養子縁組を利用することが考えられます。

⑵　普通養子縁組の要件

普通養子縁組の要件は、養親と養子の縁組意思の合致があること、縁組の届出のほか、養親が成年に達していること（民法792条）、養子が養親の尊属又は年長者でないこと（同法793条）が必要となります。また、養子が15歳未満の場合は、法定代理人の承諾と、監護権者が別にいる場合は監護権者の同意、養子となる者の父母で親権を停止されている場合はその父母の同意が必要となります（同法797条）。未成年者を養子としようとする場合、家庭裁判所の許可が必要です（同法798条）。

また、男女の婚姻した夫婦が未成年者を養子とする場合、夫婦が共同で縁組をすることが原則とされています（同法795条本文）。

⑶ 普通養子縁組の効果

普通養子縁組の効果としては、養子縁組により、養子は養親の嫡出子たる身分を取得し（同法809条）、親子関係が発生します。具体的な法的効果は次のとおりです。

原則として養子は養親の氏を称します（同法810条本文）。

原則として養子は養親の戸籍に入ります（戸籍法18条３項）。

養子縁組により、養子は養親の親権に服し（民法818条２項）、実親は養子に対する親権を喪失します。

法的な親子関係の発生により、養子と養親は相互に扶養義務を負い（同法877条）、養子は嫡出子として養親を相続します（同法887条）。

⑷ 本事例での留意点

本事例では未成年者を養子とすることを念頭に置かれていると思われますが、前記のとおり、未成年者を養子とする場合は家庭裁判所の許可が必要となり、また、養子が15歳未満であれば、法定代理人の承諾等が必要となりますので、それらの点に注意が必要です。

他方、男女の婚姻した夫婦が未成年者を養子とする場合、夫婦が共同で養子縁組をする必要があるとされていますが、同性カップルの場合、法律上の夫婦とはされていませんので、カップルの双方が共同で養子縁組をすることはできず、カップルのいずれか一方のみが養子縁組することになります。すなわち、養子と縁組をした一方のパートナーのみとしか法的な親子関係を構築できないわけです。

2 里親制度

法的な親子関係を生じさせるものではないですが、子どもを育てる制度として里親制度があります。里親制度とは、保護者のいない児童又は保護者に監護させることが不適当であると認められる児童（要保護児童）に温かい愛情と正しい理解を持った家庭環境の下での養育を提供する制度です。

児童福祉法は、要保護児童を都道府県知事が里親に委託することを認めています（児童福祉法27条１項３号）。

また里親は里子に対し、監護・教育の権利義務を負うとされています。児童福祉法は、里親が、受託中の児童等に親権者等がいる場合であっても、監護・教育及び懲戒に関し、児童の福祉のため必要な措置をとることができるとしています（同法47条３項）。

里親には、通常の養育を目的とする養育里親、養子縁組することを前提とする養子縁組里親、児童虐待等の行為により心身に有害な影響を受けた児童等のうち特に支援が必要と認められた児童を対象として、専門知識・技能を持って養育する専門養育、三親等内の児童を養育する親族養育の４種類があります。

里親になる要件ですが、養育里親に関していえば、①子どもの養育についての理解及び熱意並びに子どもに対する豊かな愛情を有していること（児童福祉法施行規則１条の35第１号）、②経済的に困窮していないこと（同条２号）、②養育里親研修を修了していること（同条３号）、③里親本人又は同居人が欠格事由に該当しないこと（児童福祉法34条の20）が必要となります。

里親になる要件には、男女のカップルであることや法律婚をしていることは挙げられていません。ただし、都道府県ごとに里親の認定基準は異なり、同性パートナーを里親として認めるかどうかは各都道府県の裁量に委ねられていますので、その地域の児童相談所に問い合わせてみてください。

なお、報道によると、2016年12月に、大阪府で日本で初めて男性カップルが里親に認定され、2020年２月には愛知県でも男性カップルが里親に認定されたとのことです。また、実質的に同性カップルを里親に認定しない基準を設けていた唯一の自治体であった東京都も、2018年に従前の基準を改定し、同性パートナーも養育里親として認められるようになりました。このように、同性パートナーが里親となる道が広がり始めているといえます。

もっとも、里親になる要件を充足していれば必ず里親になれるものではなく、里親の特性や力量を考慮し、その子どもの健全な育成にとって最も適しているかという観点より、里親になれるか否かが判断されます。

参考文献

1．小島妙子『Q＆A　親子の法と実務』日本加除出版（2016年）58頁～62頁、205頁～207頁

2．大阪弁護士会人権擁護委員会　性的指向と性自認に関するプロジェクトチーム『LGBTsの法律問題Q＆A』弁護士会館ブックセンター出版部LABO（2016年）55頁～60頁

3．LGBT支援法律家ネットワーク出版プロジェクト編著『セクシュアル・マイノリティQ＆A』弘文堂（2016年）188頁～191頁、195頁～198頁

⑸　戸籍の変更に関する相談

事例１　戸籍上の性別の取扱いの変更の要件

戸籍上の性別は女性であるが性自認は男性であるトランスジェンダーが、同居しているパートナーの女性と法律的な婚姻をするために、戸籍の性別の取扱いの変更を希望しています。

Q

1　戸籍上の性別の取扱変更のための要件は、どのようなものですか。

2　戸籍上の性別の取扱変更の手続が済めば、生まれながらに変更後の性別であった者と同様の生活が可能になりますか。

3　性別変更制度に関し、今後の課題としてどのようなものが考えられますか。

A

1　戸籍上の性別を変更するには、以下に挙げる「性同一性障害者の性別の取扱いの特例に関する法律」（以下、「特例法」といいます）３条１項各号の要件をすべて満たしたうえで、家庭裁判所に変更の申立てをして、審判を受けることが必要です。

①　20歳以上であること。

②　現に婚姻をしていないこと。

③　現に未成年の子がいないこと。

④　生殖腺がないこと又は生殖腺の機能を永続的に欠く状態にあること。

⑤　その身体について他の性別の性器の部分に近似する外観を備えていること。

2　性別の取扱いの変更前に戸籍上同性であったパートナーとの婚姻は可能になりますが、戸籍上に性別の取扱いの変更をした事実の記述が残り、また、生まれながらに変更後の性別であった者とは異なる取扱いを受ける場面もあり得ます。

3　戸籍上の性別の取扱いの変更の要件を緩和すべきとの議論があります。

また、戸籍上の性別の取扱いを変更していないトランスジェンダーについて、戸籍上の性別に基づく形式的な取扱いが助長されるおそれが指摘されています。

解　説

1　戸籍上の性別の取扱いの変更等の意義

自認する性別と、戸籍上の性別が異なるトランスジェンダーは、現行法では戸籍上同性であるパートナーと婚姻することができません。それのみならず、トランスジェンダーが、自分の望む服装や名前を使用して社会生活を送っている場合、就職活動や海外渡航等の場面で、戸籍やパスポート上の名前や性別と、外観との違いにより、採用に関して不利益な取扱いを受けたり、入国審査でトラブルになったりといった不都合が生じます。

そうした不都合を回避するための方法として、戸籍上の性別の取扱いの変更・名前の変更の制度があります。

2　戸籍上の性別の取扱いの変更の要件（Q 1）

戸籍上の性別の取扱いの変更は、変更希望者の住所地を管轄する家庭裁判所への申立てにより行われますが（家事事件手続法232条1項）、変更の要件として、特例法3条1項に規定された以下の事項にすべて該当することが求められます。

⑴　性同一性障害者であること

日本の医師免許を有する医師２名以上により、性同一性障害であるとの診断を受けることが前提とされます。

⑵　20歳以上であること（特例法３条１項１号）

性別はその人の人格に関わる重大な事項であるうえ、その変更は不可逆的なものとなるため、本人に慎重に判断させる必要があることなどから、現在成人とされる20歳以上であることが要件とされました。

⑶　現に婚姻していないこと（同項２号）

現行法では、同性婚が認められないため、婚姻中の性別の変更が認められると同性婚の状態となる不都合を回避するために設けられました。

⑷　現に未成年の子がいないこと（同項３号）

当初は、親子関係など家族秩序の混乱と、子の福祉への影響を懸念する議論への配慮等を理由に現に子がいないことが要件とされていましたが、反対の声も多く、2008年の法改正で、未成年の子と変更されました。

未成年の子に婚姻による成人擬制が生じた場合でも、この要件は満たされます。ただし、未成年の子を婚姻させ、すぐに離婚させ、その後に性別の取扱いの変更の申請をしたケースでは、子に婚姻意思がないことを知る立場にありながら、婚姻に同意して性別の取扱いの変更の申立てをしたことを理由に、申立権の濫用として性別の取扱いの変更が認められませんでした（東京家審平成21・３・30家裁月報61巻10号75頁〔28153086〕）。

⑸　生殖腺がないこと又は生殖腺の機能を永続的に欠く状態にあること（同項４号）、その身体について他の性別の性器の部分に近似する外観を備えていること（同項５号）

生殖機能が残っている場合に、性別の取扱いの変更後、子が生まれた場合に生じ得る混乱及び問題、並びに、生殖腺から分泌される元の性別のホルモンが身体的・精神的に及ぼすおそれのある悪影響を回避する目的で設けられました。

精巣・卵巣の切除を受けた場合のほか、放射線治療や医学的疾患で、生殖機能が失われている場合も含みます。

なお、性別の取扱いの変更の申立ての準備として、性別適合手術を受けることはもちろんのこと、その実施を証明する診断書の作成、生物学的な性別の判定のための検査、精神科への通院・診断書の作成などが必要となり、時間と費用がかかります。特に性別適合手術は、70万円～200万円ほどかかるといわれています。日本では、性別適合手術につき2018年４月から保険適用が認められています。しかし、適用が認められるのは、岡山県や山梨県等の６病院での手術に限られ、また、手術前に保険適用外のホルモン治療を１度でも受けると制度上保険適用が受けられなくなってしまうこともあり、報道によると結局、適用開始後１年間で実際に保険適用を受けたのはわずか４件にとどまります。こうした経済的負担が変更の申立ての障害となっており、日本精神神経学会等が、2018年11月に、ホルモン治療にも保険適用を求める要望書を提出しましたが、実現に至っていません。

1997年に日本精神神経学会が発表した「性同一性障害に関する答申と提言」（いわゆるガイドライン）に沿って、精神科医の診断、身体治療の承認、身体治療といった段階を踏んで性別適合手術に至った場合は、通常問題なく性別変更の申立てに必要な診断書の作成を受けることができると考えられます。

また、海外で性別適合手術を受けたような、前記ガイドラインから外れたケースであっても、後に適切な医師の診断を受け、診断書等必要な書類を揃えることで、性別変更の要件を満たすことが可能となります。

3　戸籍上の性別の取扱いの変更後の生活（Q２）

性別の取扱いの変更の審判前に生じた身分関係・権利関係は、変更による影響を受けないので（特例法４条２項）、例えば、変更前の性別に基づき加入していた保険について、掛け金や受け取れる保険金額は、基本的には変更はありません。

これに対して、性別の取扱いの変更の審判後に生じる身分関係・権利関係においては、変更後の性別の者としての取扱いを受けることになります。

それゆえ、戸籍上の性別の取扱いの変更前に戸籍上同性であったパートナーとの婚姻が可能となります。ただし、事前に養子縁組をしていた同性パートナー同士は、現行民法上、離縁した後でも婚姻することはできません（民法736条）。

また、従前は、性別の取扱いの変更を行い男性となった者がその後婚姻し、生殖補助医療により子ができた場合でも、戸籍の記述から性別の取扱いの変更の事実がわかるため、その子は嫡出子としては認められず、父親の欄を空欄とする扱いになっていました。しかし、最高裁決定で、その場合でも嫡出子としての推定が及ぶものと認められました（最三小決平成25・12・10民集67巻９号1847頁〔28214169〕）。

ただし、戸籍上、特例法に基づく審判によって性別の変更をした事実、親との続柄の変更、変更前の名前に関する記述が残ってしまいます。

また、卒業証明書等は卒業時の情報に基づいて作成されることが多く、その場合、就職活動の際に、性別変更の事実が採用者側の知るところとなるおそれは残ります。医療機関の利用や、生命保険の加入の際など、性別変更の事実や服薬の状況等について告知する必要が出てくる場合も考えられます。

このように、性別の取扱いの変更の審判を受けても、生まれながらに変更後の性別であった者とは異なる取扱いを受ける場面もあり得ます。

なお、性別の変更の審判を受けた場合、戸籍、国民健康保険の場合の保険証、住民票の性別は、特に届出などしなくとも変更されますが、これに対して、パスポートは再発行が必要となります。

４　今後の課題（Ｑ３）

⑴　前記の戸籍上の性別の取扱いの変更の要件を法制化するに当たり、要件の当否については議論がありました。しかし、タイミングを逃すと、改めて法制化することが困難と考えられたことから、法制化が優先され、附則において施行後３年を目処に要件の修正を検討することとされました。

その後、戸籍上の性別の取扱いの要件について緩和が要請されています。

ア　例えば、日本においても法律上同性婚が認められれば、前記の２⑶の現に婚姻していないことの要件は不要となり得ます。

イ　前記２⑷の未成年の子の不在の要件について

当該要件については、段階を追って性別適合手術を受けるまでの姿を見ている子にとって、外観上変更された性別に記述を合わせるだけの戸籍上の性別の取扱いの変更が、子の福祉に影響を及ぼすということはあり得ないという批判があります。

さらに、未成年の婚外子について父親が認知しないままであれば、未成年の子の存在が戸籍上に現れないため、性別の取扱いの変更が認められ得ます。ところが、変更が認められた後に当該子を認知したような場合についての規定はなく、その場合、認知の遡及効からすれば、未成年の子がいる状態で性別の取扱いの変更が認められたことになると考えられます。この点、性別の取扱いの変更とは無関係の婚外子の有無や、その後の認知の有無といった事情によって、変更の可否の結論が分かれるとすれば、不合理な差別として法の下の平等原則に反するとの指摘も出されています。

長期間女性を自認し、女性の姿で生活して、性別適合手術も受けた戸籍上は男性のトランスジェンダーが、８歳の娘がいるものの、自身の性自認に基づいた法律上の地位で生活する権利は憲法上も保護されるべきであるとして、令和元年12月、神戸地裁尼崎支部に戸籍上の性別の取扱いの変更を申し立てましたが、その動向が注目されます。

ウ　前記２⑸の生殖不能手術等の要件について

㈎　当該要件について性別適合手術の経済的・肉体的負担に対し、実際に性器の外観等が社会生活上問題となり得る場面はせいぜい公衆浴場くらいと考えられ、性別適合手術を戸籍上の性別の取扱いの変更の要件から外すべきとの意見も出されています。

㈏　特例法制定後、以下のように国際情勢も変化しており、生殖能力の喪失を性別の取扱いの変更の要件とすることについて人権侵害とする見解が複数の国際機関等で示され、また、手術を要件としない国も増加しています。

世界保健機関（WHO）等は、2014年、公的文書における性別の変更のために生殖不能手術を要件とすることは、身体の不可侵性、自己決定及び人間の尊厳の尊重に反する旨の共同声明を発表しました。

欧州人権裁判所も、2017年４月６日判決で、フランスが出生証明書の性別表記の変更の要件として「外観の不可逆的変更」を挙げていることが、欧州人権条約８条の私生活を尊重される権利の完全な享受について、身体の不可侵性を尊重される権利の完全な享受を放棄するか否かにかからしめることにつき、対立利益と衡量して公正なバランスが保たれていないとして、同条違反と判断しました。

2020年５月現在、欧州では英独仏を含む27か国が生殖不能手術を不要としています。また、カナダでも、全州で、出生証明書の性別表記の変更に、性別適合手術が不要とされ、アメリカでも、2011年以降、パスポート等の連邦レベルでの性別表記の訂正について、手術が不要とされています。アルゼンチンでは、18歳以上なら誰でも自ら性別を選択でき、マルタ共和国等でも書類の記入のみで性別の変更が可能とされました。

(ウ)　日本では、戸籍上の性別は女性であるトランスジェンダーが、特例法の当該要件を満たしていないことを前提としつつ、同法が憲法13条に違反して無効であるとして、性別の取扱いの変更の審判を申し立て、却下されたために、特別抗告の申立てをした件で、最高裁は平成31年１月23日、同法の規定が現時点では憲法13条、14条１項に違反するとはいえないとして、棄却の決定を言い渡しました（最二小決平成31・1・23裁判集民261号１頁〔28270272〕）。ただし、同決定の補足意見において、特例法の施行から14年以上が経過し「国民の意識や社会の受け止め方にも、相応の変化が生じているものと推察」し、当該規定が憲法13条に違反する「疑いが生じていることは否定できない」としたうえで、前記の国際情勢も挙げつつ当該規定に関する問題を含め、「性同一性障害を取り巻く様々な問題について、更に広く理解が深まるとともに、一人ひとりの人格と個性の尊重という観点から各所において適切な対応がされることを望む」との意見が示されました（「性同一性障害者の性別の取扱いの特例に関する法律３条１項４号と憲法13条、14条１項」判例タイムズ1463号（2019年）74頁、「World Report2016 過渡期にある権利」Human Rights Watch（2016年））。

⑵ トランスジェンダーの中でも、性別適合手術までは望まない者や、性別の取扱いの変更の要件を満たしていない、あるいは高額な性別適合手術の費用が準備できないなど、望んでいても性別変更ができない者も少なくありません。

ところが、戸籍上の性別の取扱いの変更が可能となったことで、職場でのトランスジェンダーの希望する取扱い（トイレや更衣室の利用等）について、戸籍上の性別の変更を要件とするなど、従前よりも柔軟な対応がなされなくなることが懸念されます。

特例法の各要件が緩和される法改正が求められますが、それとともに、トランスジェンダーに対する社会における理解と戸籍上の性別の取扱いの変更の有無にかかわらない柔軟な対応が望まれます。

事例２　戸籍上の名前の変更の要件

戸籍上の性別は女性であるが性自認は男性であるトランスジェンダーが、通称で男性名を使用し、ホルモン治療を受けているものの、性別適合手術までは考えてはいません。ただし、戸籍上の名前が基準となるような病院での取扱いなど、自分の望む名前で日常生活を送ることができるよう、戸籍上の名前の変更を希望しています。

Q　戸籍上の名前を変更するため、どのような手続をとる必要がありますか。

A　戸籍上の名前の変更については、戸籍法107条の２において「正当な事由」がある場合に、家庭裁判所の許可を得て届け出ることにより可能となる旨が規定されています。そして、性同一性障害の診断を受け、かつ、改名後に希望する名前の使用の実績がある場合、あるいは、長期間にわたる通称名の使用実績がある場合には、「正当な事由」があるとして、名前の変更が認められているようです。

解　説

トランスジェンダーにおいて、未成年の子を有するなど、戸籍上の性別の取扱いの変更の要件を満たさない場合や、要件となる性別適合手術の経済的・肉体的な負担から、手術を望まない人もおり、戸籍上の性別の取扱いの変更を行っていない人は少なくありません。

そうした人が、自分の認識する性と異なる性に基づき付けられた自分の名前について違和感を覚える場合に、通称名で生活をすることがあります。

ただし、病院や会員登録など、戸籍上の名前が基準となるような場では、診察に当たり戸籍上の名前を呼ばれたり、必要な身分証を提示したりする際に、戸籍上の名前と外見との差異から好奇の目にさらされることもあり、そのことを苦痛に感じて、病院に行きたくても行けないという人もいます。

これに対し、一般的な身分確認の手段として用いられる自動車運転免許証上は性別の記載がないため、写真の外見と名前が自認する性に沿ったものとなれば、日常生活上、不快な思いをする場面を減らすことが可能となります。そこで、戸籍上の名前の変更が希望されます。

戸籍法107条の２の「正当な事由」があると認められるか否かに関し、性同一性障害という診断を受けた者については、改名後に希望する名前の使用実績があれば、改名が認められることが多いようです。

改名後の名前の使用実績の例としては、トランスジェンダーに理解のある病院における通称名での診察券や、作成に当たり身分証の確認が不要な会員証などがあります。使用実績の期間としては、おおよそ１年程度といわれていますが、それより短くても、改名が認められているケースもあります。

また、長期間にわたる通称名の使用実績がある場合には、性同一性障害との診断を受けていなくとも、改名が認められる場合があります。おおむね、５年ほどの使用実績があれば、改名が認められているようです。

そして、家庭裁判所で改名の許可が得られた場合は、市区町村役場に名の変更の届出をする必要があります。マイナンバーカードや国民健康保険証の名前の変更等にも、届出が必要となります。

なお、戸籍上の名前を変更しても、身分証明書類に性別の記載がある場合には、外観と性別の記載との差異による前記のような問題は残り得ます。

この点、健康保険証については、厚生労働省より「被保険者から被保険者証の表面に戸籍上の性別の記載をしてほしくない旨の申し出があり、やむを得ない理由があると保険者が判断した場合は、裏面を含む被保険者証全体として、戸籍上の性別が保健医療機関等で容易に確認できるよう配慮すれば、保険者の判断によって、被保険者証における性別の表記方法を工夫しても差し支えありません。」との通知が出されています（「国民健康保険被保険者証の性別表記について（回答）」（平成24年９月21日付保国発0921第１号））。健康保険の被保険者証による身分確認において、被保険者証の裏面まで確認されることは少ないと考えられます。そこで、被保険者証の戸籍上の性別の表記を裏面に記載してもらうことも、前記の問題を回避するための１つの手段となります。

参考文献

１．針間克己＝大島俊之ほか『プロブレムQ&A　性同一性障害と戸籍　性別変更と特例法を考える〈増補改訂版〉』緑風出版（2013年）
２．二宮周平「性同一性障害者の性別取扱いの変更申立てを却下した事例」判例タイムズ1204号（2006年）47頁

2 労働

(1) 採用に関する相談

事例1 採用の自由とその制約

私は人事部長をしており、新入社員の採用に関する責任者です。新入社員の採用面接において、応募者が、履歴書には戸籍上の性別である女性と記載しているが実はトランスジェンダーであると告白してきました。

これまで、従業員の中にLGBTがいるかもしれないということを特に意識したことがなく、LGBTに対応する環境も整っていないと思われることから、採用してよいものか悩んでいます。

Q

1 LGBTであるという理由で採用しないことには問題がありますか。

2 社員の募集や採用面接において、LGBTに関して確認や調査をすることには問題がありますか。

A

1 平等原則に反する不合理な差別を禁止する法令に抵触するおそれがある行為と解釈できるものであり、問題があるといえます。

2 応募者の適性や能力と関係ないプライバシー情報であるLGBTに関する確認や調査は、不法行為となり得るものであり、問題があるといえます。

解　説

1　LGBTに関する取組みの必要性

株式会社電通におけるダイバーシティ＆インクルージョン課題のソリューション開発専門タスクフォースとして活動する組織「電通ダイバーシティ・ラボ」による調査「LGBT調査2018」の結果（対象者６万名）によるとLGBT層に該当する人の割合は約8.9％であり、博報堂DYグループのベンチャープログラムで設立された株式会社LGBT総合研究所が2019年４月から５月にかけて実施した実態調査の結果（対象者42万8,036名、有効回答者数34万7,816名）によるとLGBT・性的少数者に該当する人の割合は約10％であるとされております。これらの調査結果により、性的マイノリティは一定の割合で存在していることがわかります。

前記調査結果によると10～11人に１人がLGBTを含む性的マイノリティであることになりますので、カミングアウトした者がいないとしても、会社内の従業員や就職希望者の中にLGBTがいないと考えるのは問題です。募集、採用及び就業の各場面で、LGBTに関する取組みを行う必要があります。

2　採用の自由に対する制約（不合理な差別の禁止）

労働契約は、労働者と使用者の合意によって成立するものであり（労働契約法６条）、いかなる者をいかなる条件で雇うかは、法律その他の特別の制限がない限り、原則として自由に決定することができます（「契約締結の自由を有し、自己の営業のために労働者を雇傭するにあたり、いかなる者を雇い入れるか、いかなる条件でこれを雇うかについて、法律その他による特別の制限がない限り、原則として自由にこれを決定することができる」と判示する判例として最大判昭和48・12・12民集27巻11号1536頁〔27000458〕（三菱樹脂事件））。

このように、使用者（会社）による社員の募集や採用は、原則として自由に行うことができるものといえますが、「法律その他による特別の制限」に基づく制約を受けることがあります。

この点、性別を理由とする差別の禁止については、「男女雇用機会均等法」５条では、「事業主は、労働者の募集及び採用について、その性別にかかわりなく均等な機会を与えなければならない」と規定されています。また、性別を理由とする差別の禁止については、厚生労働省の告示（「労働者に対する性別を理由とする差別の禁止等に関する規定に定める事項に関し、事業主が適切に対処するための指針」（平成18年厚生労働省告示第614号））があり、この指針では、①募集又は採用に当たって、その対象から男女のいずれかを排除する、②募集又は採用に当たって条件を男女で異なるものとする、③採用選考において、能力及び資質の有無等を判断する場合に、その方法や基準について男女で異なる取扱いをする、④募集又は採用に当たって男女のいずれかを優先する、⑤求人の内容の説明等募集又は採用に係る情報の提供について、男女で異なる取扱いをするなどは、原則として、男女雇用機会均等法５条に違反するとされています。

ほかにも、厚生労働省では、就職の機会均等を確保するために、応募者の基本的人権を尊重した公正な採用選考を実施するよう事業主に協力と努力を促しており、「公正な採用選考の基本」において、応募者の適性・能力とは関係ない事柄で採否を決定しないように注意喚起しています。

以上は、採用の自由（契約自由の原則）に対する制約であり、基本的人権になぞらえれば、憲法14条１項に規定する平等原則に違反する行為を禁止するものということもできます。そして、憲法14条１項の平等原則に違反する行為については、一般条項である「公の秩序」（民法90条）に反するものと評価される可能性があります。

3　LGBTであることを理由に採用しないことの是非（Q１）

それでは、所定の採用選考の基準は満たしている就職希望者について、

LGBTであることを理由に採用しないとすることは、前記２の内容に照らして問題があるのでしょうか。

まず、男女雇用機会均等法５条や厚生労働省の前記告示に規定する「性別による差別禁止」について、LGBTに関する差別禁止についても該当するかという問題があります。

「性別による差別禁止」は、日本国憲法14条１項の「性別」に関する平等原則に基づき、戦後、男女平等の施策の推進や国内法の整備の一環として実現してきたものといえます。その経過における社会的背景や文理的解釈からは、ここにいう「性別」は、直接には生物学的な性別を指すものと考えられ、LGBTに関する差別も該当すると考えるのは難しいということになります。他方で、例えば、ストレートの生物学的男性又は女性とLGBTの生物学的男性又は女性との「性別」による差別であると解釈すれば、LGBTに関する理解の進度に応じて、前記の「性別による差別禁止」の趣旨にはLGBTに関する差別禁止も含まれているということができます。

また、LGBTであることを理由とした差別は、憲法14条１項の「社会的身分」による差別であると考えることもできます。なぜなら、この「社会的身分」について、「人が社会において占める継続的な地位」（最大判昭和39・５・27民集18巻４号676頁〔27001913〕）と解する場合はもちろん、「出生によって決定された社会的地位又は身分」というように狭義に解する場合でも、LGBTは出生後の選択的な趣味趣向の問題ではなく、より生来的ないし本質的な性質、個性と捉えるべきものなので、LGBTに関する差別は「社会的身分」による差別であるということができるからです。

前記「公正な採用選考の基本」においても、「LGBT等性的マイノリティの方（性的指向及び性自認に基づく差別）など特定の人を排除しないことが必要」であるとされており、これは、採用の場面において、LGBTに関する差別が基本的人権の侵害になり得ることを示しているものと解釈できます。

以上のとおり、LGBTであることを理由に採用しないことは、平等原則に反する基本的人権を侵害する行為と評価し得るものであり、「公の秩序」（民法90

条)、男女雇用機会均等法５条等の不合理な差別を禁止する法令に抵触するおそれがあります。

4　社員の募集や採用面接においてLGBTに関して確認や調査をすることの是非（Q２）

使用者（会社）は、採用の自由の一環として、採否の判断の資料を得るために、応募者に対する調査を行う自由があります。すなわち、採否の決定に必要な事項を調査して、その情報を入手することが許されています。

ただし、応募者の適性や能力と無関係な情報について、不相当な方法で調査したり、入手したりすることには問題があり、その情報がプライバシー情報であるような場合には、応募者のプライバシー権を侵害する不法行為にもなります（本人の事前の同意なくＢ型肝炎ウイルス検査を行ったことについて、応募者のプライバシー権を侵害する不法行為であり100万円の慰謝料の支払を命じた裁判例として、東京地判平成15・６・20労働判例854号５頁〔28082582〕)。

この点、プライバシー権の概念（定義や要件）については、「宴のあと」事件（東京地判昭和39・９・28判タ165号184頁〔27421273〕）以後、ここで示された定義と要件を踏襲したり、変容したりした裁判例が多くありますが、LGBTであるという情報は、一般人の感受性を基準にして当該私人において公開を欲しないであろうと認められるようなプライバシーの保護が及ぶものであり、プライバシー情報ということができます。

そして、LGBTであることは、前記のとおり、「公正な採用選考の基本」において、応募者の適性・能力とは関係ない事柄で採否を決定しないように注意を促す中で、「LGBT等性的マイノリティの方（性的指向及び性自認に基づく差別）など特定の人を排除しないことが必要」であるとされていることからも明らかなとおり、応募者の適性や能力と無関係な情報であると考えられます。

したがって、社員の募集や採用面接において、応募者の適性や能力と関係ないプライバシー情報であるLGBTに関する確認や調査は、不法行為となり得るものであり、問題があるといえます。なお、例えば同性愛が禁止されている外国への出張が予定されている等、LGBTであることについて留意が必要な労働環境が予定されているような場合には、就職希望者に対する必要な情報提供の一環として、応募者にその事情を伝えるというような配慮は必要になると考えられます。

事例2 トランスジェンダーの性別詐称による内定取消し

私は、戸籍上の性別は「女性」ですが、性自認は「男性」であり、手術やホルモン治療を受けているため、外見からは「男性」にみられています。就職面接に当たり、履歴書や採用面接でも「男性」と申告したいと考えています。

Q 内定後、会社に、私の戸籍上の性別が「女性」だと判明した場合に、性別を詐称したとの理由で、内定取消しになることはありますか。

A 業務の遂行上、特定の性別でなければならない職務等の場合を除き、戸籍上の性別と異なる性別を申告したとの理由のみで、内定取消しはできないものと思われます。

解　説

1　採用と性別による差別

男女雇用機会均等法5条は、労働者の募集及び採用に係る性別を理由とする差別を禁止し、男女均等な取扱いを求めており、業務の遂行上、一方の性でなければならない職務等の場合を除き、募集・採用の対象から男女のいずれかを排除したり、募集・採用の条件を男女で異なるものとすることや、募集・採用に当たって男女のいずれかを優先することは禁止されています。それゆえ、例えば、会社が、人員バランスを考慮して男女別の採用人数を決めて採用したり、一般職について女性のみを採用するといったことは違法とされています。

なお、一般に、LGBTでないことを採用条件とすることは不当な差別的取扱いとなり、厚生労働省の発表している「公正な採用選考の基本」⑵オにおいても、「障害者、難病のある方、LGBT等性的マイノリティの方（性的指向及び性自認に基づく差別）など特定の人を排除しないことが必要です。特定の人を排除してしまうというのは、そこに予断と偏見が大きく作用しているからです。当事者が不当な取り扱いを受けることのないようご理解をいただく必要があります。」と明記されています（厚生労働省ホームページ（https://www.mhlw.go.jp/www2/topics/topics/saiyo/saiyo1.htm））。

また、近年では、トランスジェンダー等の性的マイノリティに配慮して、採用選考の際の応募用紙等から性別欄をなくして性別を不問とする企業も増加しつつありますし、全国の自治体の職員採用試験の受験申込書から性別欄を削除又は任意項目とする動きが広まっており、このような状況下においては、そもそも採用時に性別を申告させることの合理性・妥当性に疑問が生じてきているというべきです（第２章３Q32参照）。

2　性別の詐称と内定取消し

⑴　経歴詐称と内定取消し

内定段階では、内定者はまだ実際に就労しておらず、その就労能力の有無や適性等が判明しづらいことから、会社には、一定の範囲で労働契約の解約権が留保されていると解されており、この解約権行使事由すなわち内定取消事由として「経歴を詐称したとき」といった規定が就業規則等で定められていることがあります。

採用内定取消事由について、最高裁判決は、採用内定当時知ることができず、また知ることが期待できないような事実であって、これを理由として採用内定を取り消すことが解約権留保の趣旨・目的に照らして客観的に合理的と認められ、社会通念上相当として是認することができるものに限られると判示しています（最二小判昭和54・７・20民集33巻５号582頁〔27000194〕（大日本印刷事件））。

そして、経歴詐称を理由とする内定取消しができるのは、それが「重要な経歴の詐称」の場合に限定されると考えられており、「重要な経歴」とは、偽られた経歴につき通常の使用者が正しい認識を有していたならば、当該求職者につき労働契約を締結しなかったであろう経歴と解されます（東京高判昭和56・11・25判時1035号126頁〔27613083〕（日本鋼管鶴見造船所諭旨解雇事件））。

⑵ 性別詐称と内定取消し

外見が男性の求職者が、履歴書や採用面接において「男性」と申告していたのであれば、会社としては、当該求職者が戸籍上の性別が「女性」のトランスジェンダーであることは、形式的には「採用内定当時知ることができず、また知ることが期待できないような事実」に該当する可能性はあります。

しかしながら、前述のとおり、採用に当たっては、原則として戸籍上の性別によって差を設けることはできませんし、一部の職種を除き戸籍上の性別と労働能力には大きな関連はなく、前述のように、そもそも採用時に性別を申告させることの合理性・妥当性に疑問も生じています。また、仮に、会社がトランスジェンダーの内定者の戸籍上の性別を正しく認識していたならば労働契約を締結していなかったというのであれば、会社がトランスジェンダーであることを理由とする差別的取扱いをしたと評価されてもやむを得ません。

加えて、内定者の経歴詐称をどこまで非難できるかという観点からすると、LGBTへの理解が十分とは言い難い日本の現状において、外見が男性のトランスジェンダーが、採用面接の際に戸籍上の性別（女性）を申告することで、会社から奇異な目でみられないか、性的少数者として差別を受けて就職できなくなるのではないかと不安になり、就職したい一心で、戸籍上の姓と異なる性別を記載してしまうということは想像に難くなく、同情すべき点が多々あります。

⑶　参考事案

なお、性同一性障害の診断を受けていた戸籍上の性別が女性のトランスジェンダー（FTM）が、採用面接の際に実施された「性格診断テスト」の性別記載欄に男性と記入して提出し、その後内定を受けていたところ、入社日に出勤し、健康保険の手続のために提出した年金手帳の記載から戸籍上の性別が会社に判明し、翌日採用取消し（解雇）を告げられたという、労働局のあっせん事案があります。

この事案では、在日朝鮮人の社員が、採用面接の際に、「氏名」として日本での通称名を、「本籍」として日本における出生地を記載したことを理由に使用者が行った解雇処分が無効とされた裁判例（横浜地判昭和49・６・19労働民集25巻３号277頁〔27612465〕（日立製作所事件））を参考に、あっせん委員が、性同一性障害を有する者についても同じような精神で考える必要があるのではないかとの配慮から、あっせん案を提示し、合意に至っています（賃金約1.5か月分の金銭支払による解決）。

なお、前記の裁判例では、「原告が被告会社に就職したい一心から、自己が在日朝鮮人であることを秘匿して、日本人らしく見せるために氏名に通用名を記載し、本籍に出生地を記載して申告したとしても、前記のように、原告を含む在日朝鮮人が置かれていた状況の歴史的社会的背景、特に、我が国の大企業が特殊の例外を除き、在日朝鮮人を朝鮮人であるというだけの理由で、これが採用を拒みつづけているという現実や、原告の生活環境等から考慮すると、原告が右詐称等に至つた動機は極めて同情すべき点が多い。」「原告が前記のように『氏名』、『本籍』を詐称したとしても（その結果、被告会社は原告が在日朝鮮人であることを知ることができなかつたとしても）、これをもつて被告会社の企業内に留めておくことができないほどの不信義性があり、とすることはできないものといわなければならない。」と指摘されています。このような視点からしても、求職者がトランスジェンダーの場合に、そのことを隠して就職活動をすること自体は同情すべき、やむを得ない事情があるといえ、その一事をもって不信義性があるとは言い難いと考えられます。

⑷ 本事例の当てはめ

このような状況を考えると、本事例において、トランスジェンダーが、戸籍上の性別と異なる性別を記載したという一事をもって採用内定を取り消すことは、「解約権留保の趣旨・目的に照らして客観的に合理的と認められ、社会通念上相当として是認することができる」と言い難く、内定取消しが認められない可能性が高いと考えられます。

参考文献

1．内藤忍「職場における性的指向・性自認（SOGI）に関する問題と法政策の課題」労働調査561号（2017年）７頁～８頁

2．岡芹健夫＝帯刀康一「判例・事例に学ぶ職場におけるLGBTへの対応」労働事情1318号（2016年）17頁

3．渡辺章『個別的労働関係紛争あっせん録』労働法令協会（2007年）109頁～114頁

4．寺原真希子編集代表『ケーススタディ　職場のLGBT　場面で学ぶ正しい理解と適切な対応』ぎょうせい（2018年）72頁～73頁

5．三成美保編著『LGBTIの雇用と労働　当事者の困難とその解決方法を考える』晃洋書房（2019年）155頁～156頁

⑵　採用後の不利益措置に関する相談

事例１　服装等を理由とするトランスジェンダーへの不利益措置

営業職のベテラン男性社員が、最近になってトランスジェンダーであることをカミングアウトし、以降、女性の化粧、服装で取引先を訪問するようになりました。取引先からは、男性社員の外見のことでクレームが来ており、対応に困っています。

Q

１　男性社員に対して、女性の化粧、服装（女装）で勤務しないよう指示しましたが、これに従いません。業務命令、服務規律違反との理由で解雇できますか。

２　男性社員を、取引先とのトラブル防止という理由で、営業職から内勤に異動させるとの配転命令を出すことはできますか。

A

１　女装での勤務を禁止する内容の業務命令の合理性が認められる可能性はありますが、この業務命令違反を理由に解雇するには、解雇の相当性が必要となりますので、対応に注意が必要です。

２　配転命令に、男性社員に対する嫌がらせ、差別等の目的が含まれている場合や、配転の結果、男性社員に著しい不利益を負わせることになる場合には、配転命令は権利濫用として無効となります。

解　説

１　LGBTの労働問題

現在、LGBTの労働条件等に係る特別法は存在しないため、LGBTの雇用に関する問題は、労働基準法その他の既存の法律によって規律されることになります。その意味では、一般的な労働問題と同じです。

しかしながら、2015年３月には、国会において「LGBTに関する課題を考える議員連盟」が与野党の枠を超えて設立され、2018年12月には「性的指向又は性自認を理由とする差別の解消等の推進に関する法律案」が野党５党１会派から衆議院に提出されており（2020年10月現在審議中）、近い将来、LGBTの差別解消に関する法律が制定されることも十分あり得る状況です。また、2020年６月に施行されたいわゆる「パワハラ防止法」の改正法では、職場におけるパワハラの中に、性的指向・性自認に関するハラスメントが含まれることが明記されました。

会社としては、これらを考慮したうえで、LGBT社員との間で労働問題の解決に当たることが望まれます。

2　業務命令・服務規律違反に基づく解雇（Q１）

(1)　解雇の有効性判断

使用者には、労働者に対して、業務に関して必要な指示命令（業務命令、服務命令）を発する権限があります。この命令が合理的で相当なものである限り、労働者はこれに従う義務があり、労働者が従わない場合は、業務命令違反、服務規律違反として、就業規則の規定に基づき懲戒解雇又は普通解雇を行うことが考えられます。

しかしながら、懲戒処分については、労働者の行為の性質及び態様その他の事情に照らして、客観的に合理的な理由を欠き、社会通念上相当であると認められない場合は、権利濫用として無効になるとされています（労働契約法15条）。また、普通解雇の場合も、同様に、解雇について客観的に合理的な理由を欠き、社会通念上相当であると認められない場合は、権利濫用として無効となるとされていますので（労働契約法16条）、懲戒解雇、普通解雇のいずれを選択する場合でも、その有効性判断はほぼ同じといえます。

いずれにしても、単に、男性社員がトランスジェンダー（LGBT）であるということだけを理由とする解雇には、通常は、客観的に合理的な理由がないことは明らかでしょう。

⑵　本件業務命令の合理性・相当性

そもそも、本事案のケースで、トランスジェンダーの男性社員に対して、女装で勤務しないようにとの業務命令をすることは、合理的で相当なものといえるのでしょうか。

この点、性同一性障害の従業員（X）が、使用者（Y）に対して、女装で出勤しないようにとの業務命令に従わなかったことが１つの理由となってなされた懲戒解雇処分等の無効を求めた事案（Ｓ社解雇事件・東京地決平成14・６・20労働判例830号13頁〔28072316〕）において、裁判所は、「一般に、労働者が使用者に対し、従前と異なる性の容姿をすることを認めてほしいと申し出ることが極めて稀であること、本件申出が、専らＸ側の事情に基づくものである上、Ｙ及びその社員に配慮を求めるものであることを考えると、Ｙが、Ｘの行動による社内外への影響を憂慮し、当面の混乱を避けるために、Ｘに対して女性の容姿をして就労しないよう求めること自体は、一応理由がある」と判示しています。

この裁判例を参考にする限り、女装での勤務を禁止する内容の業務命令も、少なくとも、LGBTに対する社会の理解が進んでいない現在の日本においては、合理性が認められる可能性が高いと考えられます。

⑶　解雇の可否

女装で勤務しないようにとの業務命令が合理的かつ相当であれば、男性社員がこの命令に従わない以上、男性社員の行為は業務命令違反・服務規律違反に該当することになりますが、これらの違反を理由として解雇ができるかどうか（解雇の相当性が認められるか）は、慎重な判断が必要となります。

前掲のＳ社解雇事件においては、裁判所は、男性（Ｘ）が性同一性障害として、精神的、肉体的に女性として行動することを強く求めており、他者から男性としての行動を要求され又は女性としての行動を抑制されると多大な精神的苦痛を被る状態にあったことからすると、Xが使用者（Y）に対して女装で就労することを認め、これに伴う配慮をしてほしいと求めることは、相応の理由があると判断したうえで、「Y社員がXに抱いた違和感及び嫌悪感は、……Xにおける上記事情を認識し、理解するよう図ることにより、時間の経過も相まって緩和する余地が十分あるものといえる。」、「また、Yの取引先や顧客がXに抱き又は抱くおそれのある違和感及び嫌悪感については、Yの業務遂行上著しい支障を来すおそれがあるとまで認めるに足りる的確な疎明はない。」、「のみならず、Yは、……Xの性同一性障害に関する事情を理解し、本件申出に関するXの意向を反映しようとする姿勢を有していたとも認められない。」、「そして、Yにおいて、Xの業務内容、就労環境等について、本件申出に基づき、Y、X双方の事情を踏まえた適切な配慮をした場合においても、なお、女性の容姿をしたXを就労させることが、Yにおける企業秩序又は業務遂行において、著しい支障を来すと認めるに足りる疎明はない。」として、Xによる服務命令違反行為は、懲戒解雇事由には該当するが、懲戒解雇に相当するまで重大かつ悪質な企業秩序違反であると認めることはできないと判断しています。

よって、本事例で解雇の相当性は認められるか否かは、前記裁判例の判断基準を参考に、個別事案ごとに検討する必要がありますが、前記裁判例の趣旨からすると、担当先の変更や配置転換をする等、男性社員の意向を反映した業務内容、就労環境等につき適切な配慮をせずに、いきなり懲戒解雇をする場合には、相当性は認められない可能性が高いと思われます。

3　配転命令の有効性（Q2）

(1)　配転命令の有効性判断

使用者は、労働協約や就業規則に配転があり得る旨の定めが存在し、かつ、実際にも配転が行われており、採用時に勤務場所や職種を限定する合意がなされていなかった場合には、労働者の個別的同意なく配転を命じることができます。

ただし、配転命令について、①業務上の必要性がない場合、②他に不当な動機・目的が認められる場合、③労働者に対し通常甘受すべき程度を著しく超える不利益を負わせるものである場合には、当該配転命令は権利濫用として無効になるとされています（東亜ペイント事件・最二小判昭和61・７・14労働判例477号６頁〔27613417〕）。

よって、男性社員がトランスジェンダーであるという理由だけで、差別的な配転命令をすることは許容されません。

⑵　配転命令の可否

本事例のように、現に、トランスジェンダーの男性社員の行動に起因して取引先からクレームが出ているという場合は、抽象的には会社の利益を害しているので、配転命令を出すことについて「業務上の必要性がある」といえるかもしれません。

しかしながら、前述のとおり、前掲事案（Ｓ社解雇事件）では、取引先等が、（女装した）男性社員に対して有する嫌悪感等によって、使用者の業務遂行上著しい支障を来すおそれがあるとまで認めるに足りる的確な疎明はないことを、懲戒解雇の相当性なしと判断した根拠の１つに挙げていることからすると、配置転換における「営業上の必要性」の判断においても、配転命令を出さないことによって、使用者の業務遂行上著しい支障を来すおそれがあるか否かが、１つの判断基準になると思われます。

また、現時点では、トランスジェンダーに対する理解がそれほど深まっておらず、比較的容易に差別が発生し得る状況にあることを考えると、例えば、カミングアウトを受けてすぐに男性社員を他部署へ異動させたような場合には（とりわけ、いわゆる「窓際」に異動させた場合には）、トランスジェンダーであるとの理由で配転命令を行った、あるいは、男性社員を退職に追い込む等の不当な目的があった、と判断される可能性が高いように思われます。

そこで、会社としては、取引先からのクレームがきたからといって直ちに内勤への配転命令を出すべきではなく、まずは、配転を行わずに済むための方法を男性社員との間で十分検討、実行し（例えば、取引先に対して事情を説明して理解を求める、男性社員の担当先をLGBTに理解のある取引先に限定する、男性社員との間で、一定の取引先については女性の化粧、服装で外出しないとの合意をする等）、それでも問題が解消されない場合には、男性社員にとってなるべく不利益の少ない部署への配置転換を検討するという手順をとるべきでしょう。

参考文献

1．中山慈夫編『Q＆A解雇・退職トラブル対応の実務と書式』新日本法規（2011年）221頁～224頁、250頁～257頁
2．渡邊岳『詳細！最新の法令・判例に基づく「解雇ルール」のすべて』日本法令（2009年）117頁～186頁
3．岡芹健夫＝帯刀康一「判例・事例に学ぶ　職場におけるLGBTへの対応」労務事情1318号（2016年）16頁～18頁
4．大阪弁護士会人権擁護委員会　性的指向と性自認に関するプロジェクトチーム『LGBTsの法律問題Q＆A』弁護士会館ブックセンター出版部LABO（2016年）92頁～94頁
5．LGBT支援法律家ネットワーク出版プロジェクト編著『セクシュアル・マイノリティQ＆A』弘文堂（2016年）146頁～151頁
6．帯刀康一編著『知らないでは済まされない！LGBT実務対応Q&A　職場・企業、社会生活、学校、家庭での解決指針』民事法研究会（2019年）26頁～28頁、114頁～116頁
7．寺原真希子編集代表『ケーススタディ　職場のLGBT　場面で学ぶ正しい理解と適切な対応』ぎょうせい（2018年）78頁～83頁

事例２　採用後のカミングアウトと経歴詐称

当社は、同性愛行為を処罰する法律のあるＡ国と取引をしているため、採用時に、同性愛者の場合は海外赴任が予定されている部署での勤務ができないことを伝えています。ところが、ある社員にＡ国への転勤を命じたところ、今になってから、実は同性愛者であるとカミングアウトされ、Ａ国への転勤を拒否されました。

Q　**同性愛者と知らずに、この社員を海外赴任が予定される部署に配転したことで、当該部署への人員の再配転が必要となり困っています。この社員を、経歴詐称を理由に解雇できますか。**

A　同性愛者であることを知っていれば、労働契約を締結しなかったことが確実という特段の事情がない場合には、解雇は困難と思われます。仮に、特段の事情が認められる場合であっても、他の代替措置をとる等の措置を十分施すことが前提として必要となります。

解　説

1　経歴詐称に基づく解雇

⑴　採用時の情報提供

一般に、LGBTであることを理由に採用しないこと（LGBTでないことを採用の条件としていること）は不当な差別的取扱いとなり得ますし、また社員の募集や採用面接に当たり、LGBTに関して確認、調査をすることは、プライバシー情報の調査となり、不法行為に該当する可能性があります。しかしながら、本件のように、同性愛が禁止されている外国への赴任が予定されている等、同性愛者に留意が必要な労働環境が予定されているような場合には、就職希望者に対する必要な情報提供の一環として、LGBTに関する事情を伝えるというような配慮は必要になるものと考えられます。

他方、会社としても、同性愛が禁止されている外国が主たる取引先であるにもかかわらず、社員が同性愛者であるとの理由で派遣できないことは業務遂行上支障を来すことは明らかであり、また、会社は社員に対して安全配慮義務を負っている以上、同性愛行為が処罰される地域へ、同性愛者と判明した社員を赴任させることは差し控えざるを得ないということを考えると、会社の事業の特殊性から、同性愛者については、海外赴任の可能性のある部署での勤務はできない旨を明言して採用活動をすることには、一応の合理性、相当性があると考えられます。

⑵ 経歴詐称による解雇の可否

それでは、本事例のように、社員が同性愛者であることを秘匿して海外赴任の可能性のある部署に配転された後に、同性愛者であることを理由にA国への赴任を拒否した場合、会社は、その社員を、経歴詐称との理由で解雇することはできるでしょうか。

多くの就業規則では、経歴詐称が懲戒事由とされており、通常は、「重要な経歴を偽り、その他不正な方法を用いて採用されたとき」といった規定が設けられています。この「重要な経歴」とは、偽られた経歴について、通常、使用者が正しい認識を有していたならば、当該求職者について、労働契約を締結していなかったであろう経歴を指す、とされています（日本鋼管鶴見造船所論旨解雇事件・東京高判昭和56・11・25判時1035号126頁、労働判例377号30頁〔27613083〕）。

同性愛者であることが、通常の意味における「経歴」と同視できるかはともかくとして、本事例の会社の場合、同性愛者であるとの認識を有していたならば、この社員を海外赴任の可能性のない内勤職などに配転していたと考えられますが、この社員とは労働契約を締結することはなかったとまではいえないように思われます（内勤等での就労可能性があり得るからです）。

そのため、同性愛者であることが業務上問題となることを認識しながら、あえて秘匿していた（あるいは、同性愛者ではないと積極的に申告していた）という場合でも、経歴詐称に直ちに該当するとはいえず、社員全員が海外赴任を予定しているといった特段の事情がない限り、懲戒解雇を正当化する客観的に合理的な理由まではないと考えられます（ただし、戒告等のより軽微な懲戒処分ができるかは別問題です）。

よって、本事例の場合、まずは、この社員をＡ国以外の国へ赴任させることができないか、それができない場合には、海外派遣のない他の部署で勤務させることができないかを順次検討し、この社員がこれらの異動をすべて拒否したという場合には、その段階で、改めて業務命令違反等を理由とする解雇の可能性を検討することになります。

参考文献

１．中山慈夫編『Q＆A解雇・退職トラブル対応の実務と書式』新日本法規（2011年）221頁～224頁、250頁～257頁

２．渡邊岳『詳細！最新の法令・判例に基づく「解雇ルール」のすべて』日本法令（2009年）117頁～186頁

３．岡芹健夫＝帯刀康一「判例・事例に学ぶ　職場におけるLGBTへの対応」労務事情1318号（2016年）16頁～19頁

４．大阪弁護士会人権擁護委員会　性的指向と性自認に関するプロジェクトチーム『LGBTsの法律問題Q＆A』弁護士会館ブックセンター出版部LABO（2016年）92頁～94頁

５．LGBT支援法律家ネットワーク出版プロジェクト編著『セクシュアル・マイノリティQ＆A』弘文堂（2016年）146頁～151頁

(3) 就業環境等に関する問題

事例1 服装、通称、設備の使用

トランスジェンダーの労働者から、①見た目と異なる制服を着用したい、②心の性に適合する通称を使用したい、③トイレや更衣室等について、心の性に適合する設備を使用したい、という申入れがありました。

Q

1 トランスジェンダーの労働者から、見た目と異なる制服を着用したいとの申入れがあった場合、会社としてどのように対応したらよいでしょうか。

2 トランスジェンダーの労働者から、心の性に適合する通称を使用したいとの申入れがあった場合、会社としてどのように対応したらよいでしょうか。

3 トランスジェンダーの労働者から、トイレや更衣室等について、心の性に適合する設備を使用したいとの申入れがあった場合、会社としてどのように対応したらよいでしょうか。

A

1 会社においては、単に会社の都合のみを重視し、安易に見た目と異なる制服の着用を禁止することなく、トランスジェンダーの労働者の事情を十分に汲み取り、見た目と異なる制服の着用を認めると企業秩序又は業務遂行において支障を来すかどうかという視点で検討し、判断すべきものと考えられます。

2 トランスジェンダーの労働者の意向に配慮し、通称を使用する場面と戸籍名を使用する場面を分けて、通称を認めつつ、どうしても戸籍名を使用させなければならず通称の使用を制限し戸籍名の使用を命じる場合には、合理性があるかどうかを慎重に検討する必要があると考えられます。

３　心の性に適合する設備の使用を認めないことが企業の円滑な運営上必要かつ合理的か否かが１つの判断基準となりますが、会社としては難しい判断を迫られるものと思います。トラブルを生じさせないためには、トランスジェンダーの労働者からの申入れに対しては、当該労働者と十分に協議をし、できる限りの解決策を模索し、真摯に対応することが大切であると考えます。

解　説

１　企業秩序

「企業は、その存立を維持し目的たる事業の円滑な運営を図るため、それを構成する人的要素及びその所有し管理する物的施設の両者を総合し合理的・合目的的に配備組織して企業秩序を定立し、この企業秩序のもとにその活動を行う」存在です（最三小判昭和54・10・30民集33巻６号647頁〔27000191〕）。そのため、「企業秩序は、企業の存立と事業の円滑な運営の維持のために必要不可欠なものであり、企業は、この企業秩序を維持確保するため、これに必要な諸事項を規則をもつて一般的に定め、あるいは具体的に労働者に指示、命令することができ」ます（最三小判昭和52・12・13民集31巻７号1037頁〔27000263〕）。

しかし、企業秩序を維持するために定める規則や指示・命令は、無限定に許容されるものではなく、「企業の円滑な運営上必要かつ合理的なものであることを要」します（菅野和夫『労働法〈第12版〉』弘文堂（2019年）694頁）。特に、トランスジェンダー等のLGBTが抱える悩みは、人格権に関わるものであるため、規則等がLGBTの権利を侵害することのないよう、労働者の人格的利益に配慮した慎重な検討を必要とします。

2 服装について（Q1）

トランスジェンダーの労働者から、見た目と異なる制服を着用したいとの申入れがあった場合、会社としてどのように対応したらよいでしょうか。

⑴ 裁判例

ア 性同一性障害者の労働者の服装が問題となった事例として、次のような裁判例（東京地決平成14・6・20労働判例830号13頁〔28072316〕（以下、「裁判例①」といいます））があります。

イ 事案の概要

従前は男性の容姿として就労していた性同一性障害の労働者が、女性の容姿で就労することを使用者に求め、実際に女性の容姿にて就労しました。これに対して、使用者は、当該労働者に対し、女性の容姿をしての就労を禁止し、自宅待機を命じました（以下、「本件服務命令」といいます)。しかし、当該労働者は、本件服務命令に従わずに、女性の容姿をして出社を続けました。使用者は、本件服務命令に従わなかったこと等を理由に、当該労働者を懲戒解雇しました。

使用者が主張した解雇事由の1つである本件服務命令違反行為について、裁判所は次のように判断しました。

ウ 使用者側の事情

当該労働者は、従前は男性として、男性の容姿をして債務者に就労していたが、突然、女性の容姿をして出社し、使用者が当該労働者のこのような行動を全く予期していなかったであろうことを考えると、使用者社員は、女性の容姿をした当該労働者を見聞きして、ショックを受け、強い違和感を抱いたものと認められる。

そして、使用者社員の多くが、当時、当該労働者がこのような行動をするに至った理由をほとんど認識していなかったであろうことに加え、一般に、身体上の性と異なる性の容姿をする者に対し、その当否はさておき、興味本位で見たり、嫌悪感を抱いたりする者が相当数存すること、性同一性障害者の存在、同障害の症例及び対処方法について、医学的見地から専門的に検討され、これに関する情報が一般に提供されるようになったのが、最近になってからであることに照らすと、使用者社員のうち相当数が、女性の容姿をして就労しようとする当該労働者に対し、嫌悪感を抱いたものと認められる。

また、使用者の取引先や顧客のうち相当数が、女性の容姿をした当該労働者を見て違和感を抱き、当該労働者が従前に男性として就労していたことを知り、当該労働者に対し嫌悪感を抱くおそれがあることは認められる。

さらに、一般に、労働者が使用者に対し、従前と異なる性の容姿をすることを認めてほしいと申し出ることが極めて稀であること、本件申出が、専ら当該労働者側の事情に基づくものであるうえ、使用者及びその社員に配慮を求めるものであることを考えると、使用者が、当該労働者の行動による社内外への影響を憂慮し、当面の混乱を避けるために、当該労働者に対して女性の容姿をして就労しないよう求めること自体は、一応理由があるといえる。

エ　当該労働者側の事情

当該労働者が、性同一性障害（性転換症）との診断を受け、精神療法等の治療を受けていること、妻との調停離婚が成立したこと、医師が作成した診断書において、当該労働者について、女性としての性自認が確立しており、今後変化することもないと思われること、職場以外において女性装による生活状態に入っている旨記載されていること、当該労働者が、家庭裁判所の許可を受けて、戸籍上の名を通常、男性名から女性名とも読める名前に変更したこと等の事情がある。

そして、性同一性障害（性転換症）は、生物学的には自分の身体がどちらの性に属しているかを認識しながら、人格的には別の性に属していると確信し、日常生活においても別の性の役割を果たし、別の性になろうという状態をいい、医学的にも承認されつつある概念であることが認められ、また、当該労働者が、幼少の頃から男性として生活し、成長することに強い違和感を覚え、次第に女性としての自己を自覚するようになったこと、当該労働者は、性同一性障害として精神科で医師の診療を受け、ホルモン療法を受けたことから、精神的、肉体的に女性化が進み、男性の容姿をして使用者の会社で就労することが精神、肉体の両面において次第に困難になっていたことが認められる。

これらによれば、当該労働者は、本件申出をした当時には、性同一性障害（性転換症）として、精神的、肉体的に女性として行動することを強く求めており、他者から男性としての行動を要求され又は女性としての行動を抑制されると、多大な精神的苦痛を被る状態にあったということができる。そして、このことに照らすと、当該労働者が使用者に対し、女性の容姿をして就労することを認め、これに伴う配慮をしてほしいと求めることは、相応の理由があるものといえる。

オ　判断

このような当該労働者の事情を踏まえて、使用者の主張について検討すると、使用者社員が当該労働者に抱いた違和感及び嫌悪感は、当該労働者における事情を認識し、理解するよう図ることにより、時間の経過も相まって緩和する余地が十分あるものといえる。

また、使用者の取引先や顧客が当該労働者に抱き又は抱くおそれのある違和感及び嫌悪感については、使用者の業務遂行上著しい支障を来すおそれがあるとまで認めるに足りる的確な疎明はない。

のみならず、使用者は、当該労働者に対し、本件申出を受けてからこれを承認しないと回答するまでの約１か月間、本件申出について何らかの対応をし、また、この回答をした際にその具体的理由を説明しようとしたとは認められないうえ、その後の経緯に照らすと、当該労働者の性同一性障害に関する事情を理解し、本件申出に関する当該労働者の意向を反映しようとする姿勢を有していたとも認められない。

そして、使用者において、当該労働者の業務内容、就労環境等について、本件申出に基づき、使用者、当該労働者双方の事情を踏まえた適切な配慮をした場合においても、なお、女性の容姿をした当該労働者を就労させることが、使用者における企業秩序又は業務遂行において、著しい支障を来すと認めるに足りる疎明はない。

以上によれば、当該労働者債権者による本件服務命令違反行為は、懲戒解雇に相当するまで重大かつ悪質な企業秩序違反であると認めることはできない。

⑵　申入れに対する対応について

裁判例①を前提としますと、女性の容姿をして就労しないよう求めること自体は一応理由があるとされており、解雇事由とはならないまでも、見た目と異なる制服の着用を禁止すること自体が全く認められないわけではないと考えられます。

ただし、使用者社員が当該労働者に抱いた違和感及び嫌悪感は、当該労働者における事情を認識し、理解するよう図ることにより、時間の経過も相まって緩和する余地が十分あると指摘されています。裁判例①は20年近く前の判断であることから考えると、現在においては、その理解もより一層進んでいるものと考えられます。

また、裁判例①では、使用者側の対応や姿勢についても指摘されています。会社においては、トランスジェンダーの事情を十分に理解し、トランスジェンダーの労働者の意向を反映しようとする姿勢が求められているといえます。

裁判例①は、懲戒解雇の事例ですので、女性の容姿をして就労しないよう求めること自体の適否の判断ではありませんが、トランスジェンダーの労働者から、見た目と異なる制服を着用したいとの申入れがあった場合に、着用を禁止できるか否かの判断において、企業秩序や業務遂行に支障を来すかどうかという視点が参考となります。

すなわち、裁判例①に指摘されているように、取引先や顧客が抱き又は抱くおそれのある違和感及び嫌悪感により、業務遂行上著しい支障を来すおそれがあるか、また、トランスジェンダーの労働者について、会社と労働者双方の事情を踏まえた適切な配慮をした場合においても、見た目と異なる制服の着用を禁止することが会社における企業秩序又は業務遂行において支障を来すかどうかを検討する必要があるといえます。そして、その命令に違反する行為に基づいて懲戒解雇する場合には、「著しい支障を来すかどうか」が１つの基準になるものと思われます。

会社においては、単に会社の都合のみを重視し、安易に見た目と異なる制服の着用を禁止することなく、トランスジェンダーの労働者の事情を十分に汲み取り、見た目と異なる制服の着用を認めると企業秩序又は業務遂行において支障を来すかどうかという視点で検討し、判断すべきものと考えられます。

3　通称について（Q２）

トランスジェンダーの労働者から、心の性に適合する通称を使用したいとの申入れがあった場合、会社としてどのように対応したらよいでしょうか。

⑴　裁判例

ア　戸籍名ではない通称の使用が問題となった裁判例として、旧姓の使用について判断された次のような裁判例があります。

イ　東京地判平成５・11・19判タ835号58頁〔27818001〕(以下、「裁判例②」といいます)

㈠　事案の概要

国立大学教授の教授が、結婚前の旧姓名を用いて研究活動をし、大学に対して、各種文書、ポスターや情報等に旧姓名を使用することを申し入れていました。

これに対し、大学側は、当該教授の氏名について、文書等ごとに、次のような氏名の取扱いについての基準（以下、「本件取扱文書に定める基準」といいます）を策定し、①人事記録に基づく発令行為等は戸籍上の氏名の使用によらなければならないものとして、②学内施設の利用申請に関する書類等は戸籍上の氏名又はこれに括弧書で旧姓名を付したものによる必要があるものとして、③研究活動等の公表物等は、旧姓名又はこれに括弧書で戸籍上の姓名を付したものによる必要があるものとして、取り扱いました。

そこで、当該教授は国らに対して、旧姓名の使用や損害賠償等を求めました。

(イ)　判断

当該教授の氏名を本件取扱文書に定める基準により取り扱うこととしたことの適否について、裁判所は次のとおり判断しました。

「個人の同一性を識別する機能において戸籍名より優れたものは存在しないものというべきであるから、公務員の同一性を把握する方法としてその氏名を戸籍名で取り扱うことは極めて合理的なことというべきである。

そうであれば、本件取扱文書に定める基準は公務員の同一性を把握するという目的に配慮しながらも、他方、研究、教育活動においては当該教授が以前から使用してきた氏名を表示することができるようにも配慮されたものであり、その目的及び手段として合理性が認められ、何ら違法なものではない。

また、当該教授は、本件取扱文書に定める基準による取扱いは、通称名を保持する権利あるいは右通称名をその意思に反して奪われない権利を妨げるものであり、憲法13条に違反するものであると主張する。

しかしながら、公務員の服務及び勤務関係において、婚姻届出に伴う変動前の氏名が通称名として戸籍名のように個人の名称として長期的にわたり国民生活における基本的なものとして根付いているものであるとは認めることができず、また、右通称名を専用することはいまだ普遍的とはいえず、個人の人格的生存に不可欠なものということはできないものというべきである。

したがって、立法論としてはともかく、当該教授主張に係る氏名保持権（右通称名ないし婚姻による変動前の氏名を使用する権利）が憲法13条によって保障されているものと断定することはできないから、同法条に違反するものと認めることはできない。」

(ウ)　大阪地判平成14・3・29労働判例829号91頁〔28250896〕（以下、「裁判例③」といいます）

会社が従業員に対し婚姻性を名乗ること等を内容とする通告書を交付した点について、裁判所は次のとおり判断しました。

「婚姻した姓の使用については、そもそも自己に対しいかなる呼称を用いるかは個人の自由に属する事項であることからすれば、合理的な理由もなくこれを制限することは許されない。

会社は、夫の退職に伴い、婚姻姓を名乗っても支障がなくなったのだから、婚姻姓を名乗るように指示したと主張するが、会社の業務において、特に婚姻姓を名乗らなければならない必要性は証拠上認められないことからすれば、従業員に対し婚姻姓の使用を求める合理的な理由はないといわざるを得ず、通告書という形式で、会社が、従業員に対し、婚姻姓の使用を命じたことは、従業員の人格権を違法に侵害するものであるから、これは会社による従業員に対する不法行為となる。」

(2)　裁判例②では、他人に通称名の使用を禁止されないという権利は認めませんでした。そのため、多数の公務員の同一性を把握する方法としてその氏名を戸籍名で取り扱うことは極めて合理的であるとしています。

他方で、大学が通称の使用を一切認めていないというわけではなく、研究、教育活動においては、当該教授が以前から使用してきた氏名を表示することができるようにしていることから、目的及び手段として合理性があるとしました。

裁判例③では、より積極的に、自己に対しいかなる呼称を用いるかは個人の自由に属する事項であることからすれば、合理的な理由もなくこれを制限することは許されないとしています。

これらの裁判例を前提としますと、トランスジェンダーの労働者から、心の性に適合する通称を使用したいとの申入れがあった場合、一律に通称の使用を禁止することは違法となる可能性があり、禁止する場合には、合理的な理由が必要になると考えられます。特に、トランスジェンダーの場合、心と異なる性別に扱われることにより多大な精神的苦痛を被る可能性があり人格的利益に直結します。

他方で、会社においては、人事や労務等の管理に当たり、同一性の把握等の必要のため、戸籍名にて管理することは合理的であるといえます。しかし、労働者が業務を行う場面において、トランスジェンダーの労働者が心の性に適合する通称を使用したとしても、通常、大きな支障は生じないのではないかと思われます。

そのため、トランスジェンダーの労働者の意向に配慮し、通称を使用する場面と戸籍名を使用する場面を分けて、通称の使用を認めつつ、どうしても戸籍名を使用させなければならず通称の使用を制限し戸籍名の使用を命じる場合には、合理性があるかどうかを慎重に検討する必要があると考えられます。

４　設備の使用について（Q３）

トランスジェンダーの労働者から、トイレや更衣室等について、心の性に適合する設備を使用したいとの申入れがあった場合、会社としてどのように対応したらよいでしょうか。

会社の施設については、使用者である会社の施設管理権に服します。すなわち、企業秩序定立権限の一環として、職場環境を適正良好に保持し規律のある業務の運営体制を確保するため、その物的施設を許諾された目的以外に利用してはならない旨を、一般的に規則をもって定め、又は具体的に指示、命令することができます（最三小判昭和54・10・30民集33巻６号647頁〔27000191〕）。

しかし、前述したように、企業秩序を維持するために定める規則や指示・命令は、企業の円滑な運営上必要かつ合理的なものである必要があると考えられます。

トランスジェンダーの労働者から、トイレや更衣室等について、心の性に適合する設備を使用したいとの申入れがあった場合、使用を認めないことが企業の円滑な運営上必要かつ合理的か否かが１つの判断基準となります。

トイレや更衣室等の使用の場合、他の従業員も同じ施設を使用することになるため、服装や通称の事例よりも、他の従業員への配慮が必要となります。

１つの解決策としては、ジェンダーフリーのトイレや更衣室等を用意することが考えられます。しかし、場所的・物理的な制約やコスト等の問題から、現実的には難しい場合も多いと思います。

また、トランスジェンダーの労働者からの申入れに対し、真摯に向き合わず、無理解のまま安易に使用を認めない等の対応をすると、労働者から訴訟等を提起されるリスクがあります。

この点について、民間企業ではないものの、国家公務員に関する次の裁判例（東京地判令和元・12・12労経速報2410号３頁〔28280731〕・行政措置要求判定取消請求事件、国家賠償請求事件（以下、「裁判例④」といいます））が参考となります。

(1) 事案の概要

トランスジェンダーである国家公務員の職員（身体的性別は男性であり、自認する性別は女性。性別の取扱いの変更の審判を受けておらず、戸籍上の性別は男性であり、また性別適合手術を受けていない。以下、「原告」といいます）が人事院に対して、その所属する経済産業省において女性用トイレの使用制限（経済産業省は庁舎のうち一定の階の女性トイレの使用を認めなかった）を求めないこと等を内容とする勤務条件の行政措置要求を行ったところ、いずれも認められなかったことから、判定処分の取消請求（第１事件）のほか、経済産業省の原告に対する処遇や職員の原告に対する各発言等が違法であったとして、国家賠償請求（第２事件）を行った事案です。

⑵　判断

裁判所は、まず人事院の判定処分の取消請求（第１事件）について、判定処分のうち、原告が女性トイレを使用するためには性同一性障害者である旨を女性職員に告知して理解を求める必要があるとの経済産業省当局による条件を撤廃し、原告に職場の女性トイレを自由に使用させるよう要求した点は認められない、とした部分に限り、取消しを認めました。

また、裁判所は国家賠償請求（第２事件）について、①経済産業省が原告に対して平成26年３月７日以降も女性用トイレの使用制限を継続したことや、②経済産業省の職員が原告に対して面談時に「なかなか手術を受けないんだったら、もう男に戻ってはどうか」と発言したとの点について、違法性や過失を認め、慰謝料計120万円、弁護士費用相当額12万円及び遅延損害金の範囲で認めました。このうち、女性用トイレの使用制限の継続や経済産業省の職員の発言に関する認定要旨は次のとおりです。

ア　経済産業省が原告に対して平成26年３月７日以降も女性用トイレの使用制限を継続したことを違法と認めた点について

「性別は、社会生活や人間関係における個人の属性の一つとして取り扱われており、個人の人格的な生存と密接かつ不可分のものということができるのであって、個人がその真に自認する性別に即した社会生活を送ることができることは、重要な法的利益として、国家賠償法上も保護されるものというべきである。……トイレが人の生理的作用に伴って日常的に必ず使用しなければならない施設であって、現代においては人が通常の衛生的な社会生活を送るに当たって不可欠のものであることに鑑みると、個人が社会生活を送る上で、男女別のトイレを設置し、管理する者から、その真に自認する性別に対応するトイレを使用することを制限されることは、当該個人が有する上記の重要な法的利益の制約に当たると考えられる。そうすると、……原告が専門医から性同一性障害との診断を受けている者であり、その自認する性別が女性なのであるから、本件トイレに係る処遇は、原告がその真に自認する性別に即した社会生活を送ることができることという重要な法的利益を制約するものであるということになる。……生物学的な区別を前提として男女別施設を利用している職員に対して求められる具体的な配慮の必要性や方法も、一定又は不変のものと考えるのは相当ではなく、性同一性障害である職員に係る個々の具体的な事情や社会的な状況の変化等に応じて、変わり得るものである。したがって、…直ちに上記のような性同一性障害である職員に対して自認する性別のトイレの使用を制限することが許容されるものということはできず、さらに、当該性同一性障害である職員に係る個々の具体的な事情や社会的な状況の変化等を踏まえて、その当否の判断を行うことが必要である。」

本件の各事情、すなわち原告が性同一性障害の専門家医師から適切な手順を経て性同一性障害と診断された者であること、経済産業省も原告が女性ホルモンの投与によって遅くとも平成22年３月頃までには女性に対して性的な危害を加える可能性が客観的にも低い状態に至っていたと把握していたといえること、庁舎内の女性用トイレの構造からすると、利用者が他の利用者に見えるような態様で性器等を露出するような事態が生ずるとは考えにくいこと、原告は私的な時間や職場において社会生活を送るに当たって、行動様式や振る舞い、外見の点を含め、女性として認識される度合いが高いものであったこと、2000年代前半までに、原告と同様に身体的性別及び戸籍上の性別が男性で、性自認が女性であるトランスジェンダーの従業員に対して、特に制限なく女性用トイレの使用を認めたと評することができる民間企業の例が証拠上も少なくとも６件存在し、経済産業省も平成21年10月頃にはこれらを把握できたこと、トランスジェンダーによる性自認に応じたトイレ等の男女別施設の利用をめぐる国民の意識や社会の受け止め方には、諸外国と同様に相応の変化が生じているといえること「に照らせば、……平成26年４月７日の時点において、……被告の主張に係るトラブルが生ずる可能性は、せいぜい抽象的なものにとどまるものであり、経産省においてもこのことを認識することができたというべきである。」むしろ「原告が平成22年７月以降は一貫して経産省が使用を認めた女性用トイレを使用しており、男性用トイレを使用していないことや、過去には男性用トイレにいた原告を見た男性が驚き、同所から出ていくということが度々あったことなどに照らすと、女性の身なりで勤務するようになった原告が経産省の庁舎内において男性用トイレを使用することは、むしろ現実的なトラブルの発生の原因ともなるものであり、困難といわざるを得ない。……性同一性障害の者は、……少なくとも同法において多目的トイレの利用者として本来的に想定されているものとは解されないし、原告にその利用を推奨することは、場合によりその特有の設備を利用しなければならない者による利用の妨げとなる可能性をも生じさせるものであることを否定することができない。

以上に加え、原告が平成26年３月７日付けで本件措置要求に係る要求事項を補正して女性用トイレの使用について制限を設けないことを求めていたこと……に照らすと、遅くとも……同年４月７日の時点においては、……被告の主張に係る事情をもって原告の法的利益等に対する上記の制約を正当化することはできない状態に至っていたというべきである。……したがって、経産省（経済産業大臣）による庁舎管理権の行使に一定の裁量が認められることを考慮しても、経産省が同日以降も本件トイレに係る処遇を継続したことは、庁舎管理権の行使に当たって尽くすべき注意義務を怠ったものとして、国家賠償法上、違法の評価を免れない。」

イ　経済産業省の職員が原告に対して面談時に「なかなか手術を受けないんだったら、もう男に戻ってはどうか」と発言したとの点について

このような経済産業省の職員の「発言は、その言葉の客観的な内容に照らして、原告の性自認を正面から否定するものであるといわざるを得ない。……性別によって異なる様式の衣服を着用するという社会的文化が長年にわたり続いている我が国の実情に照らしても、この性別に即し

た衣服を着用するということ自体が、性自認に即した社会生活を送る上で基本的な事柄であり、性自認と密接不可分なものであることは明らかであり、……発言がたとえ原告の服装に関するものであったとしても、客観的に原告の性自認を否定する内容のものであったというべきであって、……個人がその自認する性別に即した社会生活を送ることができることの法的利益としての重要性に鑑みれば、……当該発言は、原告との関係で法的に許容される限度を超えたものというべきである。

……したがって、……上記の発言は、原告に対する業務上の指導等を行うに当たって尽くすべき注意義務を怠ったものとして、国家賠償法上、違法の評価を免れない。」

(3) 会社の対応について

裁判例④は国家公務員に関する事例判断ではあるものの、トイレに係る処遇が対象者の自認する性別に即した社会生活を送る重要な法的利益を制約するものであり、直ちに自認する性別のトイレの使用制限が許容されるとはいえず、対象者に係る個々の具体的な事情や社会的な状況の変化等を踏まえて当否の判断を行うことが必要であると明示したものであり、かかる趣旨は一般の会社においても妥当するものと考えられます。

また、裁判例④が経済産業省の原告に対する女性用トイレの処遇を違法と認定したのは、民間企業の実例や国民の意識や社会の受け止め方への変化という点もさることながら、原告の女性ホルモンの継続的な投与の事実や庁舎内の女性用トイレの構造からすると、原告が女性用トイレ内で性的な問題を生じさせるとは考えにくいことや、原告の社会生活上の行動様式や外見等からすると原告は女性として認識される度合いが高く、むしろ原告において男性用トイレを使用することが現実的なトラブルの発生の原因ともなり得ることが大きいものと考えられます（裁判例も、原告が平成22年以降は一貫して経済産業省が使用を認めた女性用トイレのみを使用していることや、過去には男性用トイレにいた原告を見た男性が驚き、同所から出ていくということがたびたびあったことを指摘しています）。

そのため、会社においては、単に会社の都合や従業員の意見のみを重視してトランスジェンダーである労働者のトイレ利用の処遇を決するのではなく、その労働者の個別的な事情、具体的には、自認する性別による行動様式や外見の内容や期間、程度を十分に考慮したうえで、自認する性別のトイレを利用することによって実際にどのようなトラブルが発生する危険性があるのか等、慎重に検討すべきものと考えられます。

事例2　福利厚生制度の導入

同性パートナーのいる従業員が、福利厚生制度の利用を求めたところ、会社は、従業員のパートナーが同性パートナーであることを理由に、福利厚生の対象としないと対応しました。

Q

1　同性パートナーのいる従業員が、法定福利厚生制度（厚生年金保険、健康保険、労災保険、雇用保険等の社会保険）の利用を求めたところ、会社は、パートナーが同性であることを理由に福利厚生の対象としないと対応しました。この対応にはどのような問題がありますか。

2　同性パートナーのいる従業員が、法定外福利厚生制度（結婚祝い金、結婚休暇、弔慰金、社宅、介護休業、家族手当、育児休暇等）の利用を求めたところ、会社は、パートナーが同性であることを理由に福利厚生の対象としないと対応しました。この対応にはどのような問題がありますか。

3　トランスジェンダーである従業員の希望に反して、独身寮には入れないという対応をすることにはどのような問題がありますか。

A

1　違法とは解されないものと考えられます。

2　現状においては、違法とまでは解されないものと考えられます。

他方、同性パートナーを持つ従業員が、そのような取扱いを受けることで不公平感を持ち、労働意欲や会社への帰属意識を損ねるといった問題が生じ得ます。

企業にとっても、従業員の労働意欲や帰属意識を損ねることはマイナスといえるほか、将来的には、法の平等に反し差別を助長している旨の批判を受ける等、企業イメージ毀損の問題も生じ得るといえます。

3　個々のケースにより、異なる問題が生じる可能性があります。

①　当該従業員が、性同一性障害と診断され、既に戸籍上の性別の変更も行っている場合は、その希望に反して変更後の性別の者を対象とする独身寮への入寮を拒むことは特段の事情がない限り違法と考えられ、不法行為又は債務不履行に基づく損害賠償請求等の法的責任を追及される可能性があります。また、従業員の労働意欲や会社への帰属意識の減退、企業イメージの毀損等の問題が生じる可能性があります。

②　当該従業員が、性同一性障害の診断を受けてはいたものの戸籍上の性別の変更まで行っていない場合でも、実生活や業務上、外観も含めて既に自認する性の者として活動し、自認する性が社会的に認知されている等、入寮自体に特段の支障がないようなときは、入寮拒否によって、従業員の労働意欲や会社への帰属意識の減退、企業イメージの毀損等の問題が生じ得ます。損害賠償請求等の法的責任の有無については個々のケースによるものと思われます。

③　当該従業員が、明確に性同一性障害の診断まで受けておらず、かつ、外観や実生活上も、戸籍上の性別のまま活動を継続しているような場合、②と同様の問題は生じるものの、基本的には適法とされるものと考えられます。

解　説

1　福利厚生制度はその内容によって各企業の裁量の幅が異なること

(1)　福利厚生制度について

婚姻制度について、現行法は、「両性の合意のみに基いて成立」するものと定められています（憲法24条）。公的な社会保障制度（労災保険の遺族補償や国民年金、健康保険等）も、あくまで異性の配偶者や異性の事実婚のパートナーを対象としており、同性パートナーを対象とするまでには至っていません。

これに対して、福利厚生制度とは、一般に、使用者が労働者やその家族の健康や生活の福祉を向上させるため行う諸施策の総称をいいます（「独立行政法人労働政策研究・研修機構」ホームページ）。

福利厚生の内容は、法定福利厚生制度（法律上使用者に実施を義務付けたもの。厚生年金保険、健康保険、労災保険、雇用保険等の社会保険料の支払等）と、法定外福利厚生制度（使用者が任意で行う、賃金以外の現金給付やサービスの提供。結婚祝金、結婚休暇、弔慰金、社宅、介護休暇等）に分けられます。

⑵ 法定福利厚生制度について各企業の裁量は乏しいこと

法定福利厚生制度（社会保険料の支払）については、まさに公的な社会保障制度に関する国の施策と密接に関連することから、私企業が積極的に同性パートナーに対して適用することは、現実的には容易でなく、各企業の裁量は乏しいものと思われます。

⑶ 法定外福利厚生制度について各企業が広い裁量を有していること

他方、法定外福利厚生制度については、使用者が任意で行うものであり、特に私企業において、法定外福利厚生制度の対象とするか否かについては、各企業が広い裁量を有しているものと解されます。

2 日本における福利厚生制度の取扱い

従前、日本の企業では、あくまで福利厚生制度は異性の配偶者（内縁も含みます）を対象とし、同性パートナーについては認められていませんでした。

その後、海外におけるLGBTの権利保護運動等を受けて、日本国内においても、まず外資系企業（ゴールドマン・サックス証券株式会社、日本アイ・ビー・エム株式会社等）が、法定外福利厚生制度を同性パートナーも対象とするとともに、順次、その範囲を拡大していきました。例えば、日本アイ・ビー・エム株式会社では、2012年に結婚祝金の対象を同性パートナーとの事実婚も含むとし、2016年１月以降は、従業員に事前に同性パートナーを登録してもらったうえで、特別有給休暇や赴任手当、慶弔金等といったものについて、同性パートナーも対象とすることとしました。

このような流れは、日本企業においてもみられ、同性パートナーに関しても法定外福利厚生制度の対象とする企業は増えています。例えば、株式会社Diverseは、2014年８月、同性パートナー届出制度を採用したうえで、同性パートナーについても、法律婚と同様に、結婚祝金や介護休暇等の法定外福利厚生制度の対象とすることを発表し、話題となりました。

その後も、第一生命保険株式会社やソニー株式会社、株式会社朝日新聞社、パナソニック株式会社、損害保険ジャパン株式会社、キリンホールディングス株式会社、サントリーホールディングス株式会社、日本たばこ産業株式会社等の大企業でも、同性パートナーに関して法定外福利厚生制度の対象として認定し、実施しています。

そのため、今後も同様の制度を採用する会社は、より一層拡大し、一般化していくものと思われます（詳細は、第２章４Ｑ39、40を参照）。

3　同性パートナーと（法定外）福利厚生制度の対象

⑴　法定福利厚生制度の対象としなくとも違法とは解されないこと

法定福利厚生制度については、前記のとおり、まさに公的な社会保障制度に関する国の施策と密接に関連し、そもそも私企業の裁量は乏しいと思われます。

そのため、各企業が独自に法定福利厚生制度の対象を同性パートナーにまで拡大することは容易でなく、拡大しなくとも違法とは解されないものと思われます。

⑵　法定外福利厚生制度の対象と違法性

法定外福利厚生制度の対象とするか否かについても、各企業の広い裁量に委ねられるものと解されます。そのため、法定外福利厚生制度について同性パートナーを対象に含めなくとも、現状では、違法とまでは判断されにくいものと考えられます。実際、現状では、同性パートナーに関しても積極的に福利厚生制度の対象とする会社はまだ少数派といえます。

もっとも、日本の憲法や法律は、配偶者について異性を対象とする一方で、同性愛自体を禁じているわけではありません。また、法の下の平等（憲法14条）の理念は同性パートナーのいる人についても妥当すると考えられます。さらに、LGBTに関する社会意識の変化、特に、前述のとおり、外資系企業をはじめとして、国内企業においても、積極的に同性パートナーに関して法定外福利厚生制度の対象とする流れが生じています。

2014年には、オリンピック憲章にも「性的指向によって差別されない」との文言が加えられており、このような社会情勢や風潮からすれば、同性パートナーに関して法定外福利厚生制度の対象とすることは、企業にとっても、企業イメージの向上につながり得るものといえます。

そのため、今後は、企業においても、同性パートナーに関して法定外福利厚生制度の対象としていくことや、少なくとも対象とするよう検討することが望ましいものと考えられます。

4　福利厚生制度の対象とするに当たっての具体的方策について

ここでは、福利厚生制度の対象とするに当たっての具体的方策として、同性パートナーの認定方法と、同性パートナーに対してどの範囲の福利厚生制度を適用するか、という点について述べます（第2章4 Q39、40参照）。

⑴　同性パートナーの認定方法について

同性パートナーの認定方法については、統一的なガイドラインといったものがあるわけではなく、基本的には各企業の裁量に委ねられます。

具体的にみると、対象者の居住する自治体に応じて、「パートナーシップ証明書」や「パートナーシップ宣誓書受領証」の提出を求める方法が考えられます。

もっとも、同性パートナーシップ条例やパートナーシップ宣誓制度を導入する自治体は増加傾向にあるものの、国内の全自治体で導入されたものではないため、厳格に「パートナーシップ証明書」や「パートナーシップ宣誓書受領証」の提出を条件とすると、当該地方自治体に居住する人とそれ以外の人とで取扱いが変わってしまう可能性があります。

そのため、同性パートナーとしての居住実態を確認するために、住民票の提出を求める企業もあります。例えば、野村ホールディングス株式会社では、パートナー関係等を証する書類として、パートナーシップ証明書や住民票等の提出を求めています。また、ヤフー株式会社では、公正証書、パートナーシップ証明書・宣誓書受領書、同一世帯の住民票（３年以上）などのいずれかの資料の提出を求めています。

さらに、企業独自の取組みとして、社内に同性パートナーの登録制度をつくり、従業員から同性パートナー登録申請を受けて個別に対応する方法が考えられます。例えば、日本アイ・ビー・エム株式会社では、同性パートナー登録制度を設け、従業員からの申請を前提にあらかじめ同性パートナーの有無等を会社に登録することで、同性パートナーに関しても福利厚生制度を適用することとしました。また、楽天株式会社でも、パートナーの両者及び第三者の証人による署名が記載された会社指定の書類の提出を求め、受理されれば、同性パートナーについても所定の福利厚生を受けられるものとしています。

現状では、まだ就業先企業に対して虚偽の申告を行うケース（同性パートナーでないにもかかわらず、同性パートナーの登録申請をする等）は想定しにくいものと思われ、このような同性パートナー登録制度や類似の制度を設けることは、有用な方法と考えられます。

他方、いったん法定外福利厚生制度の対象とした後、同性パートナーとの関係が解消されたような場合、外部から解消の有無を確認することは容易ではなく、その方法等については今後の課題と考えられます。

⑵ 同性パートナーに対してどの範囲の福利厚生制度を適用するか

同性パートナーに対してどの範囲の福利厚生制度を適用するかという点は、前記の福利厚生制度の内容を検討する必要があります。

まず、前記のとおり、法定福利厚生制度（社会保険料の支払等）については、国の施策と密接に関連しているといえ、私企業が積極的に同性パートナーに対して適用することは、現実的には困難と思われます（なお、健康保険制度そのものではありませんが、ゴールドマン・サックス証券株式会社では、同性パートナーに対して国民健康保険料の補助を行っています）。

他方、法定外福利厚生制度については、使用者が任意で行うものであり、前記のとおり、各企業における裁量の範囲が広いものと解されます。

どの範囲で認めるかについては企業によって異なっており、結婚祝金や弔慰金、転勤時補助といった金銭給付を行う企業が多いようです。おそらく、単純な金銭給付という点で、財源の点を除き、導入自体は比較的容易といえるためかと思われます。

また、金銭給付以外のものとして、育児休暇や介護休暇、社宅の提供等が考えられ、実際に導入している企業もあります。

5　福利厚生制度の対象としないことの問題点（Q１及びQ２）

それでは、同性パートナーに関して福利厚生制度の対象としないことについて、どのような問題点が考えられるでしょうか。

⑴ 対象としなくとも違法とは解されないこと

前記のとおり、福利厚生制度の対象としないとしても、現状、法定福利厚生制度はもとより、法定外福利厚生制度（金銭給付のものか金銭給付以外のものかを問わず）についても、違法とは解されないものと考えられます。

⑵ 違法でなくともその他の問題が生じ得ること

もっとも、法の下の平等（憲法14条）の観点やLGBTに関する社会意識の変化等の事情に鑑みると、今後は、同性パートナーに関して、少なくとも法定外福利厚生制度の対象とするか、対象とするよう検討することは望ましいと考えられます。

まず、実際に同性パートナーを持つ従業員が、福利厚生制度を利用できないことで不公平感を持ち、労働意欲や会社への帰属意識を損ねるといった問題が生じ得ます。

実際、LGBT当事者の聞き取りでも、福利厚生制度を享受できないことによって、自己否定されたような気持ちになったり、会社への不満を持ってしまうといった結果が出ているようです（柳沢正和＝村木真紀＝後藤純一『職場のLGBT読本「ありのままの自分」で働ける環境を目指して』実務教育出版（2015年）126頁以下）。

また、企業にとっても、従業員の労働意欲や帰属意識を損ねることは明らかにマイナスといわざるを得ません。それだけでなく、このような取扱いを続けることで、将来的には、法の下の平等に反し差別を助長している旨の批判を受ける等、企業イメージ毀損の問題も生じ得るといえます。

このように、同性パートナーに関して福利厚生制度の対象としないことによって、企業にとって、法的には違法と評価されなくとも、それ以外の種々の問題点が生じ得るものと考えられます。

前記のとおり、昨今の社会情勢や風潮からすれば、積極的に同性パートナーについても法定外福利厚生制度の対象とすることは、むしろ会社にとっても企業イメージの向上等の点でプラスであると考えられます。例えば、LGBT向けの求人・就職・転職情報サイトの運営等を行う株式会社Job Rainbowのサイトでは、いわゆる「LGBTフレンドリー」な企業・団体について言及し、「LGBTフレンドリー企業の中でも多くの企業が、社内規定や福利厚生などの制度面でLGBTに配慮した取り組みを行っています。」と紹介しています。

そのため、企業としても、同性パートナーに対する法定外福利厚生制度の導入を十分に検討することが望ましいと考えられます。

6　独身寮への入寮を拒むことの問題点（Q３）

通常、LGBTの従業員はクローゼット（対外的にカミングアウトしていない人）が少なくないと思われ、本事例は、特にトランスジェンダーの従業員に関するものとされています。以下、従業員の状況により場合分けをして検討します。

⑴　性同一性障害と診断され、既に戸籍上の性別の変更も行っている場合

例えば、性同一性障害と診断され、既に戸籍上の性別の変更も行っている従業員がいる場合、その希望に反して変更後の性別の者を対象とする独身寮への入寮を拒むことについて、合理的理由を肯定することは困難であり、特段の事情がない限り違法と考えられます。

そのため、このような取扱いをすることは、単に従業員の労働意欲や帰属意識を損ねるといった問題にとどまらず、企業にとっても、前記の福利厚生制度の対象とするか否かという問題と同様、差別を助長する旨の批判がなされる等、企業イメージ毀損の問題も生じ得ます。

さらに、企業としては、従業員等から、不法行為又は債務不履行に基づく民事上の損害賠償責任を追及され得るといった問題も生じ得ます。例えば、採用時等に独身者について独身寮への入寮を明確に認めているような場合には、債務不履行に基づく損害賠償請求もあり得ると思われます。

なお、基本的には慰謝料等の損害賠償請求が考えられますが、独身寮に入れなかったためにやむを得ず賃貸物件を借り、本来は不要であった家賃の支出を余儀なくされた等、個別具体的な事情によっては、独身寮に入れなかったために生じた家賃相当分の損害賠償を請求される可能性もあります。

⑵　性同一性障害と診断はされているが戸籍上の性別の変更まで行っておらず、それでも自認する性が社会的に認知されているとき

例えば、性同一性障害の従業員が戸籍上の性別の変更まで行っていない場合でも、実生活や業務上、外観を含めて、既に変更後の性として活動しており、社会的に変更後の性が認知されているときには、当該性別に基づ

く入寮自体に特段の支障はない場合もあると考えられます。

そのため、入寮を拒むことによる民事上の責任の有無は、個々の事案ごとの具体的事情によって異なるものと思われますが、入寮自体に特段の支障がないような場合は、その従業員のためにも、入寮を検討すべきケースもあり得るものと思われます。入寮に当たっては、その従業員が寮内で不利益な取扱いを受けないよう、社員向け教育の周知徹底等の対応をすべきと考えられます。

(3)　明確に性同一性障害の診断まで受けておらず、外観や実生活上も戸籍上の性別のまま活動を継続しているような場合

明確に性同一性障害の診断まで受けておらず、かつ、外観や実生活上も、戸籍上の性別のまま活動を継続しているような場合には、現時点では、既存の入寮者の理解を得ることが困難といった理由で、入寮を断らざるを得ないケースが少なくないと思われます。その場合の民事上の責任の有無は、具体的事情いかんであり、(2)と同様の問題はあり得るものの、基本的には適法とされるものと思われます。

(4)　補足

前記のとおり、独身寮への入寮拒否の問題は、個々の事案によって異なるものと考えられますが、将来的に企業が性別を問わない寮を設けた場合でも、異性間や同性間において、性的犯罪等の犯罪防止の対策を講じるべきであることはいうまでもありません。

なお、企業ではありませんが、国際基督教大学（ICU）では、LGBTの権利保護等の観点から、学生寮に性別を問わないフロアを設けたうえ、各フロアにも男女区別のない多機能トイレや個室のシャワーブースを設置しており、企業においても、今後の対応への参考になるものと思われます。

⑷ 職場におけるハラスメントとアウティングに関する問題

事例1 職場におけるハラスメント

当社の係長が、男性社員Aに対して、日常的に、「お前は、今テレビによく出ているオネエみたいだな。もしかしてホモか？　気持ち悪い。男ならもっと男らしくしろ。お前モテないだろ。早く結婚しないから、営業成績も上がらないのだ。」等の発言を繰り返しているとの情報がありました。

Q

1　性的指向・性自認を理由とする差別的言動がなされた場合、セクシュアルハラスメントやパワーハラスメントに当たりますか。

2　職場で、性的指向・性自認を理由とする差別的言動がなされた場合、差別的言動をした当事者や会社は、Aに対してどのような責任を負いますか。

A

1　平均的な従業員であれば、性的指向・性自認を理由とする偏見に基づく言動であると一般的に考えられる言動は、セクシュアルハラスメントに当たります。また、これらの言動が、職務に関する優越的な関係を背景として行われる場合は、パワーハラスメントにも該当することになります。

2　具体的な状況を踏まえて判断する必要がありますが、差別的言動をした当事者は、Aから、不法行為に基づき損害賠償を請求される可能性があります。また、会社は、Aから、使用者責任や、職場環境配慮義務違反に基づき、損害賠償を請求される可能性があります。

解　説

1　セクシュアルハラスメントとの関係

⑴　職場のLGBT

LGBTは、日本の人口の８％～10％程度と考えられていますが、日本の企業においてカミングアウトしている人は、とても少ないのが現状です。

したがって、職場において、周囲にLGBTであることをカミングアウトしている人がいないからといって、その場にLGBTがいないと考えることは相当ではありません。安易な気持ちからなされた言動が、知らない間に周囲のLGBTに精神的苦痛を与えている可能性があることに注意が必要です。また、LGBTに対する理解が急速に広がっている現在においては、通称「Ally（アライ）」と呼ばれる、LGBTに対して理解を示している方や、LGBTの権利に関して敏感な企業の方が相当数存在することにも留意する必要があります。

⑵　LGBTを対象とする差別的言動

LGBTを対象とする差別的言動がなされた場合、LGBTが性的指向や性自認に関するマイノリティであることからすると、職場におけるセクシュアルハラスメント（以下、「セクハラ」といいます）の問題と重複する部分があり、LGBTであることを理由とする差別的言動を、ことさら他の性に関する差別的言動と区別して考える必要はないと考えられます。

この点、職場におけるセクハラとは、「職場において行われる性的な言動に対するその雇用する労働者の対応により当該労働者がその労働条件につき不利益を受け、又は当該性的な言動により当該労働者の就業環境が害されること」をいい、事業者は、このようなことがないように、労働者からの相談に応じ、適切に対応するため必要な体制の整備その他の雇用管理上必要な措置を講じなければならないとされています（男女雇用機会均等法11条１項）。

この事業主が講ずべき措置の内容については、セクハラ指針に定められていますが、平成28年にセクハラ指針が改正され（平成28年８月２日厚生労働省告示第314号）、職場におけるセクハラについて、被害者の性的指向又は性自認にかかわらず、当該者に対する職場におけるセクハラも同指針の対象となることが明記され、性的指向・性自認に関する言動もセクハラとなり得ることが明確にされました。

⑶ 差別的言動のセクハラ該当性

では、どのような「性的な言動」がLGBTに対するセクハラに当たるのでしょうか。

この点に関連し、人事院規則10-10第２条１号では、セクハラを「他の者を不快にさせる職場における性的な言動及び職員が他の職員を不快にさせる職場外における性的な言動」と定めたうえで、「人事院規則10-10（セクシュアル・ハラスメントの防止等）の運用について」（平成10年11月13日職福-442）において、前記規則２条１号の「性的な言動」とは、「性的な関心や欲求に基づく言動をいい、性別により役割を分担すべきとする意識又は性的指向若しくは性自認に関する偏見に基づく言動」も含まれると定めています。

この運用方針を参考にするならば、平均的な従業員であれば、性的指向・性自認に関する偏見に基づく言動であると一般的に考えられる言動は、セクハラに該当すると考えておくべきでしょう。

具体的な事案では、その場の状況等諸般の事情を考慮して総合的に判断されるものではありますが、例えば、「異性が性的対象でない者は変わっていて仕事もできない」といったように性的指向を理由に能力が低いとする言動は、まさにLGBTであることを理由とした、偏見に基づく差別的言動であり、セクハラに該当すると考えられます。また、「男（女）なら女（男）が好きなはずだから…」「男（女）なら、男（女）らしくしろ」といった、性別による役割分担を前提とする言動は、男女間の性差別に係る言動であると同時に、LGBTに対する差別的言動にも該当し得るものと考えられます。

2　パワーハラスメントとの関係

⑴　パワハラ防止法・パワハラ指針

2020年６月１日から、労働施策総合推進法、いわゆるパワハラ防止法が施行され、すべての企業に、性的指向や性自認に関するハラスメントの防止策を講じることが義務付けられました（ただし、中小企業は2022年４月からの施行となります）。

この事業主が講ずべき措置の内容については、パワハラ指針に定められています。同指針では、「優越的な関係を背景とした言動」「業務上必要かつ相当な範囲を超えたもの」「労働者の就業環境が害されるもの」という３つの要件を満たすものがパワーハラスメント（以下、「パワハラ」といいます）と定義され、代表的なパワハラの言動として、「身体的な攻撃」「精神的な攻撃」「人間関係からの切り離し」「過大な要求」「過小な要求」「個の侵害」の６類型が示されています。

そして、前記６類型の中の「精神的な攻撃」の例として「人格を否定するような言動を行うこと。相手の性的指向・性自認に関する侮辱的な言動を行うことを含む。」と明記され、性的指向・性自認に関する言動もパワハラとなり得ることが明記されています。すなわち、性的指向又は性自認に関する偏見に基づく言動は、セクハラに該当しますが、それが、職務に関する優越的な関係を背景として行われる場合は、パワハラにも該当することになります。

⑵　差別的言動のパワハラ該当性

では、どのような言動がLGBTに対するパワハラに当たるのでしょうか。

例えば、同性愛者を「ホモ」と呼んでからかうなど、性的指向や性自認に関する侮蔑的な言動（いわゆる「SOGIハラ（ソジハラ）」）は「精神的な攻撃」に含まれます。また指針の記載例は例示にすぎず、例えば、「トランスジェンダーには営業は無理だ」などと言って性的指向・性自認を理由に仕事から排除したり、未婚の男性に対して「本当はゲイなんじゃないの？」と執拗に尋ねるといった言動も、パワハラに該当すると考えられます。

3　民事上の責任との関係

⑴　係長の責任

本事例における係長は、日常的に、特定の従業員Aに対して、「オネエみたい」「ホモ」といった一般的にLGBTに対する侮蔑的表現と評価される発言や、「もっと男らしくしろ」「結婚していないから営業ができない」といった性別による役割分担を前提とする発言をしており、これらは、性別そのもの又は性的指向・性自認に関する偏見に基づく侮蔑的言動といえ、セクハラ又はパワハラに該当すると考えられます。このことは、Aがその性的指向・性自認を公表しているかどうか、AがLGBTであるかどうかに関わりません。

よって、Aは、係長に対して、精神的損害を理由とする不法行為（民法709条）に基づく損害賠償を請求できる可能性が高いと考えられます。

⑵　会社の責任

係長の言動が不法行為に該当し、かつ、使用者責任（民法715条１項）の要件を満たす場合には、Aは会社に対しても損害賠償を請求できます。

なお、会社が使用者責任を負うためには、従業員の差別的言動が「事業の執行について」行われたものであるということが必要になりますが、事業と実質的に関連する行為として不法行為がなされた場合であっても使用者責任が認められると考えられており、従業員の職務執行行為そのものには属しなくとも、その行為の外形から観察して、あたかも従業員の職務の範囲内の行為に属するものと認められる場合をも包含するとされています（最三小判昭和40・11・30民集19巻８号2049頁〔27001249〕）。よって、業務時間中の言動はもちろん、会社の飲み会での言動でも使用者責任が認められる可能性があります。

また、使用者は、従業員に対して、雇用契約に基づき、被用者が働きやすい職場環境に配慮する義務を負っており（職場環境配慮義務。労働契約法３条４項、民法１条２項）、さらに、前述のとおり、職場内でのセクハラやパワハラを防止するための適切な措置をとる義務を負っていますので、会社がこれらの義務を怠ったと評価できる場合は、会社は、職場環境配慮義務に反したとして、Aに対して直接損害賠償義務を負うことがあります（民法415条）。

参考文献

1．寺原真希子編集代表『ケーススタディ　職場のLGBT　場面で学ぶ正しい理解と適切な対応』ぎょうせい（2018年）109頁～116頁

2．帯刀康一編著『知らないでは済まされない！LGBT実務対応Q&A　職場・企業、社会生活、学校、家庭での解決指針』民事法研究会（2019年）74頁～85頁

3．「事業主が職場における性的な言動に起因する問題に関して雇用管理上講ずべき措置等についての指針」（平成 18 年厚生労働省告示第615号）【令和２年６月１日適用】
https://www.mhlw.go.jp/content/11900000/000605548.pdf

4．「事業主が職場における優越的な関係を背景とした言動に起因する問題に関して雇用管理上講ずべき措置等についての指針」（令和２年１月15日厚生労働省告示第５号）
https://www.mhlw.go.jp/content/11900000/000584512.pdf

5．厚生労働省「職場におけるハラスメント関係指針」
https://www.no-harassment.mhlw.go.jp/pdf/symposium_siryo_2.pdf

6．津地判平成９・11・５判時1648号125頁〔28030369〕

事例2 職場におけるアウティング

従業員Aは、自らが就業する会社に対し「会社に伝えておいた方がよいと思うので、会社にだけトランスジェンダー（MTF）であることをカミングアウトする。しかし、まだ一般にカミングアウトしていないので、同僚らには黙っていてほしい。」と伝えていました。そのため、Aが所属する部署では、部長BだけがAがトランスジェンダーであることを把握しており、その他の従業員は知らされていませんでした。

ところが、Bは、接待の席で、AがLGBTであるかのような言動で場を盛り上げようとしたため、同席した他の従業員や取引先の担当者に、AがLGBTであることが知られてしまいました。

Aからは、アウティングされたことによる精神的苦痛に対する賠償と、アウティングの防止その他のLGBT社員のための施策を講じることを求められています。

Q

1　職場でアウティング（暴露）がなされた場合、どのような問題がありますか。

2　会社は、アウティング防止やLGBT社員のための施策をとる必要がありますか。また、施策として、どのようなものが考えられますか。

A

1　アウティングをした者は、不法行為に基づく損害賠償責任を負う可能性があり、その場合には会社も使用者責任を負うことがあり得ます。また、職場環境配慮義務違反が認められれば、会社は、債務不履行に基づく損害賠償責任を負うこともあります。

2　パワハラ防止法により、すべての企業に性的指向や性自認に関するハラスメント（以下、「SOGIハラ」といいます）やアウティングの防止策を講じることが義務付けられており、就業規則などの社内規定の整備、相談窓口の設置、LGBTに関する社員研修の実施などの施策をとる必要があります。

解　説

1　アウティングと民事上の損害賠償責任

⑴　アウティングをした者の責任

本人の承諾を得ずに、公にしていない性的指向や性自認に関する秘密を第三者に暴露する行為を、「アウティング」といいます。

性的指向や性自認に関する情報は、当人にとって極めてセンシティブな情報であり、自らの情報としてコントロールし、内心を明らかにされない法的利益、つまり、むやみに暴露されない利益を有しているものと考えられます。そのため、性的指向や性自認に関する情報が公開された経緯や態様、公開に至った理由などの諸事情を考慮したうえでの判断となりますが、一般論として、アウティングをされた人は、アウティングをした人に対して、自己に関する情報をコントロールする権利、すなわち、プライバシー権の侵害を理由として、不法行為に基づく損害賠償請求（慰謝料請求）ができる可能性があります（民法709条、710条）。

本事例において、Bは、接待の場を盛り上げるため、Aの性的指向や性自認に関する情報を公開した（あるいは、このような情報をうかがわせる発言をした）というものであって、公開する合理的な理由はありません。また、Bの言動は、取引先や他の従業員など複数人がいる場で、宴会の席でふざけた話の中でなされたものと推測され、その態様も不適切というべきです。そして、仮にBが「Aはトランスジェンダーである」と明言までしていなかったとしても、それを強くうかがわせるような言動をとることにより、事実上、Aの性自認に関する情報が第三者に暴露されたのと同じような結果になる、ということも十分あり得ることであり、その場合には、AがBに対して、自己に関する情報をコントロールする権利、すなわち、プライバシー権の侵害を理由として、不法行為に基づく損害賠償請求（慰謝料請求）をすることができると考えられます。

なお、本事例とは場面が異なりますが、週刊誌の車内等の広告における「ホモ写真」という表現が、広告を見た者に原告が同性愛行為をしている写真があるものと誤解させ、また同性愛者であるとの誤解も招きかねない表現であるとして、名誉毀損による損害賠償を認めた裁判例があります（東京高判平成18・10・18判時1946号48頁〔28112522〕）。この裁判例の考え方によれば、アウティングをした者に対して名誉毀損に基づく損害賠償請求をする余地もあることになりますが、名誉毀損が成立するためには社会的地位などの外部的名誉が低下したことを要するため、LGBTにとっては、自己のアイデンティティである性的指向や性自認により、自己の社会的評価が下がるということを認めなくてはならないという矛盾に陥ることに留意が必要です。

⑵ 会社の責任

本事例のBに不法行為責任が認められる場合は、会社に使用者責任が成立する可能性があります（民法715条）。ただし、使用者責任が認められるためには、事業執行性、すなわち、事業の執行に際して被用者の不法行為がなされることが必要です。この事業執行性の判断について、判例は基本的に外形標準説に立っており、従業員の職務執行行為そのものには属しなくとも、その行為の外形から観察して、あたかも従業員の職務の範囲内の行為に属するものと認められる場合をも包含するとされています（最三小判昭和40・11・30民集19巻８号2049頁〔27001249〕）。

本事例のような、取引先との接待中のBの言動に関して事業執行性が認められるかどうかは、その接待が会社の指示によるものであったのか、Bや他の従業員に参加の自由があったのか、単にBと取引先担当者の個人的な付き合いでの飲み会だったのかなどの事情を考慮する必要がありますが、営業活動の一環としての接待の場合は、事業執行性が認められると考えられます。

また、使用者は、従業員に対して、雇用契約に基づき、被用者が働きやすい職場環境に配慮する義務を負っていると考えられており（職場環境配慮義務。労働契約法３条４項、民法１条２項）、かつ、後述のとおり、会社はアウティング防止策を講じる義務があります。

よって、本事例で、会社がAからトランスジェンダーであることを知らされ、かつ、同僚に黙っていてほしいとの申入れを受けていたにもかかわらず、この情報が外部に漏れないような情報管理や、他の従業員に対する指導、内部規定の整備等の措置をとっていなかった結果、Bによるアウティングが生じたといえる場合には、会社は、職場環境配慮義務に反したとして、Aに対して直接損害賠償義務を負うことがあります（民法415条）。

2　アウティングとパワハラ防止法

⑴　労働施策総合推進法（パワハラ防止法）

2020年６月１日から、労働施策総合推進法、いわゆるパワハラ防止法が施行され、すべての企業に、SOGIハラのほかアウティングの防止策を講じることが義務付けられました（ただし、中小企業は2022年４月からの施行となります）。

同法に関連して、厚生労働省が発表した、いわゆるパワハラ指針によると、「優越的な関係を背景とした言動」「業務上必要かつ相当な範囲を超えたもの」「労働者の就業環境が害されるもの」という３つの要件を満たすものがパワーハラスメント（以下、「パワハラ」といいます）と定義され、代表的なパワハラの言動として、「身体的な攻撃」「精神的な攻撃」「人間関係からの切り離し」「過大な要求」「過小な要求」「個の侵害」の６類型が示されています。

そして、前記６類型の中の「個の侵害」の例として「労働者の性的指向・性自認や病歴、不妊治療等の機微な個人情報について、当該労働者の了解を得ずに他の労働者に暴露すること。」と明記され、アウティングがパワハラに該当することが明確にされました。

(2) 会社の講ずべき措置

さらに、パワハラ防止法では、SOGIハラやアウティングが職場で起こらないようにするための対策として、企業は、社内規定でSOGIハラやアウティングの禁止や懲戒規定を明文化することや、相談窓口を設けること、従業員から相談があった場合に迅速・適切な対応をとるとともに再発防止策をとること、相談者・行為者等のプライバシーを保護するために必要な措置を講ずるとともにその旨を労働者に対して周知することなどが、措置義務として求められています。企業で前記のような措置が講じられておらず、職場でSOGIハラやアウティングが発生しても何ら対処が行われない場合は、労働局の助言、指導、勧告がなされ、それでも改善されない場合、企業名を公表という制裁措置もとることができます。

よって、本事例の会社も、パワハラ防止法に基づきアウティング防止措置をとる義務を負っているので（なお、中小企業は2022年４月からの施行となりますが、それ以前でも少なくとも努力義務は負っています）、前記のようなSOGIハラやアウティング防止のための施策をとる必要があります。

参考文献

1．寺原真希子編集代表『ケーススタディ　職場のLGBT　場面で学ぶ正しい理解と適切な対応』ぎょうせい（2018年）120頁～122頁

2．帯刀康一編著『知らないでは済まされない！LGBT実務対応Q&A　職場・企業、社会生活、学校、家庭での解決指針』民事法研究会（2019年）64頁～68頁

3．厚生労働省「職場におけるハラスメント関係指針」
https://www.no-harassment.mhlw.go.jp/pdf/symposium_siryo_2.pdf

(5)　事業活動に関する問題

事例　同性パートナーを対象とする商品・サービスの提供

私は、ある会社で、一般消費者向けのサービスを提供する部署に所属しています。今般、ある携帯電話会社が、LGBTもいわゆる家族割引サービスの対象とすることとしたとの報道を見て、当社でも、同様のサービスを導入することを検討しております。しかし、当社の社長は、LGBTに対するサービスの重要性について、いまいち理解をしておりません。社長をうまく説得するために、LGBTに対するサービスや商品販売を実施することの意義を教えてください。また、これまで当社の広告宣伝においてLGBTについて意識をしたことはなかったので、何か留意すべきことがあれば教えてください。

Q　1　同性パートナーを対象とするサービスや商品販売（同性パートナーも家族割引サービスの対象とする、同性パートナーに死亡保険金受取りを認める等）を実施することには、どのような意義がありますか。

2　商品やサービスの宣伝広告について、どのような点に留意すべきですか。

A　1　CSR（企業の社会的責任）として必要であるというだけではなく、今後はコンプライアンスの問題としても重要になってくるものと考えられます。また、副次的効果として、潜在的な需要を喚起でき、業務の拡大につながる可能性もあります。

2　多様な価値観があることを理解することが、まずは重要です。

解　説

1　LGBTに対するサービスの深化と法的問題

近年、LGBT問題に対する意識の高まりを受け、LGBTに対するサービスを充実させる企業が増加傾向にあります。携帯電話業界においては、株式会社NTTドコモ、KDDI株式会社、ソフトバンク株式会社の大手３社が、同性パートナーについても一定の条件のもと、家族割の対象とするとの報道もありました。また、保険業界においても、ある保険会社は、火災保険や自動車保険における「配偶者」に、同性パートナーを指定することを認めたとのことです。

顧客に対しどのようなサービス・商品を提供するかについては、契約自由の原則が働きますので、その内容が憲法14条に反するような不合理な差別といえるほどのもので公序良俗（民法90条）に反するもの等でない限り、どのような商品・サービスを提供するかは、各企業の自由に任されています（ただしどの程度のものが公序良俗に反するといえるかは、様々な考え方があり得ます）。そのため、従前のサービス等について、LGBTへの対応をしていなかったからといって、必ずしも直ちに違法となるわけではありません。

2　CSRの観点

もっとも、CSR（企業の社会的責任）ということが叫ばれている今日において、LGBTに対するサービスを積極的に提供することは、企業が社会において果たすべき責任として意味があるものと考えられます。

例えばアメリカ等の諸外国においては、CEI（Corporate Equality Index）と呼ばれる、LGBTへの対応を行っているかどうかを数値化する試みが行われています。そして、CSRの観点を重要視する企業等では、これらの指標の基準に適合するように、LGBTに対する取組みを行っています。このように、一定の指標があり、活用されている今日では、各企業が率先してLGBTへの対応を行うことが、社会的にも求められるといえるでしょう。

また、このような指標に基づく対応をしている企業は、そのことを好意的に宣伝・報道されることがあります。そうすると、CSRとしての意義を超えて、例えば就職・転職市場において他社より優位に立てる場合があるという副次的メリットも得られる場合があります。

このように、CSRの視点から、LGBTに対するサービスを提供することに独立の意義があるばかりか、それによって企業が副次的とはいえ利益を享受することができる可能性もあります。日本では対応が進んでいない企業もあり、LGBTに対するサービスを拡充することを同業他社に先んじて行うことは、それ自体独立の意義があると考えられます。

3　コンプライアンスの観点

今後LGBTに対する理解が深まり、「社会通念」が変化することにより、企業が提供するサービスにおいてLGBTへの配慮が足りないことが、法的に違法と評価される可能性もないとはいえません（場合によっては現時点でも違法となる事案もあり得ます）。将来のリスクを避けるため、今から準備をしておくことは意味のあるものと考えられます。実際、あるスポーツクラブは、LGBTに対する対応等が不適切であり、これが憲法違反である等と主張され、訴訟を提起されているとのことです。今後、同様の事案が増えることも考えられ、そういったリスクの回避に向け、企業として対応することは、意義があるものと考えられます。

4　業務拡大に対する副次的効果

また、あくまで副次的なものではありますが、今日ではLGBTに関する潜在的市場も存在するといわれており、LGBTに対するサービスを提供することは、潜在的な需要を掘り起こす効果もあると考えられます。株式会社LGBT総合研究所の調査によれば、海外・国内旅行、ペット関連商品やサービス、芸術鑑賞などの項目で、LGBTには非常に高い消費支出傾向がみられたとのことです。このように、単なるCSR、コンプライアンスの問題だけではなく、業務の拡大という観点からも、LGBTに対するサービスを提供する意義は十分認められると考えられます。

5　広告宣伝等に当たっての留意点

広告宣伝に当たって、LGBTに対する偏見や差別を、かえって助長することのないようにすることはいうまでもないことです。わかりやすい例でいえば、ある企業が、広告に「オカマ」という言葉を使用したことが、問題となったこともあったとのことです。言葉や表現が偏見や差別を助長することがあり、広告宣伝等でそのような言葉や表現を使用することは避けるべきです。

他方、前記のように、（故意でないにしても）積極的に偏見や差別を助長する状態を作出するわかりやすい事例と異なり、LGBTを意識しない結果、それらの人々にとって無理解だと思われ、結果として差別を助長してしまう場合もあり得ます。例えば、ある大手ゲーム会社が、ゲーム内において発生する恋愛・結婚といったイベントを「異性間カップル」に限定していたことが問題となった事例があったとのことです。同事例では、最終的には企業は謝罪を行い、次回作でのゲームシステムの変更を余儀なくされたとのことです。同社にLGBTを差別する意図があったかどうかは不明ですが、カップルといえば異性間であるという意識が、やはり潜在的に拭い切れていないのかもしれません。しかし、このような思い込みが、LGBTを無意識に傷つけることがあるということは知っておくべきです。無用のトラブルを防ぐため、社内教育等により、対策を講じることも重要となるでしょう。

また、顧客に対する営業の際に、企業の従業員がLGBTである顧客に対し、心ない発言をした場合、その企業が使用者責任（民法715条）として、慰謝料等の損害賠償責任を負うケースも十分想定できます。営業担当者等、社外で個人に接する立場の従業員の発言等についても、教育等を行っておくことは必要です。

以上述べたとおり、多様な価値観があることを想像し、理解することにより、企業の価値を向上できるものと考えます。

参考文献

１．中西絵里「LGBTの現状と課題―性的指向又は性自認に関する差別とその解消への動き」立法と調査394号（2017年）

２．Human Rights Campaign「Corporate Equality Index 2020」
https://www.hrc.org/resources/corporate-equality-index

３．work with Pride「PRIDE指標2020レポート」
https://workwithpride.jp/wp/wp-content/uploads/2020/12/prideindex2020_report.pdf

４．産経ニュースWEST「性別適合手術女性とスポーツクラブ損賠訴訟が和解　京都地裁」（2017年６月20日付）
https://www.sankei.com/west/news/170620/wst1706200019-n1.html

５．宍戸圭介「性同一性障害による性別変更を理由とするゴルフクラブへの入会拒否」名経法学 38 号（2017年）

６．株式会社博報堂「博報堂DYグループの株式会社LGBT総合研究所、６月１日からのサービス開始にあたり LGBTをはじめとするセクシャルマイノリティの意識調査を実施」
https://www.hakuhodo.co.jp/news/newsrelease/27983/

3 その他一般民事

(1) アウティング

事例 交際相手によるアウティング

私はレズビアンです。交際していた相手が、私の勤めている職場や私の家族に対し、私の性的指向をばらすと脅して復縁を求めてきており、困っています。

Q 1 アウティングされる前の対応として、どのようなことが考えられるでしょうか。

2 アウティングした相手に対し、何か請求することはできないでしょうか。

A 1 アウティングは、その言動等の態様によって、脅迫罪、強要罪又は恐喝罪等の犯罪となることがあります。また、民事上の損害賠償責任を負うことも考えられます。

アウティングされる危険性が高いような場合には、アウティングは犯罪行為に当たるものであり、また、損害賠償義務が発生するものであることを明示した警告書を内容証明郵便等の証跡が残る形で伝えることが有効であると考えます。

2 アウティングした相手に対しては、プライバシー権の侵害を理由に損害賠償を請求することができます。また、アウティングの態様によって、名誉毀損罪や侮辱罪が成立することがあり、そのような場合には刑事告訴等をすることも考えられます。

解　説

1　アウティングの意義

アウティングとは、秘密を暴露する行為です。LGBTに関するアウティングは、本人の同意を得ずに、公にしていない性的指向や性自認等の秘密を暴露する行為をいいます。

2　アウティングに関する法的責任

(1)　アウティングに至っていない場合

ア　刑事上の責任

カミングアウトしていない者に対して、アウティングすると告知してきた場合、具体的な言動等によりますが、脅迫罪が成立することがあります。

また、アウティングするといって、交際を迫るなどしてきた場合には、家族や職場に性的指向を明らかにするという害悪を告知して、誰と交際するかという意思決定の自由に反し、交際という義務なき行為をさせようとしているので、強要罪の成立が考えられます。さらに、金銭を要求してきたような場合には恐喝罪の成立が問題となります。

なお、アウティングすると脅しながら、つきまとい等の行為については、ストーカー行為等規制法に抵触することも考えられますので、同法に基づく対応も検討する必要があります（第３章3(3)参照）。

イ　民事上の責任

アウティングに至っていない場合でも、その反抗を抑圧するような言動をもってアウティングを迫るような行為については、不法行為と評価される可能性があり、慰謝料を請求することが考えられます。

⑵　アウティングされた場合

ア　刑事上の責任

性的マイノリティであると知られることについて、直ちに社会的評価が低下するものとはいえないところもありますが、アウティングに伴う言動によって、名誉毀損罪が成立する可能性があります。

イ　民事上の責任

性的指向や性自認に関する情報は、現在の社会においては、一般人の感受性を基準とすると公開を欲しない情報と評価できますので、プライバシー権として保護されます。本人の同意を得ずに、その意向に反してアウティングすることは、プライバシー権の侵害に当たり、不法行為に基づく損害賠償を請求することができます。

3　対応策

⑴　アウティングに至っていない場合

まずは、はっきりとアウティングされることを望まないことを相手に伝えることが重要です。それでも相手が、性的指向をばらすと脅すことをやめない場合には、以下の対応策をとってください。もっとも、一度アウティングされてしまうと元の状態に戻すことはできませんので、慎重な対応が求められます。

ア　警察への相談

警察に相談する場合、相手との関係や、害悪の告知に当たるかを説明するために自分が性的マイノリティであることを話す必要があります。

強要罪及び恐喝罪は親告罪ではありませんので、告訴までは不要で被害届を提出すれば足ります。なお、ストーカー行為等規制法は親告罪ですので、告訴することが必要です。

イ　損害賠償請求

前記のとおり、行為態様によっては損害賠償請求をすることができます。

ウ　書面による警告（内容証明郵便）

当事者本人が対応すると、相手は感情的となり事態の収拾がかえって難しくなるおそれがあるので、第三者で法の専門家である弁護士を間に入れて、相手に対して冷静な対応を促すことが考えられます。また、弁護士から、アウティングが違法行為に当たることを伝えることにより、抑止効果が期待できることもあります。まずは内容証明郵便による警告書を郵送するなどして、アウティングが違法行為に当たることを伝えることが有効です。

⑵　アウティングされた場合

ア　警察への相談

前記のとおり、その行為態様によっては脅迫罪・強要罪・恐喝罪の他に名誉毀損罪や侮辱罪が成立することもあり得ることから、警察に相談することが考えられます。警察に相談する際に、自身が性的マイノリティであることを話す必要はありませんが、被害の状況を正確に伝えるためにはできるだけ事実を話した方がよいでしょう。

なお、名誉毀損罪や侮辱罪は親告罪ですので、被害届の提出だけでは足りず、告訴が必要です。

イ　損害賠償請求

前記のように損害賠償を請求することができます。

また、職場の人間にアウティングをされた結果、人事評価などに影響があった場合には、性的指向を理由に差別的な取扱いを受けたとして、会社に対し、措置の撤回や損害賠償請求を求めることも考えられます。

ウ　インターネットの削除依頼

アウティングが、電子掲示版に書き込まれるなどのインターネットを利用する態様で行われた場合には、まずは投稿者本人に削除請求をすることが考えられます。投稿者による削除が期待できない場合は、当該電子掲示等の管理者に対して、特定電気通信役務提供者の損害賠償責任の制限及び発信者情報の開示に関する法律（プロバイダ責任制限法）３条のプロバイダにおける責任制限規定に触れるなどしながら削除請求をすることになります。任意の削除をしない場合は、送信防止措置（削除）を求める仮処分等の法的手続をとることになります。

4　アウティングに関する報道

2016年、同性愛者であることを暴露された後、自殺したとして大学院生の遺族が、アウティングした者と大学に対して、損害賠償を求めて訴訟を提起したという報道がありました。その後、アウティングした学生とは和解できたが、大学との間では、自殺は予見できず、大学側に安全配慮義務違反はないとして、棄却されたという報道がなされています。

2019年には、性同一性障害で性別変更をしたことを勤務先の病院で同意なく明かされ、同僚から差別的言動を受けたとして、大阪市の女性が損害賠償を求める訴訟を提起したという報道がなされています（会社に対する対応については第３章２⑷参照）。

また、2020年には、関東地方の保険代理店に勤務する20代男性が、性的指向を上司から同僚に暴露（アウティング）されて精神疾患になったとして、労災申請すると報道がされています（東京新聞TOKYO Web「暴露され、無視され、精神疾患に…　職場でアウティング被害の20代男性が、豊島区に救済を申し入れ」（2020年６月12日付））。

5　アウティングに関する法整備

東京都国立市で2018年４月、アウティング禁止の条例が全国で初めて施行されました。

また、厚生労働省のパワハラ指針が2020年６月１日から適用され、「人格を否定するような言動を行うこと。相手の性的指向・性自認に関する侮辱的な言動を行うこと」や「労働者の性的指向・性自認や病歴、不妊治療等の機微な個人情報について、当該労働者の了解を得ずに他の労働者に暴露すること」がパワハラの例として明記されています。

さらに、2020年６月３日に三重県議会の本会議で、LGBTなど性的少数者への差別を禁止する条例を制定し、性的指向や性自認を本人の了解なく第三者に暴露する「アウティング」の禁止を都道府県で初めて条例に盛り込む方針を決めたと報道されています。

(2) 同性パートナーからの暴力に関する相談

事例 同性パートナーからの暴力

私は男性で、男性パートナーと同居していますが、パートナーからの暴力がひどく、1日も早くパートナーから離れたいと思っています。

Q 1 同性パートナーからの暴力の場合でも、「配偶者からの暴力の防止及び被害者の保護等に関する法律」(以下、「DV防止法」といいます) は適用されますか。適用されるとした場合、DV防止法でどのようなことができますか。

2 シェルターに入所することはできますか。

3 パートナーの暴力から避難するため転居した後、パートナーに転居先を知られないようにする方法はありますか。

4 パートナーの暴力から逃れるための手段を講じる場合、パートナーとの関係を明らかにしなければならないのでしょうか。

A 1 同性パートナーからの暴力の場合でも、DV防止法が適用される可能性はあります。DV防止法により、裁判所に保護命令の申立てを行い、接近禁止命令、退去命令等の保護を受けることができます。

2 シェルターによっては入所することが可能です。

3 市区町村にDV等支援措置の申出を行い、パートナーへの住民票の写し等の交付等を制限することができます。

4 DV防止法による保護命令を求める場合や、DV防止法の適用が前提となるDV等支援措置の申出をする場合、パートナーとの関係を明らかにしなければなりません。また、DV防止法の適用を求める場合ではなく、パートナーからの暴力が暴行・傷害等の犯罪に当たるとして警察等に相談する場合でも、被害に関する情報は可能な限り話すことが望ましいと考えられます。

解　説

1　DV防止法の適用

DV防止法にいう「配偶者」には、「婚姻の届出をしていないが事実上婚姻関係と同様の事情にある者」が含まれます（DV防止法１条３項）。また、2013年改正により、「生活の本拠を共にする交際（婚姻関係における共同生活に類する共同生活を営んでいないものを除く。）をする関係にある相手」からの暴力についてもDV防止法による保護の対象となっています（同法28条の２）。

LGBTの問題に関しては、2007年、同性パートナーから暴力を受けたという女性の申立てにより、同性間にDV防止法が初めて適用され、保護命令が出されたと報道されています。このことから、同性間の場合でも、事実上婚姻関係にあることが認められれば、他の要件を満たす限り、DV防止法による保護を受けることができるものと考えられます。また、前記2013年改正を踏まえると、DV防止法の適用を受けるためのパートナーとの関係の程度については、生活の本拠を共にする交際をするものと認められれば足りると考えられます。

DV防止法の保護命令には、接近禁止命令、退去命令、電話等禁止命令、子への接近禁止命令、親族等への接近禁止命令があり（同法10条）、保護命令に違反した場合、１年以下の懲役又は100万円以下の罰金が科せられます（同法29条）。

2　シェルター

各都道府県に設置されている公的なシェルターは「女性」支援のためのものであり、多くの場合、戸籍上の性別が男性であれば、公的シェルターへの入所は困難なようです。もっとも、トランスジェンダーの場合、戸籍上の性別にかかわらず、本人の希望等により、個別に対応している公的シェルターもあります。

また、民間には、「女性」に限定せず、広く暴力等被害者に対応しているシェルターもあります。

3　DV等支援措置

平成16年５月31日総務省自治行政局長・法務省民事局長通知によると、パートナーの暴力から避難するため転居し住民票を移した場合、DV防止法１条２項に規定する被害者であり、かつ、暴力によりその生命又は身体に危害を受けるおそれがあるものとして、住民票のある市区町村や戸籍の附票のある市区町村にDV等支援措置の申出をすることができます。具体的には、加害者から請求があっても、被害者に係る住民基本台帳の一部の写しの閲覧、住民票の写しの交付、戸籍の附票の写しの交付等をしないよう求めることができます。

申出を受けた市区町村は、DV等支援措置の必要性があることを確認すると、その旨申出者に連絡し、前記交付等の制限をするほか、加害者が第三者になりすまして請求する場合や加害者から依頼された第三者が請求する場合に備え、本人確認・請求事由の審査をより厳格に行うことになります。

DV等支援措置の期間は、市区町村よりDV等支援措置の必要性がある旨申出者に連絡された日から起算して１年です。期間終了の１か月前から延長の申出をすることができます。

4　パートナーとの関係を明らかにする必要性

DV防止法による保護命令を求める場合や、DV防止法の適用が前提となるDV等支援措置の申出をする場合、「婚姻の届出をしていないが事実上婚姻関係と同様の事情にある者」（同法１条３項）又は「生活の本拠を共にする交際（婚姻関係における共同生活に類する共同生活を営んでいないものを除く。）をする関係にある相手」（同法28条の２）から暴力を受けたというために、パートナーとの関係を明らかにする必要があります。

一方、DV防止法の適用を求める場合ではなく、パートナーからの暴力が暴行・傷害等の犯罪に当たるとして警察等に相談する場合、必ずしもパートナーとの関係を明らかにしなければならないわけではありません。しかし、警察等関係機関において、適切な措置をとるためには、加害者が加害行為に至った経緯等をより正確に把握する必要があります。そのため、パートナーとの関係を含め、被害に関する情報は可能な限り話すことが望ましいと考えられます。

参考文献

１．認定NPO法人いくの学園「LGBTと虐待・DVの問題」（「LGBTと医療福祉〈改訂版〉」（2016年１月））
http://www.ikunogakuen.org/info/008/

(3)　同性からのストーカー被害に関する相談

事例　同性からのストーカー被害

別れた同性パートナーからストーカーの被害を受けています。

Q　1　同性の場合であっても、ストーカー行為等規制法は適用されますか。適用されるとした場合、どのようなことができますか。

2　法的手段を講じようとした場合、警察官に対して、過去に交際していた事実や被害に至る経緯などの加害者との関係性を話さないといけないのでしょうか。単なる友達ということで法的保護は受けられないのでしょうか。

A　1　ストーカー行為等の規制等に関する法律（以下、「ストーカー行為等規制法」といいます）は、同性間におけるストーカー被害に対しても適用されます。同法では警察本部長等による警告、公安委員会による禁止命令といった加害者に対する規制や刑事罰が規定されているほか、被害者に対する援助についても規定されています。

2　単なる友達であっても法的保護は受けられますし、警察官に対して交際の事実を伝えなくてはいけないということもありません。しかし、被害に関する情報は可能な限り、警察官に伝える方が望ましいと考えられます。

解　説

1　ストーカー行為等規制法の適用の可否

ストーカー行為等規制法では「何人も、つきまとい等をして、その相手方に身体の安全、住居等の平穏若しくは名誉が害され、又は行動の自由が著しく害される不安を覚えさせてはならない。」ことが規定されています（ストーカー行為等規制法３条)。このように、「何人も」つきまとい等をしてはならないのであり、パートナーの性別にかかわらず同規定が適用されます。

また、ここでいう「つきまとい等」とは、「特定の者に対する恋愛感情その他の好意の感情又はそれが満たされなかったことに対する怨恨の感情を充足する目的で」、つきまといや待ち伏せなど法律で定められた８類型の行為をすることと規定されています（同法２条１項)。このように、異性に対する恋愛感情等を充足させる目的がある場合だけではなく、同性に対する恋愛感情等を充足させる目的がある場合であっても、法律で定められている一定の行為をすれば「つきまとい等」に当たります。さらに、「つきまとい等」の中でも特に態様が悪質なものは「ストーカー行為」として規定されます（同法２条３項)。

以上より、ストーカー行為等規制法は、加害者及び被害者の性別や、その性的指向にかかわらず適用されることになります。

2　ストーカー行為等規制法に基づいてできること

ストーカー行為をした者については、１年以下の懲役又は100万円以下の罰金という刑事罰の対象となります（同法18条)。

また、ストーカー行為等規制法に基づき、警察本部長等は、「つきまとい等」の行為をする者に対して、当該行為をしてはならないという警告をすることができます（同法４条１項)。そして、公安委員会は、当該警告に従わず同様の「つきまとい等」の行為をした者に対し、さらに反復して当該行為をしてはならないこと等を命じることができ（同法５条１項）、この禁止命令に違反してストーカー行為をした場合は、２年以下の懲役又は200万円以下の罰金というさらに重い刑事罰の対象になります（同法19条１項）。また、緊急性の高い場合には、警察本部長等の警告も経ずに禁止命令を発令することができるようになっています（同法５条３項）。

さらに、ストーカー行為等規制法は、前記のような加害者に対する規制だけでなく、ストーカー行為をするおそれのある者に対する情報提供の禁止を規定したり（同法６条）、警察本部長等が被害者に対して一定の援助を行わなければならないことも規定しています（同法７条）。援助の具体的な内容は、被害防止交渉に関する助言や、被害防止交渉を行う場所の提供、被害防止に資する物品の貸出しなど、ストーカー行為等規制法施行規則13条に細かく定められています。

3　警察への相談方法

「ストーカー行為」に対する罰則は従前、親告罪とされていましたが、現在では2016年の改正を経て、非親告罪となっています。もっとも、「つきまとい等」の被害について警察本部長等による警告及び援助を求める場合、被害者による申出が必要です（同法４条、７条）。したがって、ストーカー行為等規制法による法的保護を受けたい場合には、警察官に対して相談することが必要不可欠となります。また、当該ストーカー行為が、脅迫罪や強要罪といった刑法上の犯罪に該当するものとして警察に被害届を出す場合であっても同様です。

もっとも、被害者と加害者が過去に交際状態にあったという事実の存在は、前記の刑法上の犯罪の構成要件になっていないことはもちろん、ストーカー行為等規制法上の警告や禁止命令の発令要件にもなっていません。そのため、法的な保護を求めるに当たり、必ずしも警察官に対し加害者との関係性を明らかにする必要はありません。しかし、「つきまとい等」は、特定の者に対する恋愛感情、その他の好意の感情又はそれが満たされなかったことに対する怨恨の感情を充足する目的で行われるものですから、加害者の行為態様によっては、当該行為が「つきまとい等」や犯罪に当たることを警察官に理解してもらうために、過去の関係性を明らかにせざるを得ない場合も考えられます。また、関係機関が加害者に対し法律上の権限を適切に行使し、被害者に対し適切な援助を行うためには、被害状況のみならず、加害者が加害行為に至った経緯や背景事情などをより正確に把握する必要があります。したがって、交際状況に限らず、被害に関連する情報は可能な限り警察に伝えることが望ましいと考えられます。

参考文献

１．山田秀雄編著『Q＆Aセクシュアル・ハラスメント　ストーカー規制法解説〈第２版〉』三省堂（2004年）137頁～138頁
２．馬場・澤田法律事務所編『ストーカー・DV被害にあっていませんか？』中央経済社（2011年）44頁～49頁

(4)　住宅の賃貸借に関する相談

事例1　2人で新たに借りる場合

同性パートナーと一緒に、賃貸物件に住むことになりました。賃貸の申込みに行ったところ、2人の関係を尋ねられ、同性パートナーであることを説明したところ、契約を拒否されてしまいました。

Q　拒否されたことに対して、何かとり得る手段はありますか。

A　賃貸人に対して契約の締結を強制することはできませんが、賃貸人の被る不利益と賃借申込者の被る不利益の利益考慮の結果、賃貸人による契約締結の拒否行為が不法行為上、違法性を帯びる場合には、損害賠償を請求することができます。

解　説

1　契約拒否の違法性ととり得る手段について

私的自治が妥当する私人間の契約においては、契約を締結しようとする者は、その相手方を自由に決められます（契約自由の原則）。特に、賃貸借契約のような継続的契約は、信頼関係が重要であり、誰を契約の相手方とするのかが重大な関心事ですので、誰に部屋を貸すかは賃貸人が自由に決められるのが原則です。

これらを踏まえると、賃貸人が、賃借申込者が同性愛者であることを理由に契約締結を拒むことに、何らの問題も生じないかのようにみえます。

しかし、裁判例には、性同一性障害による性別変更を理由にゴルフクラブの入会を拒否した事例において、「私人間の権利衝突が問題となる場合、私的自治の観点からしても、私人相互間の関係を直接規律するものではない憲法や国際人権Ｂ規約の規定が直接適用されるものではないが、私人の行為が看過し得ない程度に他人の権利を侵害している場合、すなわち、社会通念上、相手方の権利を保護しなければならないほどに重大な権利侵害がされており、その侵害の態様、程度が上記規定等の趣旨に照らして社会的に許容しうる限界を超える場合には、不法行為上も違法になると解するのが相当である。そして、憲法14条１項や国際人権Ｂ規約26条は、上記不法行為上の違法性を検討するに当たっての基準の１つとなるものと解される。」とし、入会等を拒絶した行為を「医学的疾患である性同一性障害を自認した上で、ホルモン治療や性別適合手術という医学的にも承認された方法によって、自らの意思によっては如何ともし難い疾患によって生じた生物的な性別と性別の自己意識の不一致を治療することで、性別に関する自己意識を身体的にも社会的にも実現してきたという原告の人格の根幹部分をまさに否定したものにほかなら」ず、「原告が被った精神的損害は、看過できない重大なものといわざるを得ない」と述べて、被告の被る不利益が抽象的な危惧にすぎない一方で、原告の被った精神的損害は重大なものであることなどから、憲法14条１項及び国際人権Ｂ規約の規定の趣旨に照らし、社会的に許容し得る限度を超えて違法であると判断したものがあります（静岡地浜松支判平成26・９・８判時2243号67頁〔28230746〕、勝山教子「性同一性障害者に対するゴルフクラブ入会拒否の適法性」平成27年度重要判例解説10頁）。

この裁判例を踏まえると、賃貸人が、賃借申込者が同性愛者であることを理由に契約締結を拒んだ場合、誰を恋愛対象とするかという人格の根幹部分を否定することにほかならず、他の事情などを比較衡量した結果、賃貸人の被る不利益に比べて賃借申込者の被る精神的損害などが重大なものであるといえる場合には、賃貸人による賃貸借契約の締結拒否行為が、憲法14条１項及び国際人権Ｂ規約26条の趣旨に照らして社会的に許容し得る限界を超えたといえ、不法行為上、違法になると考えられます。

　したがって、賃貸人による賃貸借契約の締結拒否行為が社会的に許容し得る限界を超えて違法となる場合、賃借申込者は賃貸人に対し、賃貸借契約の締結を強制することはできませんが、不法行為に基づく損害賠償請求が可能となり、慰謝料その他賃貸人による契約締結拒否行為と相当因果関係のある損害について賠償を請求することができると考えられます。

2　パートナーシップ条例のある東京都渋谷区の場合

　東京都渋谷区においては渋谷区男女平等及び多様性を尊重する社会を推進する条例で、性的少数者を差別することを禁じています（同条例８条３項）。さらに、区民及び事業者はパートナーシップ証明を最大限配慮しなければならないと規定されています（同条例11条）。

　渋谷区では、LGBTを理由に契約締結を拒んだ場合には、区長に対し相談や苦情の申立てを行うことができます。区長は、相談や苦情の申立てがあった場合には、調査を行うとともに関係者に対して必要な助言・指導を行うことができます。そして、事業者が助言や指導に従わない場合には、区長は推進会議の意見を聞いて、行為の是正について勧告を行うことができます。また、事業者がこの勧告にも従わない場合には、区長は関係者名その他の事項を公表することができます（同条例15条）。

　このように渋谷区においては、本件のようにLGBTを理由に契約締結を拒まれた場合には、区長に対し苦情の申立てを行うことにより、区長による指導・勧告が行われて是正されることが期待できます。

3　その他

　契約締結を拒絶された際に、同性愛者であることを誹謗中傷された場合や流布された場合には、名誉毀損罪等が成立し得る場合があり、別途、不法行為に基づく損害賠償を請求し得る場合もあります。

なお、前記のように賃貸借契約の締結自体を強制することはできないことから、LGBTに理解のある不動産業者を利用して、賃貸借契約を締結することも選択肢の１つでしょう。

事例２　部屋を借りた後に問題が発生した場合

以前から私が借りている部屋は単身者用の住居ですが、私の部屋に同性パートナーが引っ越してきました。ところが、同居していることが家主に明らかとなり、家主から賃貸借契約を解除するから部屋から出ていくようにと言われています。

Q　同性パートナーと同居することはできないのでしょうか。また、契約時に２人で居住することは明示して２人で部屋を借りたところ、契約後に２人の関係が家主に明らかとなった場合はどうでしょうか。

A　契約上単身でしか入居できない住居であるにもかかわらず、契約締結後、単身で入居していた賃借人が同性パートナーとの同居を始めた場合、契約違反とはなります。しかし、同居人が賃借人の家族かこれに準ずる者といえる場合には、信頼関係の破壊があったとはいえないため、賃貸人による賃貸借契約の解除は認められず、出ていく必要はありません。

もっとも、同居後、居室の使用状況が粗雑になったり、他の入居者に対して騒音などの迷惑行為を繰り返したりしているような場合には、賃貸人による解除が認められ、同居者だけでなく相談者自身も出ていかなくてはならない場合もあり得ます。

また、２人で居住することを明示して契約している場合には、契約締結後に２人の関係性が賃貸人に明らかとなったとしても、契約違反はなく、賃貸人は契約を解除できないので、部屋を出る必要はありません。

解　説

1　単身用の住居で同居する場合の問題点

契約上単身者用とされる住居で同性パートナーと同居を開始することは、入居者を単身者に限定した条項に違反するとして契約違反に当たります。

しかし、この場合に常に債務不履行解除が認められ、居住場所を失うというのは賃借人にとって酷ですし、また、賃貸借契約は、当事者の高度の信頼関係を基礎とする契約であることから、形式上債務不履行に当たる事実があったとしても、それが当事者間の信頼関係を破壊するほどのものではない場合には、解除を認めるべきではないと考えられます（最三小判昭和39・７・28民集18巻６号1220頁〔27001382〕等）。

この点に関して、婚約者は賃借人の家族かこれに準ずる者ということができるとして、同居人自身に共同住宅における住民として迎え入れるのに不適切な事情がない限りは、同居人の身元を明かさず、家主の承諾を得ないままに同居しているというその事実のみをもってしては、当事者間の信頼関係を破壊する程に重大な債務不履行とはいえないと判断した判例があります（東京地判平成22・８・６平成21年(ワ)19896号公刊物未登載〔28244473〕）。

そして、同性パートナーも、２人の交際期間や同居の経緯、関係性によっては、賃借人の家族かこれに準ずる者といえますので、このような場合には、同性パートナーとの同居の事実のみでは、賃貸人と賃借人との賃貸借契約上の信頼関係が破壊されたとまではいえず、賃貸人による賃貸借契約の解除は認められないと考えられます。

しかし、同居後、居室の使用状況が粗雑になったり、他の入居者に対して騒音などの受忍限度を超える迷惑行為を繰り返していたりするような場合には、信頼関係が破壊されたと評価される場合もあり得ます。

また、賃借人の家族かこれに準ずる者として信頼関係が破壊されていないから賃貸借契約は解除されず賃借人が退去する必要はない場合であっても、契約違反状態が長期間継続すると、信頼関係が将来的に破壊する可能性があることから、契約違反状態を解消するように努力するのが望ましいでしょう。

2　２人で住むことを明示して２人で部屋を借りたところ、賃貸借契約締結後に２人の関係性が賃貸人に明らかとなった場合

２人の入居者の関係性いかんは賃貸借契約の内容ではありませんので、当初から２人で居住することを明示して２人で契約している以上、契約違反はありません。したがって、賃貸人は債務不履行に基づいて契約を解除することはできませんし、パートナーとの同居を解消する必要もありません。

3　参考判例

⑴　性同一性障害による性別変更を理由にゴルフクラブへの入会等を拒絶した行為が、憲法14条１項及び国際人権Ｂ規約の規定の趣旨に照らし、社会的に許容し得る限度を超えるものとして違法であるとされた事案で、入会希望者は、本件入会拒否等の違法な行為により、記名者たる地位を取得する権利を失うという損害とともに、人格の根幹部分にかかわる重大な精神的損害を被ったとして、100万円の慰謝料が認められた事例（静岡地浜松支判平成26・９・８判時2243号67頁〔28230746〕、勝山教子「性同一性障害者に対するゴルフクラブ入会拒否の適法性」平成27年度重要判例解説10頁）。

⑵　同居人の氏名を開示せず、同居についての家主からの承諾も得ていないことは、本来、賃貸借契約上の約款に反する債務不履行に当たるが、同居人は賃借人の婚約者であり、いわば賃借人の家族かこれに準ずる者ということができるから、同居人が反社会的組織に属する人物である等、同居人自身に共同住宅における住民として迎え入れるのに不適切な事情がない限りは、同居人の身元を明かさず、家主の承諾を得ないままに同居しているというその事実のみをもってしては、当事者間の信頼関係を破壊する程に

重大な債務不履行とはいえないとされた事例（東京地判平成22・８・６平成21年(ワ)19896号公刊物未登載〔28244473〕）。

参考文献

1．仙台弁護士会編『Ｑ＆Ａ賃貸住宅紛争の上手な対処法〈第５版〉』民事法研究会（2012年）219頁～222頁

2．安達敏男監修『Q＆Ａ借地借家の法律と実務〈第３版〉』日本加除出版（2017年）364頁～367頁

(5) 医療に関する相談

事例 病院での面会・医療行為への同意

同性パートナーが緊急搬送され、今はICU（集中治療室）に入っています。

Q 1 ICUでは家族しか面会できないと聞いていますが、私も面会できますか。地方自治体からパートナーシップ証明書の発行を受けている場合はどうですか。

2 同性パートナーは意識不明ですが、手術をする必要があります。私が同意書を書くことはできますか。また、治療内容などの情報を提供してもらうことはできますか。

A 1 病院が同性パートナーを家族と同様に取り扱うことは可能ですので、面会を求めることができます。

2 病院が同性パートナーを家族同様に取り扱うことは可能ですので、同意書を書くこと、治療内容などの情報提供を受けることを求めることができます。

解　説

【Q1について】

1 本事例における問題点

ICUでは、生命の危機にあるような重篤な状態に陥った患者が集中的な治療やケアを受けています。そのため、通常は、医療者の治療、ケアの効率、感染防止などの観点から、自由な面会は認められておらず、病院の判断により、面会には制限が設けられています。具体的には、家族のみの面会とし、家族についても年齢、回数、時間などの制限が設けられています。

一方で、心身ともに危機的状況にある患者を支えるためには、家族の存在は大きいとして、家族との面会の重要性を訴え、制限の緩和を訴える医療関係者もいます。

同性パートナーは、戸籍上は親族ではないため、病院に家族として認めてもらうことができるかが問題となります。

2　病院の判断

誰をICUに入れるべきなのかは、ICUの管理権限を有する病院に任されています。

前記のような趣旨を考えれば、患者本人にとって、同性パートナーとの面会は重要ですし、戸籍上の家族かどうかにより、感染防止などの効果に違いがあるとは考えられません。そのため、家族と同様の取扱いをしても不都合はなく、同性パートナーの面会は可能と考えられます。

しかしながら、面会を求めている者が本当に患者の同性パートナーであるのかは、第三者である病院側にはわからないことです。医師が関係者に確認して判断することもできますが、２人の関係を親族等にオープンにしていないことも多いと思います。

この点、地方自治体のパートナーシップ証明書があれば、２人の関係を証明することができますので、病院側としても、安心して、面会を求める者を患者の家族として扱うことができます。

また、パートナーシップ証明書がなくても、患者本人が面会を求める者を家族として扱ってほしいという意思を表明していれば、病院が同人を患者の家族として扱うことに問題はありません。そのため、患者本人が緊急連絡先カードなどに、同性パートナーとの面会を望むことを書いておくとトラブルを防ぐことができると考えられます。

　最近では、後掲の神奈川県横須賀市の市立病院のように、多様化する家族の在り方を踏まえて、同性パートナーの面会を認めている病院も出てきています。

緊急連絡先カード　QWRC

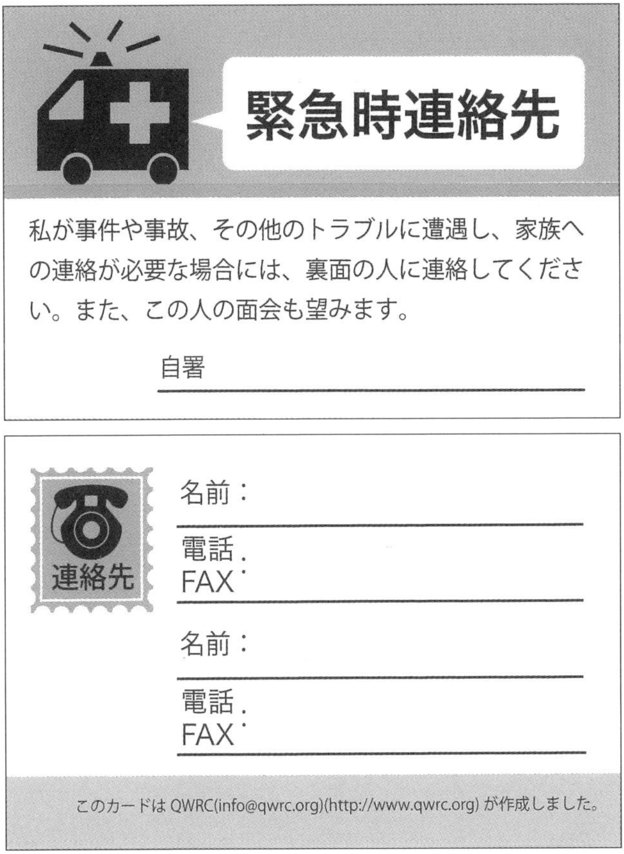

（出典：認定NPO法人Queer and Women's Resource Center「LGBT便利帳」（http://dp34312797.lolipop.jp/qwrc_benricho.pdf））

【Q２について】

１　医療同意

医療同意は、本人しかできない一身専属的なものです。そのため、本来は、同性パートナーに限らず、家族であったとしても、他人が本人に代わって医療同意をすることはできないはずです。

一方で、実際の医療現場では、本人が意識不明で本人から同意を得ることができないケースがあり、医療同意を誰から得るべきなのかが問題となります。

そのため、医療現場では、家族の同意を本人の同意と推定し（東京地判平成元・４・18判時1347号62頁〔27805776〕）、あるいは、家族の同意により違法性が阻却されると考えて、家族に同意書へのサインを求めているのが実情です。

そうしますと、同性パートナーは患者本人にとっては家族そのものなのですから、同性パートナーの同意は、家族の同意の場合と同様に、本人の同意と推定することが可能ですし、違法性が阻却されると考えることも可能です。そのため、当該病院が家族の同意で足りるとしているのであれば、同性パートナーの同意でも足りると考えることができます。

なお、厚生労働省が策定した「人生の最終段階における医療・ケアの決定プロセスに関するガイドライン　解説編」（2018年３月改訂）では、人生の最終段階における医療・ケアの方針決定に当たり、本人の意思の確認ができず、家族等が本人の意思を推定できない場合には、「本人にとって何が最善であるかについて、本人に代わる者として家族等と十分に話し合い、本人にとっての最善の方針をとることを基本とする。」とされ、ここにいう「家族等」とは「今後、単身世帯が増えることも想定し、本人が信頼を寄せ、人生の最終段階の本人を支える存在であるという趣旨ですから、法的な意味での親族関係のみを意味せず、より広い範囲の人（親しい友人等）を含みますし、複数人存在することも考えられます。」とされています。

ただし、同意をすると申し出ている人物が本当に患者の同性パートナーであるのかは、第三者である病院側にはわからないことです。

この点、前述の面会の可否と同様に、地方自治体のパートナーシップ証明書があれば、２人の関係を証明することができますので、病院側としても、安心して、患者の家族として扱うことができます。

また、パートナーシップ証明書がなくても、同性パートナーの同意が本人の同意と推定されればよいのですから、あらかじめ、本人が同性パートナーに医療同意を任せておけばよいと考えられます。具体的には、あらかじめ医療同意契約書などを作成しておくことが考えられます。

2 病状の説明

病状の説明をすることは、個人情報やプライバシーを明らかにすることを意味します。そのため、本来であれば、本人の同意がない場合には、家族であったとしても、病状の説明をすることができないと考えられます。

一方で、実際の医療現場では、医療同意と同様に、家族に対しても病状の説明が行われています。これも、家族に対しての病状説明であれば本人も同意するだろうということを推定して行われているものと考えられます。

なお、厚生労働省が策定した「医療・介護関係事業者における個人情報の適切な取扱いのためのガイダンス」（平成29年４月14日通知、同年５月30日適用）の「Ⅱ８．家族等への病状説明」においても、本人以外の者に病状説明を行う場合は、「本人に対し、あらかじめ病状説明を行う家族等の対象者を確認し、同意を得ることが望ましい」としたうえで、「この際、本人から申出がある場合には、治療の実施等に支障を生じない範囲において、現実に患者（利用者）の世話をしている親族及びこれに準ずる者を説明を行う対象に加えたり、家族の特定の人を限定するなどの取扱いとすることができる。」とされており、「親族に準ずる者」も対象者に含まれています。

そのため、前述の医療同意と同様に、パートナーシップ証明書があれば家族として病状の説明を受けることができると考えられますし、パートナーシップ証明書がなくても、本人の意思が推定できるのであれば、説明を受けることができます。

※同性パートナーへの情報提供や手術同意を認めている事例

神奈川県横須賀市の市立病院（市民病院及びうわまち病院）、救急医療センター及び消防局救急隊では、事故や急病等で緊急搬送された患者の同性パートナーが同行又は来院し、病状説明等の情報提供の依頼があった場合には、患者に意識があって患者本人の同意を得られた場合だけでなく、患者に意識がなく患者の同意が得られない場合であっても、関係者であることが確認できれば、情報提供をする扱いとしています。

また、市立病院における手術の際の同意についても、患者が成人していて、患者本人に判断能力がない場合には、配偶者、両親、その他の血族及び姻族、配偶者に相当する内縁のパートナー、患者自身が事前に代諾者として認定した者の同意でよいとしていて、この内縁パートナーに「同性パートナーを含む」としています。ICUへの入室も、手術同意と同様に認めています。

横須賀市は、医療現場では配偶者等についても戸籍謄本等による確認が行われていなかった実情を踏まえ、同性パートナーか否かについては、パートナーシップ証明書などの公的書類がなくても、現場の医師や看護師が関係者への確認等により判断すればよいとしています。家族の在り方が多様化している現実を踏まえての対応として、高く評価することができます。

参考文献

1．認定NPO法人Queer and Women's Resource Center（通称QWRC、クォーク）「LGBT便利帳」３頁～４頁
http://dp34312797.lolipop.jp/qwrc_benricho.pdf
2．厚生労働省「人生の最終段階における医療・ケアの決定プロセスに関するガイドライン」（2018年３月改訂）

https://www.mhlw.go.jp/file/04-Houdouhappyou-10802000-Iseikyoku-Shidouka/0000197701.pdf

3．厚生労働省「人生の最終段階における医療・ケアの決定プロセスに関するガイドライン解説編」（改訂 2018年３月、人生の最終段階における医療の普及・啓発の在り方に関する検討会）

https://www.mhlw.go.jp/file/04-Houdouhappyou-10802000-Iseikyoku-Shidouka/0000197702.pdf

4．厚生労働省「医療・介護関係事業者における個人情報の適切な取扱いのためのガイダンス」（2017年４月14日（2020年10月一部改正）個人情報保護委員会）

https://www.mhlw.go.jp/content/000681800.pdf

⑹　公共サービスに関する相談

事例１　公共施設の利用拒否

性自認や性的指向に関する集会の会場として、公共施設の利用を申し込んだのですが、集会の目的を理由に利用を拒否されました。

Q　利用を拒否した処分が違法であるとして争うことはできますか。

A　利用拒否処分が違法であるとして争うことができると考えられます。

争う手段としては、違法な処分の是正を求めるものとして、地方自治体の長に対する審査請求（行政不服審査法２条、地方自治法244条の４第１項）や、処分をした管理者の属する地方自治体に対する処分取消しの訴え（行政事件訴訟法３条２項、９条１項）が、違法な処分によって生じた損害の賠償を求めるものとして、国家賠償請求訴訟（国家賠償法１条１項）といった方法があります。

解　説

１　本事例における問題点

集会は、大衆による表現行為であることから、表現の自由の一内容として憲法上保障された人権です（憲法21条１項）。

本事例では、公共施設を管理する地方自治体の管理者が、集会の内容を理由に申込者による公共施設の利用を拒否していますが、この利用拒否処分が憲法の保障する集会の自由との関係で許容されるかが問題となります。

2　地方自治法等の規定

公共施設の管理者は、住民からの利用申込みに対して、どのような場合に、利用を不許可とすることができるのでしょうか。

地方自治法では、244条１項において、「普通地方公共団体は、住民の福祉を増進する目的をもつてその利用に供するための施設（これを公の施設という。）を設けるものとする」と定めるとともに、同条２項において、「普通地方公共団体は、正当な理由がない限り、住民が公の施設を利用することを拒んではならない」とし、同条３項において、「普通地方公共団体は、住民が公の施設を利用することについて、不当な差別的取扱いをしてはならない」と定めています。

また、公共施設の設置及びその管理に関する事項について条例が定められていますが（地方自治法244条の２第１項）、利用不許可事由としての正当な理由を具体化するものとして、通常、「公の秩序をみだすおそれがある場合」や「施設の管理上支障がある場合」などが規定されています。

3　公共施設の利用を拒否できる場合

地方自治法の前記規定からすると、住民は、公共施設の設置目的に反しない限り、原則として公共施設を利用することができ、公共施設の管理者が住民による利用申込みに対し不許可とし得るのは、正当な理由がある場合に限られることとなります。

また、地方自治法の前記規定に加え、集会の用に供する公共施設の利用を拒否することが、憲法上保障された集会の自由に対する制約となることから、条例における利用不許可事由に関する条項を解釈適用するに当たっては、使用を拒否することによって憲法の保障する集会の自由を実質的に否定することにならないかどうかという観点から検討すべきです。

この点、判例では、集会の目的や集会を主催する団体の性格そのものを理由として、使用を許可せず、あるいは不当に差別的に取り扱うことは許されず、公共施設の管理者が申込者の利用を拒否し得るのは、施設をその集会のために利用させることによって、他の基本的人権が侵害され、公共の福祉が損なわれる危険がある場合に限られるものとし、条例に定める「公の秩序をみだすおそれがある場合」や「施設の管理上支障がある場合」とは、公共施設における集会の自由を保障することの重要性よりも、公共施設で集会が開かれることによって、人の生命、身体又は財産が侵害され、公共の安全が損なわれる危険を回避し、防止することの必要性が優越する場合をいうものと限定して解すべきとしたうえで、集会の主催者が平穏に集会を行おうとしているのに、その集会の目的や主催者の思想、信条に反対する他のグループ等がこれを実力で阻止し、妨害しようとして紛争を起こすおそれがあるという漠然とした理由で公の施設の利用を拒むことは許されず、そのような危険の発生が明らかな差し迫った危険として客観的事実に照らして具体的に予見されることが必要であるとしています（最三小判平成７・３・７民集49巻３号687頁〔27826693〕（泉佐野市民会館事件）、最二小判平成８・３・15民集50巻３号549頁〔28010411〕（上尾市福祉会館事件））。

4　本事例への当てはめ

本事例では、公共施設の管理者は集会の目的を理由に公共施設の利用を拒否していますが、集会の目的そのものを理由として公共施設の利用を拒否することは許されないため、性自認や性的指向に関する集会の目的自体が不適当であることを理由とする利用拒否処分は、違法であるものと考えられます。

また、性自認や性的指向に関する集会を行ったからといって、そのこと自体で他の基本的人権を侵害するという事態が生ずることはおよそ考え難く、その集会の目的や主催者の思想、信条に反対する他のグループ等がこれを実力で阻止、妨害しようとして紛争を起こし、人の生命、身体又は財産が侵害されるおそれが明白な差し迫った危険として客観的事実に照らして具体的に予見でき、このような公共の安全が損なわれる危険を回避し、防止することの必要性が優越する場合でない限り、利用を拒否することは許されず、そのような利用拒否処分は違法であると考えられます。

5　利用拒否処分の違法を争う方法

利用拒否処分の違法を争う方法には、違法な処分の是正を求めるものとして、地方自治体の長に対する審査請求（地方自治法244条の４第１項）や、処分をした管理者の属する地方自治体に対する処分取消しの訴え（行政事件訴訟法３条２項、９条１項）が、違法な処分によって生じた損害の賠償を求めるものとして、処分をした管理者の属する地方自治体に対する国家賠償請求訴訟（国家賠償法１条１項）などが考えられます。

6　参考判例

⑴　集会の用に供される公の施設の利用不許可事由として条例に定められている「公の秩序をみだすおそれがある場合」とは、当該施設における集会の自由を保障することの重要性よりも、公共施設で集会が開かれることによって、人の生命、身体又は財産が侵害され、公共の安全が損なわれる危険を回避し、防止することの必要性が優越する場合をいうものと限定して解すべきであるとし、そのような危険の発生が明らかな差し迫った危険として客観的事実に照らして具体的に予見されることが必要であるとしたうえで、「公の秩序をみだすおそれがある場合」に該当するとして、利用不許可処分を適法とした事例（最三小判平成７・３・７民集49巻３号687頁〔27826693〕（泉佐野市民会館事件））。

⑵　福祉会館設置管理条例にいう「会館の管理上支障があると認められるとき」とは、会館の管理上支障が生ずるとの事態が、許可権者の主観により予測されるだけでなく客観的な事実に照らして具体的に明らかに予測され

る場合でなければならないとしたうえで、何者かに殺害された労働組合幹部の合同葬に使用するためにされた市福祉会館の使用許可申請に対し、「会館の管理上支障があると認められるとき」に当たるとしてなされた不許可処分が、そのような支障の発生が客観的な事実に照らして具体的に明らかに予測されたものということはできないとして、違法とされた事例（最二小判平成８・３・15民集50巻３号549頁〔28010411〕（上尾市福祉会館事件））。

事例2 生活保護の支給打切り

生活保護を受給していましたが、性別違和のためにホルモン投与のための費用を支出したところ、生活保護の支給を打ち切られてしまいました。

Q 支給打切処分が違法であるとして争うことはできますか。

A 支給打切処分が違法であるとして争うことができると考えられます。

また、争う手段としては、違法な処分の是正を求めるものとして、都道府県知事に対する審査請求（行政不服審査法2条、生活保護法64条）や処分をした福祉事務所長の属する地方自治体に対する処分取消しの訴え（行政事件訴訟法３条２項、９条１項）が、違法な処分によって生じた損害の賠償を求めるものとして、国家賠償請求訴訟（国家賠償法１条１項）といった方法があります。

解　説

1　生活保護法の停廃止の意義、停廃止事由

生活保護費の支給の打切りには、保護の廃止と保護の停止の２種類があります。保護の廃止とは、永続的な保護の打切りのことをいい、保護の停止とは、一時的な保護の打切りのことをいいます。

生活保護法上、①被保護者が死亡あるいは失踪した場合や、被保護者が一定の収入を得られるようになった場合など、保護の必要がなくなったとき（生活保護法26条）や、②被保護者の義務違反があったとき（同法28条５項、62条３項）に、保護の廃止や停止がなされる可能性があります。

なお、生活保護法上の規定はありませんが、③被保護者による保護の辞退も、保護の廃止事由と考えられています。

2　本事例の問題点

被保護者に対しては、医療扶助も行われ（生活保護法11条１項４号、15条、34条）、保険の適用される治療に関しては、被保護者が医療費を負担する必要はありませんが（同法52条１項）、性別違和の改善を目的としたホルモン投与には、保険が適用されず、原則として医療扶助の対象外となるため、その場合、ホルモン投与にかかる費用の全額を自己負担する必要があります。

この点、生活保護費からホルモン投与のための費用を支出したこと自体は、保護の停廃止事由には該当しませんが、ホルモン投与の内容や頻度によってはその費用が高額となることもあり得ることから、被保護者が保護費からホルモン投与のための費用を支出した場合、行政機関から、ホルモン投与のための費用を保護費から支出しないように指導を受けることも考えられます。

そして、前記停廃止事由のうち、②被保護者が生活保護法上の義務に違反することが停廃止事由とされていることから、本件では、行政機関がホルモン投与のための費用を保護費から支出しないように指導したにもかかわらず、被保護者がこれに従わず、ホルモン投与を継続したことが、保護の停廃止事由に当たるか否かが問題となります。

3　指導又は指示の適法性

本件では、行政機関の指導にもかかわらず、被保護者がこれに従わず、ホルモン投与のための費用を保護費から支出しているため、形式上、指導に違反しているといえ、②被保護者の義務違反に該当するかにみえます。

しかし、行政機関はどのような指導でもなし得るものではなく、指導は生活保護法に則った適法なものであることが必要です。そして、違法な指導を前提としてなされた処分は違法であると考えられます。

生活保護法27条1項では、行政機関は保護の目的達成に必要な指導又は指示をすることができる旨定める一方、同条2項では、かかる指導又は指示は、被保護者の自由を尊重し、必要最小限度にとどめなければならないとして、行政機関による指導又は指示に一定の制約を課しています。このことからすると、同法27条1項に基づく指導又は指示が、保護の目的達成のために必要とは認められない場合や、必要と認められる場合であっても、その最小限度を超えるものであるときは、当該指導又は指示は違法となるものと考えられます（さいたま地判平成27・10・28判時2304号31頁〔28233886〕）。

4　ホルモン投与のための費用を保護費から支出しないようにという指導は適法か

では、ホルモン投与のための費用を保護費から支出しないように指導することは適法といえるでしょうか。

この点、性別違和は、個人の嗜好の問題ではなく、生まれながらの資質であって、自己の意思による選択ではありません。

また、性別違和を抱える当事者にとって、自身の身体が自認する性と一致しないこと自体、精神的苦痛であり、その改善に資するホルモン投与を否定することは、自己のアイデンティティの否定につながると考えられます。

加えて、生活費を切り詰め、保護費の一部を貯蓄すること自体否定されておらず、また、保護費でギャンブルをすることも、倫理上の問題はともかく、法律上は否定されておらず、過去に保護費でギャンブルをしないようにと指導していた地方自治体も、近時はかかる指導内容を撤回するに至ったとの報道もあります。

そもそも、生活保護は、単に、生活していけるだけの費用を支給すればよいというものではなく、憲法で保障された生存権（憲法25条1項）の保障を実現するべく、健康で文化的な最低限度の生活を保障するためのもので、性別違和を抱える当事者にとってホルモン投与を行うことは、健康で文化的な最低限度の生活の一内容といえます。

(7)　学校生活に関する相談

事例１　トランスジェンダーの生徒への学校の配慮

担任の教諭が、生徒の１人から、トランスジェンダーであると打ち明けられました。

Q　学校として、トランスジェンダーの生徒に学校生活上の支障が生じないよう配慮したいのですが、学校生活上どのような支障が生じることが想定されますか。また、それに対してどのような解決方法が考えられますか。

A　トランスジェンダーの生徒には、学校生活において、主に、制服、宿泊を伴う行事、保健や体育などの授業、トイレや更衣室の利用など、戸籍上の性別で区別する制度や行事、授業や活動などにおいて支障が生じることが想定されます。

もっとも、これらの支障に対し決まった解決方法が存在するわけではありません。

学校側としては、当該生徒が何に困っているか、どのような対応を望んでいるかなどを、生徒１人ひとりとの対話を通じて適切に把握する必要があります。そのうえで、学校生活上の制度や行事、授業や活動などにおいて、戸籍上の性別を前提とする区別が必要かどうかや、生徒が自認する性別での参加等が認められないかどうかなどについて、改めて検証する必要があるでしょう。

また、生徒がトランスジェンダーであることを他の生徒に秘匿していることも考えられ、その場合、学校側が他の生徒に開示しないことはもとより、生徒にカミングアウトを強制しないようにする必要があり、解決方法の検討に当たっても、秘匿性が保たれるかどうかという観点からの検討が必要です。

学校側としては、当該生徒に生じている問題ごとに最適な解決方法を生徒と一緒に考えていく姿勢が必要であり、そのことが、当該生徒との信頼関係を醸成することにつながるものと考えられます。

解　説

1　トランスジェンダーの生徒に想定される学校生活上の支障

身体的性別と性自認が一致しないトランスジェンダーにとっては、自己の自認する性別とは異なる性別での対応を強いられる状況に直面したとき、耐え難い苦痛を感じることが多いと思われます。

学校生活においては、様々な場面で戸籍上の性別を前提とした区別があり、戸籍上の性別は、通常、身体的性別に一致することから、トランスジェンダーの生徒にとっては、学校生活を送るうえで、戸籍上の性別で区別する制度や行事、授業や活動などにおいて支障が生じ得るものと考えられ、具体的には以下のような支障が想定されます。

2　学校生活上の支障の具体例

(1)　性別に応じて異なる制服や体操服等が指定されている場合、自認する性別とは異なる性別の制服や体操服等の着用を強いられる。

(2)　性別に応じて異なる学校用品が指定されている場合、自認する性別とは異なる性別の学校用品の所持を強いられる。

(3)　戸籍上の性別に応じた髪型や身なりにするよう強いられる。

(4)　修学旅行や林間学校などの宿泊を伴う行事において、自認する性別からみて異性である他の生徒と同じ部屋での宿泊を強いられる。また、自認する性別からみて異性である他の生徒とともに入浴することを強いられる。

⑸　自認する性別からみて異性である他の生徒とともに保健・体育の授業や健康診断・身体測定を受けることを強いられる。

⑹　自認する性別で部活動に参加できない。

⑺　自認する性別とは異なる性別用のトイレ・更衣室の利用を強いられる。

⑻　学生証などの学校が発行する書類に、自認する性別とは異なる性別が記載される。また、自認する性別とは異なる性別がうかがわれてしまう戸籍上の氏名の記載を強いられる。

⑼　自認する性別とは異なる性別に使う「○○君」や「○○さん」などの呼び名を使われる。

3　支障に対する解決方法

それらの支障に対する解決方法としては、以下のような方法が考えられます。

①　⑴について、自認する性別に応じたものを認める。性別ごとの指定を廃止し、制服にスカートとスラックスの両方を用意する。

②　⑵について、自認する性別に応じたものを認める。性別ごとの指定を廃止する。

③　⑶について、自認する性別に応じたものを認める。

④　⑷について、宿泊部屋として一人部屋の使用を認める。入浴時間を他の生徒とずらす。

⑤　⑸について、授業については別メニューを設定する。健康診断・身体測定については個別に実施する。

⑥　⑹について、自認する性別に係る部活動への参加を認める。

⑦　⑺について、多目的トイレや職員用トイレ・職員用更衣室を利用する。

⑧　⑻について、性別欄の記載を廃止する。自認する性別で記載する。通称での記載を認める。

⑨　⑼について、自認する性別に応じた呼び名を用いる。男女で区別した呼び名を使用しない。

4　他の生徒等への説明の要否

また、生徒がトランスジェンダーであることを他の生徒等には秘匿していることも考えられます。

生徒がカミングアウトをするか否か、誰に対していつするか、といったカミングアウトに関わる事項は、生徒の意思に委ねるべきものです。そのため、学校側としては、生徒に対しカミングアウトを強制することにならないように注意する必要があります。また、生徒の意思に反し、学校側が他の生徒等に開示しないことはもちろんです。

なお、解決方法によっては、生徒がトランスジェンダーであることの開示につながりかねないことから、解決方法の検討に当たっても、秘匿性が保たれるかどうかという観点からの検討が必要となります。

5　文部科学省の動向

文部科学省は、学校における性同一性障害に係る児童生徒への支援についての社会的関心が高まり、その対応が求められるようになってきたことを踏まえ、「性同一性障害に係る児童生徒に対するきめ細かな対応の実施等について」（平成27年４月30日付）や、「性同一性障害や性的指向・性自認に係る、児童生徒に対するきめ細かな対応等の実施について（教職員向け）」（平成28年４月１日付）の各通知を発出し、学校を所管・所轄する教育関係機関に対し、個別の事案に応じて、トランスジェンダーを含む性的マイノリティとされる児童生徒の心情等に配慮した対応をするべく、学校に対する指導・助言を行うよう求めています。

6　学校としての姿勢

前記の想定される支障や解決方法はあくまで一例にすぎません。

学校側としては、文部科学省から前記各通知が発出されていることも踏まえ、当該生徒が何に困っているか、どのような対応を望んでいるかなどを、生徒1人ひとりとの対話を通じて適切に把握する必要があります。

そのうえで、学校生活上の制度や行事、授業や活動などにおいて、戸籍上の性別を前提とする区別が必要かどうかや、生徒が自認する性別での参加等が認められないかどうかなどについて、改めて検証する必要があるでしょう。

また、トランスジェンダーの生徒に生ずる学校生活上支障を改善するための先進的な取組みをしている教育機関もあり、それらの取組みを参考にしてもよいでしょう。

学校側としては、当該生徒に生じている問題ごとに最適な解決方法を生徒と一緒に考えていく姿勢が必要であり、そのことが、当該生徒との信頼関係を醸成することにつながるものと考えられます。

また、周囲の理解を広げることが、トランスジェンダーに生じる学校生活上の支障に対する解決にも資することから、生徒や教職員に対し、トランスジェンダーを含めたLGBTに関する教育を普及させることが、これからの学校に求められる課題であると考えられます。

なお、大阪府と福岡県が2019年度入試から入学願書の性別欄を廃止して以降、公立学校の入学願書から性別の記載欄を削除する都道府県が増加しています。また、制服の選択制（スラックスかスカートかを選んで着用することができる制度）を採用する学校も増加してきており、学生服製造の全国シェア約7割を占める岡山県で、トランスジェンダーの生徒が違和感なく着用できるような、性差を感じさせない制服の開発が進んでいるとの報道もなされています。このように、近時では、学校においても、トランスジェンダーの生徒に配慮した動きが加速しつつあるといえるでしょう。

参考文献

1．国際基督教大学ジェンダー研究センター「LGBT学生生活ガイド in ICU：

トランスジェンダー/GID編」（2015年）

http://web.icu.ac.jp/cgs/docs/20151021_TSGuide_v8.pdf

２．文部科学省「性同一性障害に係る児童生徒に対するきめ細かな対応の実施等について」（平成27年４月30日付）

３．文部科学省「性同一性障害や性的指向・性自認に係る、児童生徒に対するきめ細かな対応等の実施について（教職員向け）」（平成28年４月１日付）

事例２　生徒の保護者が同性カップルの場合

ある生徒は、その親権者と親権者の同性パートナーとともに生活しています。

Q　学校が、親権者ではない同性パートナーを生徒の保護者と認めて差し支えないでしょうか。その場合、どのような点に注意すべきでしょうか。

A　学校が、同性パートナーを保護者と認めて差し支えありませんが、生徒の法律上の親権者ではないため、保護者に親権者としての対応が必要なときは、親権者からの委任状の提出を求めるなど、同性パートナーが権限を有する親権者から委任を受けていることの確認が必要です。

また、生徒との面談や家庭訪問などを通じて、生徒の意向や同性パートナーとの生活実態の把握に努める必要があるものと考えられます。

なお、パートナーシップ証明書など、公的機関により同性パートナーであることを確認できる書類が発行されている場合には、その提出を求めることも有用です。

解　説

1　同性パートナーを保護者と認めた場合の問題点

生徒の保護者が同性カップル同士であった場合、学校が、生徒の親権者以外の同性パートナーを保護者として認めること自体は、法律上禁じられるものではありません。

では、生徒の親権者以外の同性パートナーを保護者として認めた場合、どのような問題が生じ得るのでしょうか。

この点、親権者ではない同性パートナーは、親権者の有する法定代理権や子に対する監護教育権と財産管理権を保持しません。そのため、生徒の保護者に親権者としての対応が必要な場合には、法律上の問題が生ずるおそれがあります。具体的には以下のとおりです。

2 入退学時

私立学校の在学関係については、契約関係とみるのが一般的であり、小学校以上の在学契約の当事者は生徒であるとするのが通説及び下級審の裁判例です(東京地判平成18・9・26判時1952号105頁〔28130333〕、東京高判平成19・10・31判時2009号90頁〔28141685〕)。

この点、未成年者である生徒は、単独で有効な法律行為をなすことができず、親権者等の法定代理人の同意を得るか、法定代理人が代わって法律行為をなす必要があります(民法5条1項、2項)。

私立学校の場合、その入退学手続が生徒による法律行為に当たると解せられるため、入退学手続において求められる保護者署名欄への署名といった行為を、親権者ではない同性パートナーのみが行った場合には、在学契約の成立又は在学契約の解約の有効性に疑義が生じ得ることになります。

一方、公立学校の在学関係については、契約関係とみる考え方もありますが、契約関係ではなく、入学許可処分によって発生する公法上の法律関係であるとする見解(神戸地判平成28・3・30判時2338号24頁〔28241298〕ほか)もあります。

前者の見解によれば、私立学校の場合と同様ですが、後者の見解によれば、入退学手続若しくは転校手続は生徒による法律行為ではなく、行政上の処分と解せられることとなります。

もっとも、子に教育を受けさせる義務を負担する保護者は、親権者ないし未成年後見人であるとされており（憲法26条２項前段、学校教育法16条）、入退学手続又は転校手続において求められる保護者の行為は、前記義務の履行に当たる側面があると考えられます。

そのため、前記のいずれの見解をとったとしても、公立学校において、入退学手続又は転校手続に当たって保護者に求められる行為を、親権者ではない同性パートナーのみが行うことは、適切ではないと考えられます。

3　在学中

生徒の急病や災害発生時などにおいて、保護者に生徒の引取りを求める場合に、親権者ではない同性パートナーに生徒を引き渡すことは、親権者である保護者の生徒に対する監護権を侵害する可能性が生じることになります。

また、生徒の図画工作での作品や忘れ物など、生徒の所持品の引取りを求める場合も、親権者ではない同性パートナーにこれらを引き渡すことは、生徒自身の財産権を侵害するおそれが生じるだけでなく、親権者である保護者の生徒に対する財産管理権を侵害する可能性が生じることになります。

さらに、三者面談や保護者面談において、親権者ではない同性パートナーのみが保護者として出席した場合には、本来、親権者にのみ開示されるべき生徒の教育情報が、親権者以外に開示されることになるため、生徒に対するプライバシー侵害となり得るほか、親権者である保護者の有する生徒に対する教育権を侵害する可能性が生じることになります。

4　学校側が講じておくべき措置

前記のような問題を回避するため、学校側としては、生徒の入退学時や在学中、保護者に親権者としての対応が必要となった場合、同性パートナーが保護者として対応することについて、親権者から委任状の提出を求めるなど、同性パートナーが権限を有する親権者から適法に委任を受けていることを確認するといった措置を講じる必要があります。

　また、同性パートナーを生徒の保護者として認めることが適切かどうかを判断するための事情の１つとして、生徒との面談や家庭訪問などを通じて、生徒の意向や同性パートナーとの生活実態の把握に努める必要があるものと考えられます。

　なお、パートナーシップ証明書など、公的機関により同性パートナーであることを確認できる書類が発行されている場合には、その提出を求めることも有用です。

4　刑事

事例　刑事収容施設におけるトランスジェンダーの処遇

恋人に誘われて、覚せい剤に手を出してしまい、覚せい剤所持で逮捕されて有罪判決が出されて、刑務所に収容されてしまいました。

私はトランスジェンダーで、男性として生まれましたが、性自認は女性です。性別適合手術は受けてはいませんが、ホルモン治療をしています。

Q

1　私は、拘置所や刑務所で女性として扱ってもらうことはできるのでしょうか。

2　拘置所や刑務所でも、ホルモン剤の服用は認められますか。

A

1　刑事収容施設では、戸籍上の性別に基づく収容・処遇が行われますが、性同一性障害及び同障害と同様の傾向を有する者については、各場面で配慮のある対応をとることが可能とされています。

2　ホルモン療法等については、「特に必要な事情が認められない限り」国の責務として行うべき医療上の措置の範囲外とする指針がありますが、この指針自体が不当と評価されるべきものともいえますし、「特に必要な事情」が認められる可能性もあるので、ホルモン剤の服用を認めるように申請を行うべきです。

解　説

【Q１について】

1　本事例における問題点

拘置所や刑務所といった刑事収容施設では、被収容者は性別により分離するものとされています（刑事収容施設及び被収容者等の処遇に関する法律４条１項１号）。この性別は、戸籍上の性別とされています。

そのため、性同一性障害者のうち、戸籍変更を行っていない者については、性自認とは異なる性別として収容されてしまう点に問題があります。

具体的には、入浴や身体検査の職員の立会い、衣服や髪型、収容される部屋、ホルモン治療などが問題となります。

2　日弁連会長による勧告書

性同一性障害の受刑者の処遇に関しては、2009年９月17日に日弁連会長が黒羽刑務所長宛に出した人権救済申立てについての勧告書が１つの転機を与えたといわれています（参考文献１・35頁）。

この勧告書は、黒羽刑務所が性同一性障害の受刑者（性自認は女性）に対し、当初は女性被収容者に認められる衣服の着用を認め、男性受刑者としての髪型を強制しないという処遇を行っていたにもかかわらず、これらの処遇を認めないとの方針に変更したことについて、性自認に基づく個性と人格を否定する人権侵害であり、憲法13条に定める「個人の尊厳」尊重原理に違背するものであるとしています。そしてそのうえで、性同一性障害を有する被収容者の性自認を尊重した処遇として、性自認が女性である性同一性障害を有する者に対し、①医師等によるカウンセリング等の治療の機会を与えるなど、性自認と処遇上選択可能な処遇との乖離によって生ずる苦痛を可能な限り緩和するための措置をとること、②女性被収容者に認められている着衣を認めること、③女性被収容者に認められている髪型の選択を認めること、④入浴の立会い並びに身体及び着衣の検査は、女性刑務官が行い、男性刑務官が補助を行う場合も性同一性障害を有する者の人権を侵害しないように配慮すること、併せて、運動時の立会いについても、配置上可能な限り、女性刑務官が中心に行うことを勧告する内容でした。

３　法務省による通知（平成23年６月１日付）

法務省矯正局成人矯正課長及び法務省矯正局矯正医療管理官は、平成23年６月１日付で「性同一性障害等を有する被収容者の処遇指針について」（法務省矯成第3212号、以下、「平成23年通知」といいます）を出しました。

これは、「性同一性障害者の性別の取扱いの特例に関する法律」２条による２人以上の医師の診断を受けてはいないものの、同障害を有するものと認められる者を「同障害と同様の傾向を有する者」とし、性同一性障害や同障害と同様の傾向を有する者である被収容者を性同一性障害者等被収容者と定義付け、適切に対応するように求めたものです。

具体的には、戸籍上の性別変更を伴わない性同一性障害者等被収容者の居室の指定については、原則として単独室に収容するほか、なるべく廊下監視カメラの整備されている区域の居室へ収容することが望ましいとし、外形変更等により集団処遇が困難な受刑者については、希望等を参酌しつつ、通常昼夜居室処遇とすることが適当と考えられるとしています。

また、入浴、身体検査等の着衣を付けない場面については、なるべく他の被収容者と接触させず、単独で行うとともに、MTFの者のうち外形変更済みの者については、可能な限り女性職員を含めての対応とすること、MTFの者のうち外形変更に至らない者については、原則として複数男子職員の対応としつつも、必要に応じて、女性職員を含めての対応として差し支えないこと、FTMの者については、外形変更の有無にかかわらず女子職員による対応とすることとしています。

貸与する衣類については、原則として、戸籍上の性別に係るもののみとしていますが、外形変更済みの者について、例えば豊胸手術によるブラジャー使用の必要など、個別の事情により、使用の必要が認められる場合には貸与を認めています。

髪型については、FTMの受刑者については、短髪とすることは可能であるとし、MTFの受刑者については、処遇上有益であると認められる場合に限り調髪を行わないことを相当としています。

この平成23年通知は、被収容者の状況を細分化して個別ケースごとに判断される余地があることについて、現実的ではあるものの、施設長の理解度により対応に差が生じてしまうことが懸念されるとの指摘がなされています（参考文献１・30頁）。

4　法務省による通知（平成27年10月１日付）

平成23年通知後も、性同一性障害者等被収容者に対する処遇については、適切な処遇が行われてはいないとして、例えば、2015年６月には、兵庫県弁護士会が法務省、同大阪矯正管区及び加古川刑務所に対して勧告を行っています。この勧告では、女性としての性自認を持ち、かつ性別適合手術を受けているものの、戸籍上は男性の被収容者について、女性の被収容者と同じ扱いをするように求めています。

その後、法務省矯正局成人矯正課長及び法務省矯正局矯正医療管理官は、平成27年10月１日付で「『性同一性障害等を有する被収容者の処遇指針について』の一部改正について」（法務省矯成第2631号、以下、「平成27年通知」といいます）を出しました。

平成23年通知では、性別適合手術をしたが戸籍上の性別変更手続をしていない受刑者に対し、入浴や身体検査は「可能な限り女性職員を含めての対応」としていたところを、平成27年通知では、「女性職員による対応をすること」としており、さらに進んだものとなっています。また、男性職員の関与については、男性職員が着衣を付けない状態を直接視認し得ない措置を講じている場合やそのような方法で行うこととし、被収容者の羞恥心等への配慮がなされています。

平成27年通知は、戸籍の性別が男性である収容者で性別適合手術等により身体的特徴が変容している被収容者に対する配慮が細かく定められたものといえます。

もっとも、平成23年通知、平成27年通知は、収容施設及び収容区域の指定が戸籍の性別を基準にされているという最大の問題を乗り越えるものではなく、この点の改善が必要であるといえます。

【Q２について】

平成23年通知では、性同一性障害者等についての積極的な身体的治療（ホルモン療法、性別適合手術等）に関しては、「極めて専門的な領域に属するものであること、また、これらの治療を実施しなくても、収容生活上直ちに回復困難な損害が生じるものと考えられない」とされており、「特に必要な事情が認められない限り」、刑事収容施設及び被収容者等の処遇に関する法律56条に基づき国の責務として行うべき医療上の措置の範囲外にあるとされています。

なお、2019年４月に、東京地方裁判所において、性別適合手術で男性から性別を変えた原告が、拘置所長及び刑務所長が被収容中の原告に対してホルモン療法を行わなかった不作為により身体的及び精神的に甚大な影響が及んでいることや、自己の性別に従って生きる権利が侵害されていることなどで精神的苦痛を被ったとして、国に対して慰謝料1,000万円を請求したという事案の判決がなされました（東京地判平成31・４・18平成28年(ワ)18814号公刊物未登載）。本判決では、少なくとも、拘置所に収容されてから現時点に至るまでの間に、ホルモン療法を行わないことにより重大な身体的・精神的症状が発生していたとは認められないことや、戸籍上も刑事収容施設での生活上も女性として扱われている以上、自己の性別に従って生きるという観点からもホルモン療法を行わないことにより重大な支障が生じていたとは認められないことなどを理由に、本件処遇指針上の「特に必要な事情」があったとは認められないと判断しています。

しかしながら、ホルモン治療の中断は、直ちに生命に関わるものではないとしても、ホルモン投与がないと心身のバランスが崩れ、体調に悪影響が出ますし、何より、本人にとっては性自認といった人格権に関わる重要な問題です。そのため、他の医療行為と同様に考えるべきではありません。

前記の指針自体が不当と評価されるべきであり、また指針でも「特に必要な事情」がある場合にホルモン剤の服用が認められる余地があります。よって、治療の申請を行うべきと考えます。

参考文献

1．矢野恵美「ジェンダーの視点から見た刑事政策」法学セミナー61巻6号（2016年）30頁
2．南和行「トランスジェンダーと刑事収容施設での処遇―弁護人のための基礎知識」季刊刑事弁護89号（2017年）62頁
3．久保有希子＝山本衛「性同一障害者に対する不当処遇事例」季刊刑事弁護89号（2017年）67頁

5　在留資格

事例　外国人である同性パートナーの在留資格

私は日本人で、私の同性パートナーは外国人です。私たちは、10年以上も助け合って一緒に暮らしています。

パートナーの今の在留資格で更新することは難しく、留学や就労系の在留資格に切り替えるのも、要件を満たさないため難しそうです。

養子縁組はしていません。

Q

1　パートナーが「日本人の配偶者等」の在留資格を申請した場合、許可される可能性はありますか。日本の同性パートナーシップ証明書が発行されている場合は、どうですか。

2　パートナーの国籍国であるA国では同性婚が法律で認められています。A国で婚姻してから在留資格「日本人の配偶者等」を申請した場合は、どうですか。

3　養子縁組をすれば、何らかの在留資格が許可される可能性はありますか。

4　前記のいずれも難しい場合、他に在留資格を得られる方法はありませんか。

A

1　いずれの場合も、日本法上、有効な婚姻とは認められないため、在留資格「日本人の配偶者等」が許可される可能性はありません。

2　日本国外で有効な婚姻であっても、日本の入管では有効な婚姻とはみなされない運用がとられているため、在留資格「日本人の配偶者等」が許可される可能性はありません。

3　同性パートナー同士で行う養子縁組として考えられるのは普通養子縁組ですが、同縁組をしたことそれ自体を理由として許可される在留資格はありません。

4　近年、日本人と同性パートナー関係にある外国人のケースで、在留資格「定住者」が許可される例が複数報告されています。明確な要件が示されているわけではありませんが、在留資格を申請している外国人の日本在留期間の長さや、パートナー関係の長さが考慮されているようです。

（※１～３につき、外国人同士のカップルの場合についてはそれぞれ解説４参照）

解　説

1　在留資格とは

外国人（日本国籍を持たない方のこと）がある程度長期かつ継続的に滞在するためには、出入国管理及び難民認定法（以下、「入管法」といいます）で定める在留資格を持っていることが必要です。在留資格は多くの種類があり要件が細かく定められていますが、大きく分けて２つのタイプがあります。１つは、(a)その外国人が日本で行う活動に基づき認められる在留資格（「外交」、「高度専門職」、「技能実習」、「留学」等）、もう１つは、(b)その外国人の地位に基づく在留資格です（「日本人の配偶者等」、「定住者」等）。

もし当該外国人自身が、(a)タイプの在留資格の許可要件を充足し得る活動をしている又はする予定があり、そのことを十分な資料をもって入管に示せるのであれば、同性パートナーとの関係にかかわらず、(a)タイプの在留資格を申請することができます。その詳細については、入管手続について解説した書籍や、法務省の入管・在留審査要領を参照してください。

以下では、前記事例のように、(a)タイプの在留資格の要件を充足しそうな活動を行っていない場合に、日本人の同性パートナーである地位を理由として(b)タイプの在留資格を取得することができるか（在留資格該当性が認められるか）、について説明します。

なお、本事例のように既にある在留資格から別の在留資格に変更するためには（入管法20条１項、在留資格変更許可申請）、以下で述べる在留資格該当性のほかに、その変更を適当と認めるに足りる相当の理由が必要であり（同条３項本文）、その判断は法務大臣の裁量に委ねられています（参考文献４）。さらに「短期滞在」から変更する場合には、変更したい在留資格の該当性だけでなく、「やむを得ない特別の事情」が必要です（同項ただし書）。これらの点については、他の入管手続について解説した書籍を参照してください（例えば参考文献１・135頁等）。

２　入管法上の「配偶者」は日本で有効に婚姻した場合のみを指す（Q１）

出入国在留管理庁の見解によれば、在留資格「日本人の配偶者等」の「配偶者」（入管法別表第二「日本人の配偶者等」の項の下欄）は、現に日本人と婚姻関係にある者をいい、その婚姻は法的に有効なものであることが必要です。ここでいう“有効”とは、日本法に基づき有効なもの、という意味です。このため、同性か異性かにかかわらず、事実婚ないし内縁の相手は「配偶者」に含まれません（参考文献３・365頁）。

それでは、同性カップルがその関係性について何らかの証明を受けている場合はどうでしょうか。以下、場合に分けて解説します。

３　日本人と外国人のカップルの場合

(1)　外国での同性婚は、日本では有効な婚姻とは認められない（Q２）

日本人と外国人の婚姻で、当該外国人の本国で同性婚が認められており、

２人がその国で同性婚をした場合であっても、日本で同性同士の婚姻が認められていないため、この婚姻は日本では有効と認められません（法の適用に関する通則法24条１項は「婚姻の成立は、各当事者につき、その本国法による。」と規定しており、これによると在留資格を申請する同性パートナー側の本国において有効に婚姻が成立していれば日本においても有効となるように読めますが、出入国在留管理庁は、同項の解釈につき婚姻当事者の性別は当事者の双方に関わる事項であるため重ねて適用されるという立場をとっています）。よって、この場合も、在留資格「日本人の配偶者等」が許可されることはありません。

また、後述４⑴のとおり、外国人同士で同性婚をしている場合は「特定活動」が許可される運用になっていますが、片方が日本人の場合は除外されています。

⑵　同性パートナーシップ証明書の発行等がされている場合（Ｑ１）

日本法上の婚姻をしている状態ではないため、やはり「配偶者」とは解されません。

⑶　普通養子縁組をしている場合（Ｑ３）

養子縁組には15歳未満の子を養子とする特別養子縁組と（民法817条の２第１項、817条の５第１項第１文）、それ以外の普通養子縁組があります（同法792条）。日本では、同性パートナー同士が婚姻の代わりに普通養子縁組をすることがあります。

入管法上、「日本人の配偶者等」は、日本人の配偶者若しくは特別養子又は日本人の子として出生した者に限定されており、普通養子は含まれません（入管法別表第二「日本人の配偶者等」の項の下欄）。このため、日本人の普通養子であることを理由としてこの資格が許可されることはありません。

4　外国人同士の場合

⑴　日本国外で有効な同性婚であっても入管法上は有効と認められない（Q１）

日本で有効な婚姻をしていれば、相手が「永住者」の在留資格を有している場合は「永住者の配偶者等」が、相手が⒜タイプの在留資格を有している場合は（ただし、特定技能１号、技能実習、短期滞在及び研修を除く）「家族滞在」が考えられます。しかし、日本で有効に婚姻をすることができない同性パートナーは、前記２⑴と同じ理由で「配偶者」に含まれないため、これらの在留資格を申請しても許可されません（ただし、日米安保条約により駐留している在日米軍、軍属の同性婚配偶者については、2013年から、日米地位協定上の「配偶者」として入国を認める運用がとられています（合衆国軍隊構成員の「配偶者」を含む「家族」には、入管法が適用されないため（日米地位協定９条２項)、「配偶者」と認められれば在留資格がなくとも日本に入国・在留することができます。逆に「配偶者」と認められなければ、他の外国人と同様、入管法上の何らかの在留資格が許可されない限り入国・在留できないことになります))。

もっとも、「特定活動」という在留資格を取得する余地はあります。現在、出入国在留管理庁は、同性婚をしているパートナーの片方が在留資格を有していて（⒜タイプか⒝タイプかを問わない)、カップルの各本国（つまり両名の本国）において有効に婚姻が成立している場合には、原則としてその配偶者に在留資格「特定活動」を許可することとしています（平成25年10月18日法務省管在5357号通知）（この通知を字義どおりに読むと、カップルのいずれかの本国において有効に婚姻をしていればよいというように読め、そうすると日本人と外国人の同性婚カップル（前記３⑴の場合）にも当てはまりそうに読めます。しかし、両当事者の各本国において婚姻が有効に成立している必要があるというのが、現在の出入国在留管理庁の見解です。もっとも、このような見解に対しては、両当事者の各本国で婚姻が成立しているような場合は法の適用に関する通則法24条１項により日本国内においてもその婚姻は有効なはずですから、この通知によらずとも、「永住者の配偶者等」や「家族滞在」等、配偶者としての地位に基づく在留資格を許可すべきではないかとの指摘がされており、また、片方が日本人である場合と比べ逆差別が生じていることとも相まって、強く批判されています）。

この場合、共有財産等の結合性、在留資格を有するパートナーによる扶養能力・扶養実績がある場合には、許可されやすいようです。

⑵　同性パートナーシップの登録等がされている場合（Q２）

カップル両名の本国法で同性パートナーシップの法制度があり、両名が各本国で有効なパートナーシップ締結等をしている場合には、両本国で婚姻をしている場合（前記⑴）と同様、共有財産等の結合性や扶養能力・扶養実績も考慮して、「特定活動」が許可されたケースがあるようです。ただし、このパターンについては通達等による公式発表はありません。

⑶　普通養子縁組がされている場合（Q３）

在留資格「家族滞在」が許可される「子」に普通養子縁組が含まれるため、一定の在留資格を有する者の普通養子として縁組をしている外国人は、パートナーにこの在留資格が許可される可能性があります。

ただし、養親となる者が外国人である場合は、その本国法上、有効な養子縁組である必要があることに注意してください（法の適用に関する通則法31条１項第１文）。

さらに、ただ普通養子となっているだけではなく、在留資格を有するパートナーの扶養を受ける必要があり又は現に受けていることが必要です。このため、普通養子である外国人が経済的に独立している場合は認められません。許可された場合も、就労は制限されます。

5　前記のいずれも難しい場合（Q４）

申請者（本事例でいえば相談者のパートナー）のこれまでの日本在留期間が

長く、長年にわたりパートナーとしての関係がある場合には、在留資格「定住者」が与えられる場合があります。しかしこの在留資格は、法務大臣が日本での居住を認めるのが相当な「特別な理由」があると判断した場合に認められるものであり、他の在留資格に比べてかなり広範な裁量に委ねられています（入管法別表第二「定住者」の項の下欄）。このため、例えば何年以上在留しており、どのようなパートナー関係があれば「定住者」の該当性が認められるか、といったボーダーラインは明らかではありません。法律婚関係にない同性パートナーに「定住者」の在留特別許可（入管法50条１項４号）が出されたケースがいくつか確認されている、という段階であり、運用が定着してきたとまではいえないのが実情です。

参考となる事例をご紹介します。「短期滞在」の在留資格期限を徒過して滞在したため退去強制令書が発付された外国人男性が、国を被告として同令書発付処分の取消しを求める訴えを提起した事案で、本人とパートナーの尋問後に裁判所が国側に処分の見直しを打診した結果、国側から再審情願（再審査申出）を促され、原告が再審査申出書を提出したところ、在留特別許可がなされ、「定住者」の在留資格が付与されました（その後訴え取下げ）（毎日新聞東京朝刊「同性パートナー　在留許可　日本人と25年同居　台湾人男性」（2019年３月23日付））。

この在留特別許可というのは、退去強制事由に該当するため本来は退去強制されるべき外国人に対して、法務大臣がその裁量により在留許可を与えるというもので、この場合の在留資格は許可の際に条件として指定されるものです。出入国在留管理庁が公表している「在留特別許可に係るガイドライン」では、日本人と外国人の婚姻が法的に成立している場合であって、夫婦として相当期間共同生活をし、相互に協力扶助しており、婚姻が安定かつ成熟している場合には、在留特別許可の許否に当たって特に考慮すべき積極要素とする、と記載されています。この事案では、外国人男性が約22年間、パートナーである日本人男性と同棲し、婚姻関係と同視できる共同生活関係があったという事情がありました。そのため原告は、法務大臣は在留特別許可の許否を判断するに際しこの事情を積極要素として考慮するべきである、と主張していました。

この在留特別許可は裁量処分であるため、類似の事例で外国人が在留資格「定住者」を申請したからといって、必ず許可されるという保証はありません。もっとも、裁判所が、判決に至らなかったとはいえ、同性カップルについても、その相互扶助に基づく関係を在留許可関連の処分上保護に値する関係であるという心証を抱いたという事実は、今後の状況の進展を示唆しているといえるでしょう（在留特別許可により「定住者」資格が与えられた他の事例として、男性として生まれたものの性自認が女性である外国人が、約38年間日本に滞在し（うち約26年オーバーステイ）、そのうち約17年間、日本人女性と同居し共同生活を送り、パートナーとの間でパートナーシップ合意契約を締結していた例があります（毎日新聞東京朝刊「同性カップル、国が在留許可　不法残留外国人に」（2019年９月３日付）、OUT JAPAN「外国籍の『同性』パートナーに在留特別許可、『ありがとう、日本』」（2019年９月３日付）https://www.outjapan.co.jp/lgbtcolumn_news/news/2019/9/2.html）。

参考文献

１．山脇康嗣『詳説入管法の実務―入管法令・内部審査基準・実務運用・裁判例〈新版〉』新日本法規（2017年）

２．LGBT支援法律家ネットワーク出版プロジェクト編著『セクシュアル・マイノリティQ＆A』弘文堂（2016年）

３．多賀谷一照＝髙宅茂『入管法大全―立法経緯・判例・実務運用⑵ 在留資格』日本加除出版（2015年）

４．出入国在留管理庁「在留資格の変更、在留期間の更新許可のガイドライン」（令和２年２月改正）

http://www.moj.go.jp/content/001313775.pdf

５．法務省入国管理局（現出入国在留管理庁）「在留特別許可に係るガイドライン」（平成21年７月改訂）

http://www.moj.go.jp/content/000007321.pdf

LGBT

資料

PRIDE指標

出典（work with Pride PRIDE指標）

https://workwithpride.jp/pride-i/

1．＜Policy: 行動宣言＞評価指標

会社としてLGBTQ[注1]等の性的マイノリティに関する方針を明文化し、インターネット等で社内・社外に広く公開していますか。

- 方針には以下の内容を含むものとする：性的指向[注2]、性自認[注3]（または、同等の意味を持つ別の言葉）に基づく差別をしない（または、尊重する）。
- 単独の方針でも、行動規範や人権方針、ダイバーシティ宣言等の一部に含まれていてもよい。

評価項目（以下1～8の間で2つ以上）

□ (1) 会社としてLGBTQ等の性的マイノリティに関する方針を明文化し、インターネット等で社内外に広く公開している。
□ (2) 方針に性的指向という言葉が含まれている。
□ (3) 方針に性自認という言葉が含まれている。
□ (4) 会社の従業員に対する姿勢として定めている。
□ (5) 従業員の行動規範として定めている。
□ (6) 採用方針として学生等に伝えている。
□ (7) 経営トップが社内外に対し方針に言及している。
□ (8) お客様・取引先に対する方針を明文化し公開している。

2．＜Representation: 当事者コミュニティ＞評価指標

LGBTQ当事者・アライ（Ally、支援者）[注4]に限らず、従業員が性的マイノリティに関する意見を言える機会を提供していますか。(社内のコミュニティ[注5]、社内・社外の相談窓口、無記名の意識調査、等)

また、アライを増やす、顕在化するための取組みがありますか。

評価項目（以下 1～4 の間で 2 つ以上）

□　(1) 社内のコミュニティ（LGBTQA ネットワーク等）がある。

□　(2) アライを増やす、もしくは顕在化するための取組みを実施している、またはアライの活動を会社がサポートしている（アライであることを表明することの推奨等）。

□　(3) 社内外を問わず、当事者が性的指向または性自認に関連した相談をすることができる窓口を設けている。

□　(4) 無記名の意識調査（従業員意識調査やエンゲージメント調査等）で性的マイノリティの意見も統計的に把握できるようにしている。

✧ 取組みのポイント

・コミュニティを立ち上げる際は、当事者をあぶりだすことにならないよう、無理に当事者であるか／アライであるかの確認を行わないことが大切である。

・当事者コミュニティの立ち上げが難しい場合、相談窓口の設置や会社として社外のコミュニティに参加することから始めてもよい。

３．＜Inspiration:啓発活動＞評価指標

過去２年以内に、従業員に対して、性的マイノリティへの理解を促進するための取組み（研修、啓発用メディア・ツールの提供、イントラ等での社内発信、啓発期間の設定、等）を行っていますか。

評価項目（研修（9 項目）から 2 つ以上かつその他啓発活動（5 項目）から 2 つ以上）

●研修

□　(1) 採用担当者を含む人事部門への研修。

□　(2) 管理職への研修。

□　(3) 全従業員への研修。

□　(4) 新入社員や中途雇用社員への雇用時の研修。

□　(5) 性的指向または性自認についてカミングアウトを受けた際の対応についての教育。

□　(6) 研修には性的指向および性自認の両方に関する内容が含まれている。

□　(7) 研修には読む・聞くだけでなく、グループワーク等の演習が含まれている。

□　(8) １回限りでなく継続して実施している。

□　(9) 社内の理解浸透度を確認しながら研修を進めている。

●その他啓発活動

□ ⑽ イントラ、ニュースレター、ポスター等の各種コミュニケーション手段を利用して実施する社内啓発活動。

□ ⑾ 性的マイノリティへの理解を促進する啓発期間の設定。

□ ⑿ 性的指向または性自認に関する不適切な発言がセクハラに該当することの周知。

□ ⒀ 本社・本店および本社機能のない事業所（支店、支社等）での取組み。

□ ⒁ グループ会社での取組み。

✧ 取組みのポイント

・管理職への研修は、必須とすることが望ましい。ある企業で、まず管理職に研修を行い、管理職がアライとして様々な活動に参加することになったことから、部下が安心してカミングアウトできたという事例がある。

４．＜Development:人事制度、プログラム＞評価指標

以下のような人事制度・プログラムがある場合、婚姻関係の同性パートナーがいることを会社に申請した従業員およびその家族にも適用していますか（申告があれば適用しますか）。なお、LGBTQのための人事制度・プログラムは、以下の項目に限定されるものではありません。

A. 休暇・休職（結婚、出産、育児、養子縁組、家族の看護、介護等）

B. 支給金（慶事祝い金、弔事見舞金、出産祝い金、家族手当、家賃補助等）

C. 赴任（赴任手当、移転費、赴任休暇、語学学習補助等）

D. その他福利厚生（社宅、ファミリーデー、家族割、保養所等）

トランスジェンダーの従業員に以下のような施策を行っていますか（申告があれば適用しますか）。

A. 性別の扱いを本人が希望する性にしているか（健康診断、服装、通称等）

B. 性別適合手術・ホルモン治療時の就業継続サポート（休職、勤務形態への配慮等）

C. ジェンダーに関わらず利用できるトイレ・更衣室等のインフラ整備

評価項目（以下３項目からそれぞれ２つ以上）

●同性パートナーがいる従業員向け

□ ⑴ 休暇・休職（結婚、出産、育児（パートナーの子も含む）、家族の看護、介護（パートナーおよびパートナーの家族も含む）等）。

□ ⑵ 支給金（慶事祝い金、弔事見舞金、出産祝い金、家族手当、家賃補助等）。

☐ (3) 赴任（赴任手当、移転費、赴任休暇、語学学習補助等）。
☐ (4) その他福利厚生（社宅、ファミリーデー、家族割、保養所等）。
☐ (5) 会社独自の遺族年金、団体生命保険の受け取り人に同性パートナーを指定できる。

●トランスジェンダーの従業員向け
☐ (6) 性別の扱いを本人が希望する性にしている（健康診断、更衣室、服装、社員証等）。
☐ (7) 自認する性に基づく通称名の使用を認めている。
☐ (8) 戸籍変更の際の社内手続きのガイドがある。
☐ (9) 就職時のエントリーシートで本人の希望する性別を記入できる、性別欄に「その他」「記載しない」等男女以外の回答項目を設けている、または性別記載を求めていない。
☐ (10) 性別適合手術・ホルモン治療時の就業継続サポート（休暇、休職、勤務形態への配慮等）。
☐ (11) 性別適合手術・ホルモン治療時の費用補助。
☐ (12)ジェンダーに関わらず利用できるトイレ・更衣室等のインフラ整備。

●制度全般
☐ (13) 制度の存在や利用方法を従業員に周知している。
☐ (14) 制度を利用する際に、通常の申請手続き以外に、周囲の人に知られずに申請できる等、本人の希望する範囲の公開度を選択できる柔軟な申請方法となっている。
☐ (15) 当事者が自身の性的指向や性自認についてカミングアウトした結果、職場の上司や同僚等からの不適切な言動等の問題が発生した場合を想定したガイドラインがある。
☐ (16) 希望があれば、出張や社員旅行等で宿泊時の居室、社宅や寮に配慮する。
☐ (17) 同性愛や異性装が犯罪となる国等への赴任・出張時のリスク対応を行っている。
☐ (18) トランスジェンダーの従業員が望む性別で働くことを希望した場合、人事部門、所属部署、関連部署等で連携して対応を検討している。

✧ 取組みのポイント

・ 赴任時に同行する同性パートナーへの配慮を行うことが望ましい。
・ トランスジェンダーの従業員には、制服の男女共用化（または本人の希望する性別の制服）にも配慮することが望ましい。
・ トランスジェンダーが使用を希望するトイレは、個人の状況、職場の設備や雰囲気によって変わること、また、すべてのトランスジェンダーが共用トイレの使用を望む訳ではないことに十分な注意が必要。共用トイレの設置や案内板への表記等のハード面だけの対応では不十分である場合もあります。

5．＜Engagement/Empowerment:社会貢献・渉外活動＞評価指標

LGBTQ への社会の理解を促進するための社会貢献活動や渉外活動を行いましたか。
例）LGBTQ イベントへの社員参加の呼びかけ、協賛、出展、主催、寄付、業界団体への働きかけ、LGBTQ をテーマとした次世代教育支援

評価項目（以下 1～5 の間で 2 つ以上）

□ (1) LGBTQ への社会の理解を促進するための活動・イベントの主催、協賛、出展。
□ (2) LGBTQ 学生向けの就職説明会、セミナー、イベント等の主催、協賛、寄付等。
□ (3) LGBTQ 関連イベントへの社員参加の呼びかけおよびイベントの周知。
□ (4) LGBTQ のインクルージョンに関する自社所属の業界への働きかけ、業界団体での活動。
□ (5) LGBTQ への理解促進のための次世代教育支援（出前授業、教材提供等）。

✧ 取組みのポイント
イベントの協賛や出展は、社会の理解促進に貢献するとともに、企業の姿勢を社内に伝えるメッセージともなり得る。イベントへの社員参加を呼びかけることで、社員の啓発にもつながる。（社内の取組みを始めるのが難しい場合、まず社会貢献活動から始めるのも選択肢の 1 つと言える。）

注釈：

1. LGBTQ：レズビアン(Lesbian)、ゲイ(Gay)、バイセクシュアル(Bisexual)、トランスジェンダー(Transgender)、クイア／クエスチョニング（Queer/Questioning）の頭文字。性的マイノリティには LGBTQ 以外の多様なアイデンティティを持つ方もおられますが、本指標では便宜的に性的マイノリティ（性的指向、性自認に関するマイノリティ）の総称として使用しています。
2. 性的指向：同性愛、両性愛、異性愛等、好きになる相手の性別に関する概念。特定の人を好きにならない（無性愛）等も含む。
3. 性自認：自分で自分の性別をどう考えるか、という概念。身体上または社会上の性別とは必ずしも一致しない。また、必ずしも男女のどちらかとは限らない。
4. アライ：LGBTQ を積極的に支援し、行動する人のこと。
5. コミュニティ：目的を共有している人の集まり。ここでは LGBTQ の働きやすい職場をめざす人の集まりを指します。リアルな集まり、メーリングリストや SNS 等でのネットワークのいずれでも結構です。
6. セクシュアリティ：性のあり方。性的指向や性自認を含む概念。

以上

渋谷区男女平等及び多様性を尊重する社会を推進する条例

（出典）https://www.city.shibuya.tokyo.jp/reiki_int/reiki_honbun/g114RG00000779.html

目　次

日本国憲法に定める個人の尊重及び法の下の平等の理念に基づき、性別、人種、年齢や障害の有無などにより差別されることなく、人が人として尊重され、誰もが自分の能力を活かしていきいきと生きることができる差別のない社会を実現することは、私たち区民共通の願いである。

本区では、これまで、男女平等社会の実現を目指して、男女共同参画行動計画を策定し、推進することにより、男女の人権の尊重に積極的に取り組んできた。

しかし、男女に関わる問題においては、今なお、性別による固定的な役割分担意識とそれに基づく制度や慣行が存在すること、一部の性的指向のある者及び性同一性障害者等の性的少数者に対する理解が足りないことなど、多くの課題が残されている。

日本には、他者を思いやり、尊重し、互いに助け合って生活する伝統と多様な文化を受け入れ発展してきた歴史があり、とりわけ渋谷のまちは、様々な個性を受け入れてきた寛容性の高いまちである。一方、現代のグローバル社会では、一人ひとりの違いが新たな価値の創造と活力を生むことが期待されている。

このため、本区では、いかなる差別もあってはならないという人権尊重の理念と人々の多様性への理解を、区民全体で共有できるよう積極的に広めていかなければならない。

これから本区が人権尊重のまちとして発展していくためには、渋谷のまちに係る全ての人が、性別等にとらわれず一人の人間としてその個性と能力を十分に発揮し、社会的責任を分かち合い、ともにあらゆる分野に参画できる社会を実現しなければならない。

よって、ここに、区、区民及び事業者が、それぞれの責務を果たし、協働して、男女の別を超えて多様な個人を尊重し合う社会の実現を図り、もって豊かで安心して生活できる成熟した地域社会をつくることを決意し、この条例を制定する。

第１章　総則

（目的）

第１条　この条例は、男女平等と多様性を尊重する社会の推進に関して、基本理念を定め、区、区民及び事業者の責務を明らかにするとともに、区の施策の基本的事項を定めることにより、その施策を総合的かつ計画的に推進し、もって多様な個人を尊重し合う社会の実現を図ることを目的とする。

（定義）

第２条　この条例において、次の各号に掲げる用語の意義は、それぞれ当該各号に定めるところによる。

⑴　男女平等と多様性を尊重する社会　性別等にとらわれず、多様な個人が尊重され、全ての人がその個性と能力を発揮し、社会のあらゆる分野に参画し、責任を分かち合う社会をいう。

⑵　区民　区内に住所を有する者、区内の事業所又は事務所に勤務する者及び区内の学校に在学する者をいう。

⑶　事業者　区内において事業活動を行う法人その他の団体又は個人をいう。

⑷　ドメスティック・バイオレンス等　配偶者からの暴力の防止及び被害者

の保護等に関する法律（平成13年法律第31号）第１条第１項に規定する配偶者からの暴力及びストーカー行為等の規制等に関する法律（平成12年法律第81号）第２条第２項に規定するストーカー行為をいう。

⑸　ハラスメント　他者に対する発言や行動等が、本人の意図に関係なく、相手や周囲の者を不快にさせ、尊厳を傷つけ、不利益を与え、又は脅威を与えることをいう。

⑹　性的指向　人の恋愛や性愛がどういう対象に向かうかを示す指向（異性に向かう異性愛、同性に向かう同性愛及び男女両方に向かう両性愛並びにいかなる他者も恋愛や性愛の対象としない無性愛）をいう。

⑺　性的少数者　同性愛者、両性愛者及び無性愛者である者並びに性同一性障害を含め性別違和がある者をいう。

⑻　パートナーシップ　男女の婚姻関係と異ならない程度の実質を備える戸籍上の性別が同一である二者間の社会生活関係をいう。

(男女の人権の尊重)

第３条　区は、次に掲げる事項が実現し、かつ、維持されるように、男女の人権を尊重する社会を推進する。

⑴　性別による差別的な取扱い、ドメスティック・バイオレンス等が根絶され、男女が個人として平等に尊重されること。

⑵　男女が、性別による固定的な役割分担にとらわれることなく、その個性と能力を十分に発揮し、自己の意思と責任により多様な生き方を選択できること。

⑶　男女が、社会の対等な構成員として、社会のあらゆる分野における活動方針の立案及び決定に参画する機会が確保されること。

⑷　学校教育、生涯学習その他の教育の場において、男女平等意識の形成に向けた取組が行われること。

⑸　男女が、相互の協力と社会の支援の下に、家庭生活、職場及び地域における活動の調和のとれた生活を営むことができること。

⑹　男女が、妊娠、出産等に関して互いに理解を深め、尊重し合い、ともに

生涯にわたり健康な生活を営むことができること。

(7) 国際社会及び国内における男女平等参画に係る取組を積極的に理解し、推進すること。

(性的少数者の人権の尊重)

第４条　区は、次に掲げる事項が実現し、かつ、維持されるように、性的少数者の人権を尊重する社会を推進する。

(1) 性的少数者に対する社会的な偏見及び差別をなくし、性的少数者が、個人として尊重されること。

(2) 性的少数者が、社会的偏見及び差別意識にとらわれることなく、その個性と能力を十分に発揮し、自らの意思と責任により多様な生き方を選択できること。

(3) 学校教育、生涯学習その他の教育の場において、性的少数者に対する理解を深め、当事者に対する具体的な対応を行うなどの取組がされること。

(4) 国際社会及び国内における性的少数者に対する理解を深めるための取組を積極的に理解し、推進すること。

(区及び公共的団体等の責務)

第５条　区は、前二条に規定する理念に基づき、男女平等と多様性を尊重する社会を推進する施策を総合的かつ計画的に実施するものとする。

２　区は、男女平等と多様性を尊重する社会を推進するに当たり、区民、事業者、国及び他の地方公共団体その他関係団体と協働するものとする。

３　国、他の地方公共団体、法令により公務に従事する職員とみなされる当該職員の属する団体、その他公共的団体（以下「公共的団体等」という。）の渋谷区内における事業所及び事務所は、区と協働し、男女平等と多様性を尊重する社会を推進するものとする。

(区民の責務)

第６条　区民は、男女平等と多様性を尊重する社会について理解を深め、社会のあらゆる分野の活動において、これを実現するよう努めるものとする。

２　区民は、区が実施する男女平等と多様性を尊重する社会を推進する施策に協力するよう努めるものとする。

（事業者の責務）

第７条　事業者は、男女平等と多様性を尊重する社会について理解を深めるとともに、区が実施する男女平等と多様性を尊重する社会を推進する施策に協力するよう努めるものとする。

２　事業者は、男女平等と多様性を尊重する社会を推進するため、採用、待遇、昇進、賃金等における就業条件の整備において、この条例の趣旨を遵守しなければならない。

３　事業者は、男女の別による、又は性的少数者であることによる一切の差別を行ってはならない。

４　事業者は、全ての人が家庭生活、職場及び地域における活動の調和のとれた生活が営まれるよう、職場環境の整備、長時間労働の解消等に努めるものとする。

（禁止事項）

第８条　何人も、区が実施する男女平等と多様性を尊重する社会を推進する施策を不当に妨げる行為をしてはならない。

２　何人も、ドメスティック・バイオレンス等及びハラスメントをしてはならない。

３　区、区民及び事業者は、性別による固定的な役割分担の意識を助長し、若しくはこれを是認させる行為又は性的少数者を差別する行為をしてはならない。

第２章　男女平等と多様性を尊重する社会の推進に関する施策

（男女平等・多様性社会推進行動計画）

第９条　区は、男女平等と多様性を尊重する社会を推進する施策を総合的かつ計画的に推進するための男女平等・多様性社会推進行動計画（以下「行動計画」という。）を策定し、これを公表するものとする。

２　区は、行動計画の策定に当たっては、あらかじめ第14条第１項に規定する渋谷区男女平等・多様性社会推進会議の意見を聴くものとする。

3　区は、毎年１回、行動計画に基づく男女平等と多様性を尊重する社会を推進する施策の実施状況を公表するものとする。

（区が行うパートナーシップ証明）

第10条　区長は、第４条に規定する理念に基づき、公序良俗に反しない限りにおいて、パートナーシップに関する証明（以下「パートナーシップ証明」という。）をすることができる。

2　区長は、前項のパートナーシップ証明を行う場合は、次の各号に掲げる事項を確認するものとする。ただし、区長が特に理由があると認めるときは、この限りでない。

⑴　当事者双方が、相互に相手方当事者を任意後見契約に関する法律（平成11年法律第150号）第２条第３号に規定する任意後見受任者の一人とする任意後見契約に係る公正証書を作成し、かつ、登記を行っていること。

⑵　共同生活を営むに当たり、当事者間において、区規則で定める事項についての合意契約が公正証書により交わされていること。

3　前項に定めるもののほか、パートナーシップ証明の申請手続その他必要な事項は、区規則で定める。

第11条　区民及び事業者は、その社会活動の中で、区が行うパートナーシップ証明を最大限配慮しなければならない。

2　区内の公共的団体等の事業所及び事務所は、業務の遂行に当たっては、区が行うパートナーシップ証明を十分に尊重し、公平かつ適切な対応をしなければならない。

（拠点施設）

第12条　区は、男女平等と多様性を尊重する社会を推進するため、渋谷男女平等・ダイバーシティセンター条例（平成３年渋谷区条例第28号）第１条に規定する渋谷男女平等・ダイバーシティセンターをその拠点施設とする。

2　区は、前項に規定する施設において、第15条に規定する相談又は苦情への対応のほか、条例の趣旨を推進する事業を行うものとする。

（顕彰）

第13条　区は、男女平等と多様性を尊重する社会の推進について、顕著な功績を上げた個人又は事業者を顕彰することができる。

第３章　男女平等と多様性を尊重する社会の推進に関する体制

（渋谷区男女平等・多様性社会推進会議）

第14条　男女平等と多様性を尊重する社会の推進について調査し、又は審議するため、区長の附属機関として、渋谷区男女平等・多様性社会推進会議（以下「推進会議」という。）を置く。

２　推進会議は、区長の諮問に応じ、次に掲げる事項について審議し、答申する。

⑴　行動計画の策定及び評価に関する事項

⑵　男女平等と多様性を尊重する社会を支える意識の形成に関する事項

⑶　男女平等と多様性を尊重する社会に係る人権の尊重及び暴力の根絶に関する事項

⑷　前３号に掲げるもののほか、区長が必要と認める事項

３　推進会議は、前項に定めるもののほか、男女平等と多様性を尊重する社会の推進に関し、必要があると認めた事項について区長に意見を述べることができる。

４　前２項に定めるもののほか、推進会議の構成及び運営について必要な事項は、区規則で定める。

（相談及び苦情への対応）

第15条　区民及び事業者は、区長に対して、この条例及び区が実施する男女平等と多様性を尊重する社会を推進する施策に関して相談を行い、又は苦情の申立てを行うことができる。

２　区長は、前項の相談又は苦情の申立てがあった場合は、必要に応じて調査を行うとともに、相談者、苦情の申立人又は相談若しくは苦情の相手方、相手方事業者等（以下この条において「関係者」という。）に対して適切な助

言又は指導を行い、当該相談事項又は苦情の解決を支援するものとする。

3　区長は、前項の指導を受けた関係者が当該指導に従わず、この条例の目的、趣旨に著しく反する行為を引き続き行っている場合は、推進会議の意見を聴いて、当該関係者に対して、当該行為の是正について勧告を行うことができる。

4　区長は、関係者が前項の勧告に従わないときは、関係者名その他の事項を公表することができる。

第４章　雑則

（他の区条例との関係）

第16条　渋谷区営住宅条例（平成９年渋谷区条例第40号）及び渋谷区区民住宅条例（平成８年渋谷区条例第27号）その他区条例の規定の適用に当たっては、この条例の趣旨を尊重しなければならない。

（委任）

第17条　この条例の施行について必要な事項は、区規則で定める。

附　則

（施行期日）

1　この条例は、平成27年４月１日から施行する。ただし、第10条及び第11条の規定は、この条例の公布の日から起算して１年を超えない範囲内において区規則で定める日から施行する。

（以下省略）

索　引

こ

さ

そ

た

め

も

や

ゆ

よ

ら

り

れ

ろ

初版　編集後記

東京弁護士会の弁護士研修センター運営委員会には、特定分野の法律研究等を行う法律研究部があります。法律研究部は、その分野に関心のある弁護士有志がメンバーとなって、法律研究等を進めて、その成果を論文で発表する等しています。

LGBT法務研究部は、平成27年６月に発足した新しい法律研究部です。LGBT（その他の性的マイノリティを含みます。）の方々の差別撤廃や権利保障の気運が高まっている中で、法の専門家として、社会に対して必要な法制度等を発信することにより、あるべき社会の実現を目指すべく発足致しました。当研究部は、月１回の定例会で研鑽を積み、外部講師による公開講座や、LGBTの方々、地方自治体の方との意見交換等を実施して参りました。

私たちは、研鑽を積んでゆく中で、その職務において人権を強く意識しなければならない弁護士であっても、LGBTに関する問題に十分な知識と関心があるとはいえない状況であることを強く認識しました。無知や無関心であるが故の不用意な言動により、周囲にいる方を傷つけてしまうおそれすらあるのではないかと考えました。

そこで、日本国内において、LGBTの法的問題については議論が始まった段階であり、その対応や解決について流動的で不確定な状況であることは承知の上で、まずは、現時点で必要な知識と１つの解釈をお知らせするという目的で、本書の執筆に取り組むことに致しました。

当研究部のメンバーは、全員が、１日でも早くLGBTの方々の差別撤廃や権利保障を実現させたいという志を持って、その活動に取り組んでおります。もっとも、本書は、現時点で客観的に考えられる解釈の１つを示すものであり、その内容や表現においては、できる限りニュートラルであるように心がけました。

執筆者の間で、この点の問題意識からくる議論をしたこともあり、本書の内容や表現について、執筆者全員が得心する結論を導くことの難しさもありましたが、同じ志を持つ者の共著としてまとめるに至りました。

以上のとおりですが、当研究部のメンバーは、LGBTの法的問題に真摯に取り組んでいる弁護士です。本書は、現時点での解釈の１つを内容とするものではありますが、特に法律実務家とって、必要な知識と対応に資するものであると共に、LGBTの法的問題について考える端緒になるものと思います。

最後になりましたが、多大なご尽力を頂いた第一法規株式会社の皆様、特に本書出版に多大なご尽力を賜りました草壁岳志氏、岡本享子氏、村木大介氏には、心より厚く御礼申し上げます。

2016年12月

東京弁護士会　LGBT法務研究部

部長　五島丈裕（弁護士）

執筆者一覧（初版及び改訂版／五十音順）

相澤　和義（あいざわ　かずよし）

相澤和義法律事務所

〒170-0003　東京都豊島区駒込１－43－９　駒込TSビル805

電話　03-5981-9542　FAX　03-5981-9543

石部　享士（いしべ　たかし）

四谷あけぼの法律事務所

〒160-0004　東京都新宿区四谷３－３－１　四谷安田ビル６階

電話　03-5361-6873　FAX　03-5361-6876

市橋　卓　（いちはし　たく）

OMM法律事務所

〒102-0093　東京都千代田区平河町２－２－１　平河町共和ビル４階

電話　03-3222-0330　FAX　03-3222-0331

大畑　敦子（おおはた　あつこ）

エトワール総合法律事務所

〒141-0022　東京都品川区東五反田１－７－11

アイオス五反田アネックス405

電話　03-5795-0447　FAX　03-5795-0448

岡野　真之（おかの　まさゆき）

露木・赤澤法律事務所

〒105-0001　東京都港区虎ノ門１－１－20　虎ノ門実業会館６階

電話　03-5251-5211　FAX　03-5251-5212

織田　英生（おだ　ひでお）

本郷綜合法律事務所

〒105-0001　東京都港区虎ノ門１－２－29　虎ノ門産業ビル５階

電話　03-3502-0246　FAX　03-3502-0248

加藤　拓（かとう　たく）

松田綜合法律事務所

〒100-0004　東京都千代田区大手町２－６－１
朝日生命大手町ビル７階

電話　03-3272-0101　FAX　03-3272-0102

木下　岳人（きのした　たけと）

弁護士法人アンダーソン・毛利・友常法律事務所大阪オフィス

〒530-0011　大阪府大阪市北区大深町３－１
グランフロント大阪タワーＢ24階

電話　06-6485-5700　FAX　06-6485-5701

五島　丈裕（ごしま　たけひろ）

本郷綜合法律事務所

〒105-0001　東京都港区虎ノ門１－２－29　虎ノ門産業ビル５階

電話　03-3502-0246　FAX　03-3502-0248

杉村　亜紀子（すぎむら　あきこ）

リソナンティア法律事務所

〒160-0022　東京都新宿区新宿１－23－８　博報堂新宿ビル４階

電話　03-5369-1951　FAX　03-5369-1952

鈴木　敦悠（すずき　のぶひさ）

和田金法律事務所

〒104-0045　東京都中央区築地１－10－11　ラティオ702

電話　03-6264-1085　FAX　03-6264-1086

玉置　大悟（たまき　だいご）

弁護士法人中村綜合法律事務所

〒102-0083　東京都千代田区麹町４－８
麹町クリスタルシティ９階

電話　03-3511-5611　FAX　03-3511-5612

仁井　稔大（にい　としひろ）

弁護士法人岡部・山口法律事務所

〒104-0033　東京都中央区新川１－５－17　エイハ新川５階

電話　03-3555-7931　FAX　03-3555-7934

樋口　裕子（ひぐち　ひろこ）

樋口法律事務所

〒120-0002　東京都足立区中川４－21－９

電話　03-3628-6024　FAX　050-3737-7095

宮城　知佳（みやぎ　ちか）

広尾パーク法律事務所

〒106-0047　東京都港区南麻布５－10－37　Ｅｓｑ広尾３階

電話　03-5422-6713　FAX　03-5422-6714

村田　望（むらた　のぞむ）

桜上水法律事務所

〒168-0073　東京都杉並区下高井戸３－11－１

電話　03-6379-7810　FAX　03-6379-7828

安井　之人（やすい　これひと）

安井・好川・渡辺法律事務所

〒105-0001　東京都港区虎ノ門１－８－13　虎ノ門上野ビル３階

電話　03-3580-1811　FAX　03-3580-1812

吉原 恵太郎（よしはら　けいたろう）

吉原法律事務所

〒 103-0025　東京都中央区日本橋茅場町２－14－７
日本橋テイユービル201

電話　03-3665-1611　FAX　03-3665-1612

研究部プロフィール

LGBT法務研究部
（えるじーびーてぃー　ほうむけんきゅうぶ）

東京弁護士会弁護士研修センター運営委員会において、特定分野の法律問題等の研究を目的とした複数の法律研究部が設置されている。

法律研究部は、東京弁護士会会員を中心とする弁護士有志で構成されており、それぞれ、その専門的問題について研鑽を積み、勉強会の開催や検討結果の発信等の活動をしている。

LGBT法務研究部は、LGBT（性的少数者ないし性的マイノリティ）の方々の人権救済ないし人権保障を目的として、研究、研修会や勉強会の開催、立法提言その他の社会的発信等を行うべく、平成27年６月に発足した法律研究部である。

現在、おおよそ１ヶ月に１回のペースで定例会を開催して、LGBTの差別撤廃や権利保障を実現するために、LGBTの法律問題について調査研究しているほか、これまでに、外部講師による公開講座「LGBTに関わる諸問題」の開催、行政担当者との意見交換、LGBTの方々との意見交換等の活動を実施している。

・本文中に記載されている製品名及びサービス名は、各社の登録商標、商標又は商品名です。なお、本文中ではこれらについて®、TMなどのマークを省略しています。

サービス・インフォメーション

通話無料

①商品に関するご照会・お申込みのご依頼
TEL 0120(203)694／FAX 0120(302)640

②ご住所・ご名義等各種変更のご連絡
TEL 0120(203)696／FAX 0120(202)974

③請求・お支払いに関するご照会・ご要望
TEL 0120(203)695／FAX 0120(202)973

●フリーダイヤル（TEL）の受付時間は、土・日・祝日を除く9:00～17:30です。

●FAXは24時間受け付けておりますので、あわせてご利用ください。

改訂版　LGBT法律相談対応ガイド

2017年2月25日　初版発行
2021年3月15日　改訂版発行

編　著　東京弁護士会　LGBT法務研究部

発行者　田　中　英　弥

発行所　第一法規株式会社
〒107-8560　東京都港区南青山2-11-17
ホームページ　https://www.daiichihoki.co.jp/

装　丁　篠　　隆　二

LGBT法律・改　ISBN978-4-474-07265-7　C3032（2）